全国高校就业创业特色教材课题研究成果

教育部学生服务与素质发展中心组织编写

大学生
创新创业教育

主编　徐天舒　何　猛

西安交通大学出版社
XI'AN JIAOTONG UNIVERSITY PRESS

图书在版编目(CIP)数据

大学生创新创业教育/徐天舒,何猛主编;马歆等副主编.— 西安 :西安
交通大学出版社,2023.8(2025.2重印)

ISBN 978 - 7 - 5693 - 3379 - 4

Ⅰ.①大… Ⅱ.①徐… ②何… ③马… Ⅲ.①大学生—
创业—研究 Ⅳ.①G647.38

中国国家版本馆 CIP 数据核字(2023)第 149092 号

书　　名	大学生创新创业教育
主　　编	徐天舒　何　猛
责任编辑	刘　晨
责任校对	李　文
装帧设计	任加盟

出版发行	西安交通大学出版社
	(西安市兴庆南路 1 号　邮政编码 710048)
网　　址	http://www.xjtupress.com
电　　话	(029)82668357　82667874(市场营销中心)
	(029)82668315(总编办)
传　　真	(029)82668280
印　　刷	陕西奇彩印务有限责任公司

开　　本	787 mm×1092 mm　1/16　**印张** 14.625　**字数** 337 千字
版次印次	2023 年 8 月第 1 版　2025 年 2 月第 3 次印刷
书　　号	ISBN 978 - 7 - 5693 - 3379 - 4
定　　价	49.00 元

如发现印装质量问题,请与本社市场营销中心联系。
订购热线:(029)82665248　(029)82667874
投稿热线:(029)82665371

前　言

　　开展大学生创新创业教育，是服务国家加快转变经济发展方式、建设创新型国家和人力资源强国的战略举措，是深化高等教育教学改革、提高人才培养质量、促进大学生全面发展的重要途径，是落实以创业带动就业、促进高校毕业生充分就业的重要措施。

　　大学生创新创业教育是一项系统工程，既关系到我国高等教育质量与教学改革的实施，也关系到创新型、应用型人才目标的培养，对促进我国高校人才培养观念的转变，提升大学生创新创业素质和能力，为创新型国家储备人才，以及从根本上解决大学生的就业困境等都具有战略意义。《大学生创新创业教育》立足职业教育教学特点，融"教、学、做"为一体，编写遵循面向全体、注重引导、结合专业、强化实践的原则，以教授创新知识为基础，以锻炼创业能力为关键，以培养创业精神为核心，帮助学生掌握创新创业的基础知识和基本理论，熟悉创业的基本流程和基本方法，激发学生的创业意识，提高学生的社会责任感、创新精神和创业能力，促进学生更好地创业就业和全面发展。

　　在编写过程中，我们注重突出教材的时代特色，及时调整教学内容，并运用教育教学成果体现最新的创新创业教育理念、教学方法和创新创业知识、技能要求。全书分为走进创新创业、创新意识与创新精神、训练创新思维、掌握创新技法、提升创新能力、识别创业机会、整合创业资源、开办创业项目等八章内容，每章对应着若干知识技能点。第一章、第二章由何猛老师编写，在第一章"走进创新创业"中，通过对创新创业的时代背景、当代大学生创新创业现状问题的简要分析，引导学生不断地增进对创新创业的认知和理解。在第二章"创新意识与创新精神"中，学生可以了解创新的基本特征和企业创新的基本领域，了解创意、创新、创造的联系和区别，自觉培养创新精神。第三章、第四章由马歆老师编写，在第三章"训练创新思维"中，借助大量生动鲜活的案例，让学生理解并掌握创新思维方法，并能够将这些创新思维方法应用于实际。在第四章"掌握创新技法"中，学生通过完成任务训练，掌握常见创新技法的基本原理和实施步骤，能够在实际解决问题的过程中运用这些技法。第五章"提升创新能力"由李屹巍老师编写，学生通过学习和训练提升发现问题的能力，特别是信息处理和学习的能力；了解创意流程，能够根据问题构思创意，掌握解决问题的流程。第六章"识别创业机会"由孙影老师编写，让学生把握创业环境的现状及趋势，掌握创业环境分析的方法，捕捉创业机会；通过市场调研，学生能够进行创业项目的选择和价值判断。第七章"整合创业资源"由张璠老师编写，通过全面的技能训练，引导学生科学地策划创业计划项目；掌握创业企业融资的渠道、方式、程序，掌握企业不同创业阶段融资的方法和要求；能够使用商业模式画布对创业资源进行全面分析，进而掌握商业模式分析技巧。第八章"开办创业项目"由金雷老师编写，帮助学生掌握企业创办的程序和要求，体验初创企业的经营管理过程。本教材按照职业院校实践育人的原则，突出实践，淡化理论，加强应用，方便学生结合教材边学边做，实现课程"教、学、做"一体化，让学生在参与中学习；通过辅助阅读、拓展内容、思考讨论，丰富学生的信息获取渠道；教材行文深入浅出、通俗易懂，选取了当代大学生相关案例，增强了教材的亲和性和可读性。

在本教材编写过程中，我们得到了教育部学生服务与素质发展中心和辽宁省高职院校及相关企事业单位创新创业领域教育教学专家的悉心指导，在此谨向以上单位、人员表示衷心感谢！教材编写过程中，参阅并适当引用了国内外相关作者的著作、教材和研究成果，在此也一并表示诚挚的谢意。

由于创新创业教育本身正处于快速的发展过程中，相关知识和理念更新较快，相关的法律法规也在不断地更新完善，再加上编者的知识和水平有限，本教材难免有疏漏之处，敬请广大读者和学界同仁不吝批评指正。

徐天舒

2023 年 5 月

目　录

第一章 走进创新创业

随着我国经济社会发展进入新常态，党中央、国务院做出了坚定实施创新驱动发展战略、加快建设创新型国家的重大决策。党的二十大报告指出："教育、科技、人才是全面建设社会主义现代化国家的基础性、战略性支撑。必须坚持科技是第一生产力、人才是第一资源、创新是第一动力，深入实施科教兴国战略、人才强国战略、创新驱动发展战略，开辟发展新领域新赛道，不断塑造发展新动能新优势。"人才是创新的核心要素，创新驱动实质上是人才驱动，社会发展迫切需要深化教育教学改革，加快培养富有创新精神的人才队伍。从中央到教育系统，全面、深入开展创新创业教育改革已成为共识。"大众创业、万众创新"对经济发展的促进作用正被实践证明，需要指出的是，"双创"战略看似是纯经济政策，但其影响和意义绝不止于经济领域。各地政府不应仅将其视作稳增长的短期政策工具，更要用长远的眼光，重视其在转变政府职能、提升社会治理、保障社会公平等方面的溢出效应。

首先，培养学生创新意识，激发学生创业热情。在学校开展创新创业教育，有助于培养具有创新创业意识的高层次应用型人才，积极响应中共中央办公厅、国务院办公厅印发的《关于深化现代职业教育体系建设改革的意见》和国务院办公厅印发的《关于进一步支持大学生创新创业的指导意见》。通过构建创新创业教育型教育体系，激发大学生学习的积极性和主动性。学生通过创新创业教育，会对所学知识的系统性和实用性更加关注，进而能激发学生运用所学专业知识进行创新创业的热情。

其次，完善课程教育体系，提高学生核心竞争力。我国高校开展的大学生创新创业教育是为培养具有开创个性的创业型人才，是高校实施素质教育的核心内容，是培养适应社会需要的高素质劳动者的前瞻性对策。目前，高职院校创新创业教育及创业项目零散，在教学内容上缺乏统一的教学标准，加之实践教学的缺乏，因此很少把创新创业教育纳入专业人才培养计划中。开展高职创新创业教育并将其融入专业人才培养的全过程中研究，加强大学生创业教育，培养具有创业意识、开拓精神和创业能力的开创型人才是知识经济时代对教育发展提出的新要求，对高职进一步发展和提高创新创业教育效果具有重要意义。在我国大学生就业形势日益严峻的今天，实施创新创业教育对提高院校竞争力有现实的和深远的意义。

最后，增加社会示范引领和精神凝聚力。推进"大众创业、万众创新"，还将有助于加快不同群体和阶层间的流动融合，形成更加良性和谐的社会互动。从政府治理的角度看，在经济社会发展过程中，必须防止不同群体的相对固化和阶层割裂。政府鼓励创业创新，正是要打破这样的固化与割裂，给一切有才能、肯拼搏、愿奋斗的人搭建公平的竞争平台和上升通道，给他们一个让人生出彩的机会，这样的机会公平将在全社会发挥巨大的示范引领和精神凝聚意义。

创新能力是一个国家核心竞争力的体现，继自主创新、开放式创新之后，协同创新已经成为时代的主流创新范式。在供给侧结构性改革和产业结构调整的大背景下，虽然我国的自主创新能力有所提升，但是创新的效率仍然不高。我国要从制造大国向制造强国转变，要实现"2050 年成为世界科技强国"的战略目标，就需要促进政产学研用等主体的深度整合，通过创新合作，实现价值共创，即用协同创新的模式提升创新能力、推动经济发展。

学习目标

1. 了解我国创新能力的现状。
2. 理解我国创新型国家建设目标。
3. 了解和认知协同创新的创新范式。

▶ 第一节　我国创新能力现状

在经济全球化背景下，随着知识经济、共享经济时代的到来，创新成为驱动经济发展的主要动力。世界各国都在以创新型国家为目标，以提升自身的创新能力，进而提升国家竞争力。长期以来，中国以"制造大国""世界工厂"的形象面对世界，而"中国制造"已经面临着产业升级和结构调整，中国要成为"制造强国"仍需要较长时间。国务院办公厅在《关于进一步支持大学生创新创业的指导意见》中指出，大学生是"大众创业、万众创新"的生力军，支持大学生创新创业具有重要意义。要以习近平新时代中国特色社会主义思想为指导，全面贯彻党的教育方针，落实立德树人根本任务，立足新发展阶段、贯彻新发展理念、构建新发展格局，坚持创新引领创业、创业带动就业，提升人力资源素质，实现大学生更加充分和更高质量就业。

创新、创业是两个密切相关的概念。人们的创业活动离不开创新，没有创新，缺乏创新精神、创新能力，创业者很难取得竞争优势；创业是创新的表现形式和载体，是将创新成果推向市场的重要路径。创业和创新水平是反映一个国家和地区经济活跃程度及发展后劲的重要指标。

一、创新

创新是近年来使用最频繁的词汇之一，但在国内外传媒和有关书籍中却对此众说纷纭。有人认为创新就是创造，把创新和创造视为同义词；有人认为两者根本就是两个不同的概念，不能混为一谈。

从词源来看，在我国古代的《汉书·叙传下》中，就有"创，始造之也"之说。历史上最早与"创"合用的就是"创造"两字，我国《辞海》中将"创造"解释为"首创前所未有的事物"，特别强调其独创性和首创性。"创新"是一个外来词，是知识经济时代大力弘扬的理念。由于创新活动首先是一种经济行为，因此对创新的理解应从经济学范畴探源，根据经济学理论予以解读。创新是当代经济学中的一个重要概念，具有十分丰富的内涵。首先提出这一概念的是美籍奥地利经济学家约瑟夫·阿罗斯·熊彼特（Joseph Alois Schumpeter）。他于1912年出版的德文版《经济发展理论》一书中，首先使用"创新"（innovation）一词。熊彼特将创新定义为新的生产函数的建立，即企业家实行对生产要素的新的组合，包括以下五种情况：一是引入一种新产品或提供一种新的产品质量；二是采用一种新的生产方法；三是开辟一个新的市场；四是获得一种原料或半成品的新的供给来源；五是实行一种新的企业组织形式。人们之所以要进行这些方面的创新，乃是出于经济原因，即强烈的利润动机和潜在利润前景的驱使。通过经济学理论的分析可知，创新的基本含义有两点：一是引入，二是革新。对此，较为完整的表述是：创新是指新的生产要素的重新组合或再次发现的知识被引入经济系统的过程。按照这一理解，创造本身并不是创新，只有把创造成果引入经济系统并产生效益才是创新。"创新"和"创造"这两个概念在英文中也是不同的："创造"为"create"或"creation"，"创新"为"innovate"或"innovation"。把经济领域中的创新概念，拓展到政治、文化、教育、管理等各个领域，其含义主要包含以下几点。

第一，创新是将新设想或新概念发展到实际应用和成功应用的阶段，是创造的某种价值的实现。当代国际知识管理专家艾米顿认为，创新就是从新思想到行动，其首先关注的是现实效益的转化。这里所指的效益不仅是经济效益，还包括广泛的社会效益、单位和部门利益，以及个人利益。

第二，创新是运用知识或相关信息创造和引进某种有用的新事物的过程。其中，创造性过程是从发现潜在的需要开始，经历对新事物的可行性检验，到新事物的广泛应用为止。作为一种引进新事物的过程，创新既指被引进的新事物本身，具体来说就是被认定的任何一种新的思想、新的实践或新的制造物，同时也包括对一种组织或相关环境的新变化的接受过程。这里所指的事物既可以是物质形态的产品、工艺和方法，也可以是精神形态的思想、观念和理论等。

第三，除"创造"和"引进"这两种方式，创新还可以通过对已有事物进行改进、完善、扩展和延伸获取收益。创新既可以是将创造的成果推向市场，也可以是建立在已有事物的基础上，推动事物发展、生产新成果、形成新效益的创造性活动。把创新理解为经济概念的重要性，在于探讨创新与经济增长的关系。以亚当·斯密为代表的古典经济学派认为，高储蓄率导致生产资料的积累使经济增长，但是如果没有新技术创新和改进的持续注入，基于边际收益递减规律，当经济投入一定程度后，其效益将呈现迅速下降的趋势。因此，古典经济学家提倡的储蓄和投资所带来的收益必定是有限的。根据创新理论的研究，经济增长的过程是靠经济周期的变动实现的，而经济周期变动的原因在于创新。利益推动创新，创新刺激投资，引起信贷扩张，扩大对生产资料的需求，从而推动经济走向繁荣。在此过程中，有许多新资本投入，同时那些适应能力差或行动迟缓的企业则被挤垮。因此，创新既能推动经济增长，也能造成对旧资本的破坏。熊彼特曾用"具有创造性的毁灭过程"来概述"创新"在促进经济增长中的巨大作用。在熊彼特的创新概念的基础上，人们进一步演绎，提出技术创新、产品创新、过程创新、营销创新、市场创新、制度创新、体制创新和金融创新等一系列概念，并将企业的微观创新活动上升到国家宏观层面，把各种创新活动看作一个系统和整体，进而提出国家创新体系的概念。

我国《国民经济和社会发展第十个五年计划纲要》首次提出：建设国家创新体系，建立国家知识创新体系，促进知识创新工程，实施"跨越式发展"的宏伟战略。《国家中长期科学和技术发展规划纲要(2006—2020年)》中指出：国家科技创新体系是以政府为主导、充分发挥市场配置资源的具有基础性作用、各类科技创新主体紧密联系和有效互动的社会系统。国家科技创新体系主要由创新主体、创新基础设施、创新资源、创新环境、外界互动等要素组成。《国家"十一五"科学技术发展规划》提出：要建设以企业为主体的技术创新体系，建设科学研究与高等教育有机结合的知识创新体系，建设军民结合、寓军于民的国防科技创新体系，建设各具特色和优势的区域创新体系，建设社会化、网络化的科技中介服务体系。在整个国家创新体系中，企业作为经济活动的主体，也是创新的主体，其关键在于进行技术创新。中共中央、国务院《关于加强技术创新，发展高科技，实现产业化的决定》指出：技术创新，是指企业应用创新的知识和新技术、新工艺，采用新的生产方式和经营管理模式，提高产品质量，开发生产新的产品，提供新的服务，占据市场并实现市场价值。据此，技术创新不仅是一种生产技术活动，还是一种经济活动，其实质是为企业生产经营系统引入新的技术要素，以获得更多的利润；技术创新的关键不是研究与开发，而是研究与开发成果的商品化；技术创新的内容包括产品创新、过程创新和服务创新。尽管企业创新需要政府和教育、科研机构等提供各种支持和帮助，但这一切归根结底都是为企业创新服务的。国民经济的发展需要依靠作为其基本生产单位的企业的不断创新和发展来实现。《"十四五"规划纲要》指出：坚持创新在我国现代化建设全局中的核心地位，把科技自立自强作为国家发展的战略支撑，面向世界科技前沿、面向经济主战场、面向国家重大需求、面向人民生命健康，深入实施科教兴国战略、人才强国战略、创新驱动发展战略，完善国家创新体系，加快建设科技强国。

二、创业

在过去的数十年里，创业研究引起各国学者关注，虽然取得了丰富的研究成果，但多数创业研究仅专注于创业的某个方面，如创业环境、创业过程、创业资源、创业者特质或创业政策等。因此，如何给创业下定义、如何界定创业的内涵和范围等，学界至今仍然未能给出一个清晰的框架。实际上，创业是一个复杂的社会现象，涉及多个学科、多个层面，其研究的学科包括社会学、经济学、管理学、心理学、教育学、人类学和历史学等。

在中西文化中，"创业"有两种表达方式：entrepreneurship 和 enterprise。其中，entrepreneurship 意思是"企业家的能力或活动""企业家精神、创业精神"等，enterprise 的含义为"企业；创业；(尤指可获利的)艰巨的计划"等。据此，创业可视为创立企业的过程，其意集中在经济活动与财富增长方面。我国《辞海》对创业的定义为："创立基业。"这里的"基业"是指事业的基础、根基。"创立基业"指开拓或创立个人、集体、国家的各项事业，以及所取得的成就。其含义宽泛，从"创业"这个概念的汉语使用方法来看，主要强调以下三个方面：一是强调开端和初创的艰辛和困难；二是突出过程的开拓和创新；三是侧重于在前人的基础上有新的成就和贡献。

我们认为，创业可从广义和狭义两个方面来理解，广义的创业是开拓或创立个人、集体、国家的各项事业，以及所取得的成就，狭义的创业就是创立一个新企业，可分为生存型创业和机会型创业。生存型创业是创业者出于生存目的，为获得个人基本生存条件，不得已而选择的创业形态，呈现低成本、低门槛、低风险、低利润、无力用工等特征；机会型创业是通过发现或创造新的市场机会，为追求更大发展空间，通过新产业的开拓，实现对新的市场的开拓的创业形态，呈现创业起点高、对经济社会的推动力大、市场空间大、造就的就业岗位多、利润高、风险大等特征。

创业过程一般分为机会识别与机会开发两个阶段。

（一）机会识别

一般具有创业动机的个体在获取初始创意之时，便开始了机会识别。维斯珀（Vesper）区分了创意的两种来源：一种是意外发现，一种是经过深思熟虑才发现。他观察到，大多数创意是碰运气时发现的，而多数创意是从职业中产生，也可能是从业余爱好、社交或步行观察中发现的。蒂奇（Teach）等人揭示了机会识别过程的八个要素：正式计划、正式评价、市场与技术驱动、细致调查、意外发现、先前职业、创新与改进、信息调查。

（二）机会开发

根据韦伯（Weber）的观点，要创业，首先就要有一个能够成功或有能力开发可盈利机会的现代企业或组织；创业过程表现为一个机会识别、机会评价、决定开始，并以资源获取结束的连续过程。德科宁（De Koning）认为，发现机会识别过程和必要资源的评估是相互交叠的。在这一转变过程中，创业者要开发必要的资源并控制好对资源的运作。

综上，创业是一个受政治、经济、文化、社会、环境影响，以市场调研为基础，由机会发现、机会评价、机会开发和创业结果等组成，旨在创造新颖的产品、服务或实现其潜在价值的过程。

三、创新与创业的关系

（一）创新与创业的内在联系

在熊彼特的创新理论中，创新是经济学中的一个重要概念，而领导和发起创新的创新者是企业家，企业家对生产要素实行新的组合，组织和推动经济发展。因此，创业者是创新活动的倡导者和实现者。正是创业者的创新活动，促使科学技术转化为生产力，从而推动了产业结构的升级，也推动了经济活动和生活方式的变革，实现了经济社会的发展。

经济学创新理论研究认为：人们之所以要在这些方面进行创新，是出于经济原因，即强烈的利润动机和潜在的利润前景的驱使。利益推动创新，创新刺激投资。创新既是产业结构调整的原动力，也是成功创业特别是科技型创业的基础。

从创新的时效性看，企业创新特别是在将科技成果推向市场的过程中，一般总是从产品创新、技术创新开始的。因为一种新的市场需求总是表现为产品需求，因而在创新初期，企业的创新活动主要是产品创新。一旦产品被市场接受，企业随后将把注意力集中在过程创新上，其目的是降低生产成本、改进生产工艺、提高生产率。当产品创新和过程创新进行到一定程度时，企业的创新注意力会逐渐移到市场营销创新上，目的是提高产品的市场占有率。在这些创新重点的不同时序上，还伴随着必要的管理创新和组织创新。由此可见，利用科技成果进行创业的过程是一个不断创新的过程。

机会型创业是衡量一个国家创业活跃程度和创业水平的重要指标，机会型创业对产业升级、扩大就业、拓展市场、增加税收等具有重要意义。毋庸置疑，人数众多的、受过高等教育且具有较高综合素质的大学生应是机会型创业的主力军。大学生在就业与创业的选择中，可以充分发挥自身优势，利用资源和环境条件，捕捉、识别、筛选并抓住市场机会，将创业活动作为事业的选择。特别是大学生可凭借自身的知识优势，依靠自己拥有的技术成果（如专利技术、保密技术或新的服务），依托学校资源，选择最佳的创业时期和创业地点，适时创办科技型企业。其实，科技型企业的创办一开始就表现为技术创新。由创新的时序规律也不难看出，成功的创业还必然包括经营创新和管理创新，不创新的企业就会被淘汰，创新是新产品、新行业层出不穷的根本原因。从科技型创业创办可以看出，创新是创业的基础和前提条件。

（二）创新与创业的区别

语言学中对二者的定义可以帮助我们理解创新与创业的区别。《辞源》中，"创"的主要含义是"破坏"，也有"开始"和"创立"之意。按照《现代汉语词典》的解释，创新是指抛开旧的、创造新的，也可简要概括为破旧立新的过程。创新是"新的生产函数的建立"，即"企业家实行对生产要素的新的组合"。创业，在《辞海》中的定义是"创立基业"。因此，创业就可以被译为"事业心、开拓精神教育"或是"企业家精神教育"。创业与创新虽然都具有开创新东西之意，但两者的内涵有着明显区别。创业可能涉及创新，或者不涉及；创新可能涉及创业，或者并不涉及。人们对创新概念的理解最主要是从经济与技术相结合的角度，探讨技术创新在经济发展过程中的作用。创业是一个新的、非生命市场参与者的创造过程（新商业的诞生）。创业强调的是如"企业从何而来""人们为什么创建新的商业""商业是如何被创造的"等，而创新是对生产函数包括生产力、科学技术、生产资料、生产工具及劳动力和生产关系的建立。

▶ 第二节　人类创新创业简史

人类社会发展的历史，从某种意义上讲就是一部不断创新创业的历史。如果说科技是第一生产力，生产力是社会发展的决定性力量，那么创新创业就是科技发展的动力源泉，是人类社会发展的元生产力。人类文明离不开创新创业活动，创新创业活动推动社会进步，是人类赖以生存和发展的基础。

一、人类创新创业历史溯源

1978 年，英国出版的《发明的故事》一书详尽地介绍了古今中外近 380 种人类创新创业与发明创造成果的历史由来。其中，算得上人类"第一发明"的当是弓箭。因为人类早期的生产方式是以采集为主、狩猎为辅，所以先民们依靠群体力量进行狩猎活动以维持生存。为既能不受野兽伤害，又能有效猎获野兽，人类早期就发明了弓箭等远距离杀伤武器。弓箭等猎具的发明和推广应用极大地改善了人类的生产方式，使猎物有所剩余，并开始驯养家畜，推动人类社会由以采集为主、狩猎为辅的时代转入畜牧时代。弓箭的广泛使用使人们产生了利用弓弦绕钻杆打孔的想法，从而发明了钻具。利用钻具与被钻物的摩擦生热进行取火，这就是"钻木取火"技术。人工取火技术的掌握不仅可以用以煮熟食物、照明、取暖和驱避野兽等，还能使人类寿命得以延长，生存质量得到提高，给人类带来了生活文明。而且在火烧黏土的制陶过程中，随着高温技术的掌握，人类更是可以用火熔炼金属，制造金属农具，进一步创造了早期生产文明。随着以金属农具为代表的整套农业技术的推广与应用，人类社会由畜牧时代进入农业社会。

二、农业文明——人类创新创业史上的第一乐章

在古代社会，我国以农业文明为代表的创新创业实践与发明创造活动，使我国古代社会自公元前3世纪的秦、汉时期起，直到唐、宋、元各代始终经久不衰。我国经济社会发展在相当长的一段时间里雄踞世界之首，形成了与西方不同、独具一格的政治、经济、文化传统和科学技术体系，成为四大文明古国中唯一保持完整文化传统的国家。我国四大发明的推广与应用，形成了我国历史上科学文化与经济繁荣前所未有的壮观景象。英国科技史专家李约瑟博士在《中国科学技术史》巨著中说："中国古代的发明和发现往往远远超过同时代的欧洲，特别是15世纪以前更是如此，这可以毫不费力地加以证明。""3世纪到13世纪之间，中国在科学知识方面一直保持着一个让西方望尘莫及的水平。"

中国古代的四大发明传入欧洲后，对欧洲近代社会的到来起到了临产催生的作用。指南针促进了欧洲航海事业和探险事业的发展，火药成为消除欧洲各地封建割据的有力武器，火药和指南针构成了帝国主义海上称霸的"一炮一舰"，造纸术和印刷术则对欧洲科学文化的普及、提高起到永久性的巨大推动作用。正如马克思所描述的那样："火药、指南针、印刷术——这是预告资产阶级社会到来的三大发明。火药把骑士阶层炸得粉碎，指南针打开了世界市场并建立了殖民地，而印刷术则变成新教的工具，总的来说变成科学复兴的手段，变成对精神发展创造必要前提的最强大的杠杆。"马克思的这段描述深刻地揭示了我国古代四大发明给欧洲近代历史进程所带来的巨大影响。

三、工业文明——人类创新创业史上的第二乐章

在瓦特之前，巴本（1647—1714年）、纽可门（1663—1729年）就已制出了蒸汽机原型。当时的蒸汽机主要用于矿井提水，效能很低。当时瓦特在格拉斯哥大学承担纽可门蒸汽机的修理工作，他发现这个短板后，运用所在大学教授布莱克（1728—1799年）发现的"潜热"现象，即气体与液体转换时可大量吸收、放出热而温度不变的原理，将蒸汽机中的冷凝器放置于气缸外面，从而使蒸汽机的效能大大提高。蒸汽机作为动力机械与任何工具机连接都可使用，所有的大机器包括火车和轮船，都因蒸汽机的带动而飞速运转，整个世界的面貌由此大为改观。

1830年后，在德国涌现了一大批科学家，如世界著名数学家雅可比（1804—1851

年)、高斯(1777—1855年)和著名物理学家欧姆(1787—1854年)等，他们开创了德国科学繁荣的历史新时期。利用李比希(1803—1873年)等建立的煤化学科学成就，德国迅速发展合成染料工业，由此带动了纺织工业(合成纤维)、制药工业(阿司匹林等)、油漆工业和合成橡胶等整个合成化学工业的发展。德国著名化学公司如赫希斯特和拜尔公司的产品源源不断地流向世界各国，使很多天然制品被化学制品取代，人类进入"化学合成"时代。德国化学工业的兴旺发达，进一步带动了酸碱和造纸等许多工业的发展。德国仅用了四十多年的时间就完成了英国一百多年的事业，实现了工业化。

1848年至1849年，欧洲革命失败后，有大批法国人、德国人、奥地利人、意大利人和俄罗斯人移居美国，这成为美国引进技术、发展工业和扫除南方封建奴隶势力的突击力量。1850年后，美国结束了完全照搬欧洲技术的历史，走上了工业技术创新之路。继1866年西门子发明直流发电机之后，1876年贝尔发明了电话，1879年爱迪生发明了电灯，这三大发明照亮了人类实现电气化的道路。如果说英国、德国的第一次技术革命还只是解决生产文明问题，那么美国的第二次技术革命就不只是解决钢铁、化工和电力技术等生产文明问题，而且史无前例地发展了汽车、无线电和航空工业技术等生活文明。以元部件的标准化、系列化生产和管理大师泰勒开创的现代管理科学的发展为标志，大规模生产方式使美国工业化发展进入人类历史新阶段。

四、信息社会知识经济、创意经济的发展与创业革命

到20世纪中叶，以原子能、电子计算机、航天技术、网络技术的应用为代表的信息技术(包括信息管理和信息工程)的发展，引起社会生产的重大变化。其特点在于：科学技术转化为直接生产力的速度加快，科学和技术密切结合相互促进，科学技术各个领域间相互渗透，高度分化又高度综合。这些极大地推动了社会生产力的发展，促进了社会经济结构和社会生活结构的变化，推动了国际经济格局的调整。当今社会信息技术广泛应用，科技飞速发展，知识更新速度日益加快，新产品、新技术、新工艺层出不穷，人类正步入信息社会。

1993年，彼得·德鲁克在《后资本主义社会》一书中提出，经济社会的发展在经历了农业社会和工业社会两个阶段以后，进入了以知识社会为特征的后资本主义社会。1996年，国际经济合作与发展组织(OECD)在年度报告中明确提出了"以知识为基础的经济"。按照国际经济合作与发展组织的定义，知识经济是以现代科学技术为核心，建立在信息、知识的生产、存储、分配和使用之上的经济，是一种以现代科技产业为主要产业支柱，以智力资源为主要依据的可持续发展的新型经济。知识经济表明人类经济发展将比以往任何时候都更依赖于知识的生产和应用。

在知识经济社会中，知识与信息在经济社会商品价值创造中所起的作用越来越大，很多知识与信息成为独立存在的商品。知识经济是依靠知识发展实现财富增长的经济类型，而知识经济的发展取决于智力资源的占有。因此，智力资源的开发和人才的培养是知识经济的命脉。以知识为主宰的知识经济时代，知识成为衡量企业财富的标准，成为企业的战略资产。作为知识创新者、承载者、所有者的知识型员工，因其代表着企业拥有的知识、技能，所以成为了企业的核心竞争力和决定企业市场价值的重要因素。如何有效整合、创新和发展知识，如何有效利用和管理知识资源成为了企业经营

成败的关键。在以知识为基础的知识经济社会中，智力资源成为一个国家、一个企业取得竞争优势的核心资源，专利法、商标法、著作权法等知识产权法成为知识经济健康发展的保障，受法律保护的知识产品形成产业化发展创意产业。创意产业是基于知识产权，通过对知识产权的开发创造潜在财富和就业机会的产业。随着社会的发展，创意产业涵盖的面越来越宽泛，体现了新经济的创新性、高附加值性、强融合性、渗透性、辐射性和持久营利性特点，日益融入服务业、制造业，甚至包括初级制造业等其他产业。

1998年，英国创意产业专责小组首先提出创意产业定义："源于个人创造力与技能及才华，通过知识产权的生成和取用，具有创造财富并增加就业潜力的产业。"并根据该定义，界定了休闲游戏软件、电视与广播、出版、表演艺术、音乐、电影与录音带、时尚设计、工艺、广告、建筑、时装设计、软件、古董等十三个行业为创意产业。经济学家霍金斯将创意产业界定为："其产品都在知识产权法的保护范围内的经济部门。"各国创意产业的快速发展，使得创意产业成为知识经济社会最具活力的产业之一。《2007中国创意产业发展报告——企业篇》首次在全国发布了2007年创意企业的基本情况，并指出国内创意企业发展迅速，产业规模不断壮大，销售收入大幅度攀升。

随着经济社会的快速发展和商品经济的日益发达，我国经济由卖方市场转向买方市场，消费者由被动消费转向主动消费，消费日趋个性化、多元化，创新创业成为经济发展的重要引擎，引导新产品和新行业不断涌现，特别体现在创意产业的发展，高科技中小企业呈现强劲的发展势头。闻名遐迩的微软公司的创始人比尔·盖茨和雅虎公司创始人杨致远等成功的创业历程，使当代大学生特别是掌握了现代科学技术、富有创新精神和冒险精神的大学生，能勇于面对就业的竞争压力和探索成功的机遇，担负起创业的历史使命。

历史上，创业精神从来没有像现在这么生机勃勃，创业能够激发企业的创新和发展，产生越来越多的全新的企业和行业，创造巨大的财富，改变人们的生活方式和财富观念，引领社会进入经济全球化的新时代。建设创新型国家的核心是增强自主创新能力，关键是人才。高等学校应以引导学生进行知识创新为己任，更加有效地开展创业教育，构建创新创业体系，大力扶持那些掌握创新知识的大学生进行创业，为建设创新型国家提供支持和保障。

▶ 第三节　创新过程分析

一、创新过程的阶段划分

创新过程是指人们通过创造性活动，发现新的矛盾，寻求新的相互关系，研究新的有价值的事物，产生新的观念。一句话概括，即有创见地解决了问题。创新过程大体包括四个阶段：准备期、酝酿期、顿悟期、检验期。

（一）准备期

这是创新过程的基础阶段。这一阶段的特点主要是在积累知识的过程中检查和清理问题，确定创造的方向和目标。每个人都具有一定的创造力，但是由于人们的先天素质和所处环境条件的不同，所以创造力不同，所能从事创造的类型也不相同。有资料表明，大多数著名的画家和音乐家在其代表作问世之前，都需要十年左右的准备时间。有时我们过多地夸大了创造需要天才这一观点，只看到了天才所取得的成果，殊不知这些天才在背后付出了多少的时间和精力。

人们在进行创新时只有根据自己的专长、爱好和条件选择所要创新的项目，才能取得事半功倍的效果。在这个阶段，提出问题、搜集资料和提出假设是最为重要的步骤。

1. 提出问题

创新者能明确地提出问题，就等于问题已经解决了一半。一切创新都始于提出问题。海尔集团的总裁说："发现不了问题是最大的问题。"为了能正确地提出问题，首先必须了解引起问题所依据的重要事实，以及在解决问题时已具备的前提条件，如理论水平和研究积累的科学事实等。在一般人看来没有问题的地方提出问题，方能把问题研究得更为深入。"学从疑处始""学贵知疑，小疑则小进，大疑则大进""好问则裕"，谁能多提问题，谁的收益就多。挖掘你提出问题的能力，需要你了解创新过程是如何进行的。在此基础上，还要相信创新能产生结果。

大多数人在生活中是喜欢提出问题的，因为人们想追求新的生活体验，愿意在有活力的环境中成长。但是随着人们年龄的增长，那种喜欢追求充满朝气的生活的热情就会逐渐减退，最后变得僵化刻板，不再有兴趣提出问题。

2. 搜集资料

一切科学研究都要求依靠事实。这些事实或者直接来源于生活，或者取之于实验室，或者出自鲜为人知的历史资料。在这一阶段，我们必须着手挖掘一切行之有效的方法，即尽可能地围绕问题搜集资料、形成概念、储存经验，以便为进行创新活动奠定良好的基础。如果没有资料，分析问题就会缺乏客观的依据，创新就失去了根基，便会成为空中楼阁。所拥有的资料越丰富，创新思维就会越灵活和深刻，创新能力就会在新颖独到的见解之上绽放绚丽的花朵。搜集资料是一项非常平凡的工作，谁都能做，以致人们常常瞧不起它。可是，无论大型科研项目还是具体的创新课题研究工作，都离不开这项工作。俗话说："兵马未动，粮草先行。"创新课题一经确定，第一步就是广泛地搜集资料。离开资料，创新活动几乎寸步难行。马克思说："研究必须充分地占有材料，分析它的各种发展形式，探寻这些形式的内在联系。只有这项工作完成以后，现实的运动才能适当地叙述出来。"

17世纪，我国出现了一部伟大的科学技术著作，叫《天工开物》。这本书详细记载了我国古代的农业、工业和手工业等技术，国外将其称为"中国17世纪的工艺百科全书"。这本书之所以有这样大的影响，同作者宋应星以认真严肃的态度搜集资料有着密切关系。一方面，他阅读了大量与古代老百姓的衣食住行相关的书籍；另一方面，他勤学好问，把实际生活中有关老百姓吃穿住行的事尽可能地了解清楚，并一一记录。他将积累的资料装了满满一箱，才开始写作。

3. 提出假设

创造是目的，需要是动力，设想是种子。假设在创新活动中具有特别重要的地位，它能帮助我们揭示事物的奥秘，迈出探索事物规律的第一步。一切创新都是以假设为前提的，没有假设，很难从不同的事物中发现共同的东西，从未知的事物中找出已知的东西，从已知的事物中预测未知的东西。没有假设，特别是没有想象假设，要想发现自然界和社会生活中的新规律，成为新事物的发明者、创新者，几乎是不可能的。

当代自然科学的基本问题，如物质的结构、宇宙的起源与演化、地球的形成与进化、生命的起源和本质，自古以来都是人类的圣贤先哲一直在孜孜探求的问题。如物质的结构问题，中国古代的先哲们提出了著名的"五行说"，即万物由金、木、水、火、土五种物质原料构成的学说。此外，还有"阴阳说""八卦说"和"元气说"等。在西方，则有著名的"原子说"。对于宇宙、地球、生命等自然科学的基本问题，古人也提出了不少具有重要意义的见解，这些见解都像"五行说""阴阳说"或"原子说"那样，并没有也不可能建立现代科学所具有的那种以观测或实验为依据的理论，从科学意义上说，都是一些猜测和假设。但现代科技成果表明，在古人的猜想中，有不少闪耀着智慧火花的看法相当接近现实。特别值得注意的是，古人提出的各种问题，至今以至将来仍是人类孜孜探求的基本问题。古人的想象空间无疑远远大于古代人类认识和改造世界的领域。如现代社会的每项重大发明，几乎都是前人梦想的实现，飞上蓝天、登上月球、潜入海底、遥望千里等，在其成为现实之前，无一不在人类的脑海里萦绕了数百年甚至数千年之久。

总之，在准备阶段中，要经常上网查资料、广泛阅读，多做笔记，常与他人交谈、探讨问题、收集情报，同时要善于广采博纳，吸取有益之处，使之成为你驰骋想象的出发点。

（二）酝酿期

这是创新过程的运作阶段。酝酿阶段是对各种材料进行深入细致的分析，进行消化、吸收，并提出问题和解决方案的过程，这一过程是创造性思维过程中最为艰苦的阶段，也是智力和意志活动付出最大努力的阶段。在这个阶段中，人的潜意识起着十分重要的作用。

在这一过程中，创造者常常会冥思苦想，几乎调动了大脑中所有相关的知识和智力，反复尝试和评价，思维时而发散，努力提出新的假设、方法、方案；时而集中，对个别方法、方案、思路进行验证和评价。这一过程中，头脑中始终难以出现一个明确、清晰而又可行的方案，但有时常有一些不是很成熟的念头闪现，好像答案就在眼前，仿佛抓住了解决问题的钥匙，但一时理不清头绪，难以准确把握；有时又百思不得其解，好像走进了死胡同。人在这时往往精神高度兴奋，情绪激动、茶饭不思、心情不定。这个时候要冷静下来，客观、理性、科学地分析遇到的问题，甚至应暂时把思考的问题搁置起来，从事正常的工作。这种表面的中断，并不意味着思考的中断；反之，自己头脑中的潜意识还在积极地、断断续续地进行。正是这种潜意识，往往孕育着新观念的重大突破。虽然这一阶段比较辛苦，但恰恰是这一阶段的苦苦思索，才使得创新者常常在问题真正解决之后获得了无比的快乐。酝酿阶段的时间长短不一，这既取决于创新任务的准备程度、复杂程度，也取决于创新者的知识、经验、智力、创造力水平，以及努力程度。一般来说，创新目标的独创性越高，酝酿构思的难度越大。

平时，有的学生常常能在很短的时间想出一个新颖的设计方案、一个巧妙的解题思路，而真正的科学创造往往要经历漫长的酝酿期，如爱因斯坦 1905 年创立狭义相对论之前，就曾经进行了"十年沉思"，此后又经过了"十年沉思"才创立了广义相对论。因此，创新需要持之以恒、坚持不懈；或需要改变思路、另辟蹊径；或需要与人讨论一番，启发灵感，方能奏效。

在创新过程中，创新者一定要注意留出充裕的酝酿时间。虽然你的大脑已经停止了积极的活动，但是你的大脑仍在继续运转处理信息，使信息条理化，最终产生创新的思想和办法。当你在从事你的工作时，你从事创新的大脑仍在运转着，直到豁然开朗的那一刻，酝酿成熟的思想最终会迸发，出现在你的大脑意识层面。最常见的情况是这样的：当你在参加一些与某项工作完全无关的活动时，这个豁然开朗的时刻常常会来临。如果思考的问题总是悬而未决，那就暂且把它搁置下来，转换思维的方向和环境，或去学习和研究别的问题，过一段时间再回到这个问题上来，或不自觉地回到原题上来，有时你就会突然悟出解决的办法。"文武之道，一张一弛"。长期紧张地用脑思索之后，辅之以体育活动、文艺活动，或散步、赏花、谈心、下棋、看戏、沐浴、洗衣等，有意识地使思维离开原题，让大脑皮质的兴奋与抑制关系得到调剂，才能有效地发挥潜思维的作用，促使灵感的迸发。为了把自己调整到创新的状态上来，你必须从你熟悉的思考模式，以及对某事的固定成见中摆脱出来。为了用新的观点看问题，你必须打破自己看问题的习惯方式。为了避免习惯的"智慧"的束缚，你可以用以下几种技巧来进行酝酿。

1. 群策攻关法

群策攻关法是艾利克斯·奥斯伯恩于 1963 年提出的一种方法，它建立在与他人一起工作，继而产生独特的思想，并创新地解决问题的基础上。在创新攻关期间，一般是几组人在一起工作。在一个特定的时间内，大家提出尽可能多的想法，但并不对它们进行判断和评价，因为这样做会抑制思想的自由流动，阻碍人们提出建议。批判和评价可推迟到后一个阶段。应鼓励人们在创新思考时，善于借鉴他人的观点，因为创新的观点往往是多种思想相互作用的结果。

2. 创造"大脑图"

"大脑图"是一个具有多种用途的工具，它既可提出观点，也可表示不同观点之间的多种联系。你可以这样来开始你的"大脑图"：在一张纸的中间写下你主要的专题，然后记录所有你能够与这个专题有联系的观点，并用线把它们连起来，让你的大脑自由地运转，跟随它一起建立联系的活动。你应该尽可能快地工作，不要担心次序或结构，让其自然地呈现结构，反映你的大脑自然地建立联系和组织信息的方式。一旦完成了这项工作，你就能够很容易地在新的信息和不断加深的理解的基础上，修改其结构或组织。

3. 做好梦境记录

梦即"寐中所见事形也"。梦是一种主体经验，是人在睡眠时产生想象的影像、声音、思考或感觉，通常是非自愿的；梦也是一种神经行为，有人认为梦是人的意识凸显。在人类发明创新史上，出现过许多在睡梦中获得技术性突破，从而实现发明创新的实例。为什么人在梦中可以产生创新灵感和创意呢？莫斯科谢切诺夫进化生理学和生物化学研究所的研究人员发现，在睡梦中，人的大脑并未休息，而是在积极活动。它将一天积攒起来的信息加以系统整理，筛去一些鸡毛蒜皮的小事，重点关注那些大事，然后分别存放在各个记忆孔里。我们的大脑与电脑一样，在对未眠时所获得的信息进行加工，结果是其信息以信号和某种形象的方式用非寻常的途径从另一方面获得。正是这种别出心裁的认识世界的办法，帮助做梦人找到了处于未眠状态下长期苦苦思索的答案，于是产生了很多料想不到的解决问题的办法。梦的力量就在于做梦时大脑是从非传统的另外一个角度来看问题的，而且问题往往会得到解决。然而，就像阳光下的露水会被蒸发一样，梦是很容易被忘记的。为了抓住你的梦，不妨在梦醒时分，把你所能回忆起来的梦的情景记录下来。

（三）顿悟期

这是创新过程的收获阶段，常常被称为"直觉的跃进""思想上的光芒"。顿悟是与直觉和灵感具有一定联系的思维现象。在经过长期酝酿之后，因为某种机缘或是受到什么意外的刺激，会使一些长久未能解决的问题在须臾之间"茅塞顿开"，出现"灵感"，解决方法也会很快浮出水面。进入这一阶段，我们的思想一下子变得豁然开朗，思维范围扩大，呈现柳暗花明的新局面，以往百思不得其解的难题瞬间得到破解，真可谓"踏破铁鞋无觅处，得来全不费工夫"。

灵感的到来相当富于戏剧性，它有时是逐渐到来的，有时又是不期而至的，有时又可能是突如其来的闪电般的光临。历史上许多重大的发明、发现都与灵感有关。当然，灵感的孕育产生要以艰苦探索和思考历程为基础，是种种生理因素调和运动的结果。灵感并不是天才所专有的，在我们日常生活、学习中也常常会出现灵感突现的时刻。突发灵感时，人的注意力高度集中，想象力非常丰富，思考速度分外迅速，知识提取和迁移的难度大大降低，同时情感也非常高涨，整个心智运动处于最佳状态，所以这一阶段是创新的重要阶段。

我们不能一味地等待灵感的出现，时机通常垂青于有准备的人。为了灵感的出现，我们平时除了要学习和积累丰厚的知识，还要注意培养对科技创作的兴趣，引发探索与创新的动机。

必须指出，顿悟和灵感绝不是什么神秘的东西，也不是无法说清的东西，它同前面的准备和酝酿是分不开的。顿悟如果离开人们长时间的实践，离开高度集中化与紧张化的思考，是不可能产生的，它是一个人长期实践、长期思考、艰苦劳动的产物。

在这方面，有一个著名的例子，希腊思想家阿基米德在洗澡时，突然，豁然开朗的那一刻来到了——他光着身子跑出来，穿过雅典的街道，大声喊着："我找到了！"在生活中，你在某种程度上肯定也有过这种"我找到了"的体验。有时候，尽管你绞尽脑汁也想不起来一个人的名字或重要的细节，但在这种时候，如果你停下来不去想这个问题，把你的注意力转移到其他的事情上，那么你常常会发现这个百思不得其解的问题，还是会突然出现在你的脑海中，仿佛你在大脑中编了一个计算机程序，不停地进行扫描、处理，直到答案突然出现在屏幕上。

有时候，创新确实是一层"窗户纸"，捅破它非常容易，关键是很少人能够发现它！回想一下，由于你没有给大脑留出足够的完成工作的时间，所以会与创新的思想和有见地的战略擦肩而过，你就会感到创新作为一个自然的过程不能被缩短或删减，这是你对创新过程的尊敬的表现。

如果豁然开朗的那一刻不出现怎么办？如果你竭尽全力，按照所有的步骤为你创新的园圃整地施肥，那么有新意的思想一定会破土而出。你看见这个创新的过程运转的次数越多，你的信心就会越大。请想想在生活中你曾有过的"我找到了"的时刻，并将这些时刻记录下来，这样做不失为一种解决问题的独特的方法，以及一条实现目标或提出有新意的观点的好途径。创新的"本质"具有这样的特点——你越是强迫它运转，它就越不露面。因而你需要放弃用你的意识控制它，让创新的"本质"用它自己的方式去运作、去创造奇迹。

有时候，在创新的过程中，创新者需要从不同角度转换思路，也许稍微改变一下思路，就会得到另一个结果。有这样一则故事：人们听说有位大师用了数十年的时间练就了移山大法，于是就有人找到这位大师，央求他当众表演一下。大师在一座山的对面坐了一会儿，就起身跑到山的另一面，然后说表演完了。众人大惑不解，大师微微一笑，说道："事实上，这世上根本就没有什么移山大法，唯一能够移动山的方法就是'山不过来，我就过去'。"

（四）检验期

这是创新过程的反思阶段。只有通过验证，才有可能证实创造成果的价值。顿悟阶段之后，创造性思维已经获得了初步的思维成果，提出了一定的假设和解决问题的方案，但毕竟灵感不等于逻辑思维，通过灵感获得的结果也未必合理，所以还要通过严密的逻辑推理或实验与操作对这一结果的合理性进行检验。我们可以把新的设想付诸实施，如实验、制作、实践等，还可以通过严密的逻辑推进检验那些新设想是否合乎逻辑，是否完善、周密。在验证的过程中，我们可以发现原有设想的不足和缺点，可以对其进行修正、补充，使其逐步完善。也可能这一假设经受不住考验，被全盘否定，但在检验过程中对材料进行了深入细致的分析与思考，为新思路的提出奠定了坚实的基础。同时，这一次的失败也为下一次的思考提供了有益的经验和教训。任何创新过程，不受一点挫折、不经一点反复、不做一点修改，一举就能获得圆满成功的可能性是不存在的。如果说在顿悟阶段我们要保持高涨的情绪和高昂的斗志，那么在检验阶段，我们则需要保持清醒的头脑，镇定的情绪和冷静、周密的思考。

随着创新过程的深入，对创新者的要求也越来越高。在这一阶段，创新者应具有较高的观察力和分析力，善于发现和判断有时看来微不足道，但对创新非常重要的问题和事实。在这一阶段，创新者要把研究的东西与预期的结果加以系统对比，用事实的逻辑检验科学的假设。如果事实与假设不一致，就应果断地否定原来的假设；如果假设不可靠，即便诱人，也只能忍痛割爱，代之以新的假设，再重新检验新的假设。这种检验假设的工作往往要反复进行许多次。

创新是一种高度创造性的劳动，创新成果是否具有科学性，必须经过实践的检验。诺贝尔奖的科学精神就是"创新、求实、献身"。所以诺贝尔奖的颁发，一般都在科学创新之后十几年，为的是有足够的时间检验科学创新的成果。

验证创新的结果有时会以失败而告终。但是失败并非毫无益处，它对创新具有特殊的意义。第一，失败可以使创新活动少走弯路；第二，可以减少或避免人力、物力和资金投入上的浪费；第三，有时失败的经验比成功的经验更为重要，失败中的发现也要比成功中的发现多得多；第四，失败是成功的基石，失败孕育着成功。法拉第说过："公众很少想到，在科学家的大脑中有那么多思想和理论，由于他们自己的严格批评而销声匿迹了。在最顺利的情况下，也只能证实猜想、希望、愿望和预先推论的十分之一。"因此，创新者绝不可因为验证失败，就匆忙将创新"判死刑"。常常有这种情况，有人认真研究了别人的创新项目被"判死刑"的原因，然后拿来进一步研究完善，结果毫不费力地就取得了创新成果。创新过程这四个阶段并非泾渭分明，也绝非在任何创造活动中都缺一不可，它们只是体现了创新的大致的一般过程，但绝非创新活动的全部。在创新过程中，还包括创新报告的撰写过程、图页的绘制过程、作品的制作过程等。在创新的指导过程中，教师应根据学生思维所处的不同阶段，因地、因时、因人、因事，全面合理地进行指导。

二、创新过程的主要特点

(一)做好充分的准备工作

创新思想不是凭空产生的，而是来自艰苦的工作、学习和实践。

创新往往是一个经历曲折和艰难的过程，缺乏必要准备的人，难以到达理想的终点。因此，乐于创新的人要有经得起失败和挫折的心理准备，同时要拥有丰富的知识、健康的身体素质，能够承受巨大的、恶劣环境的压力。

亚历山大·弗莱明发现青霉素的过程，可以说是对创新过程的第一个阶段做了最好的说明。从表面上看来，发现青霉素似乎是一系列偶然的巧合。虽然弗莱明多年来一直试图发现防止细菌繁殖的方法，但是直到有一天，他鼻子里的一滴黏液恰巧掉在了一个盘子里，而这个盘子里恰巧盛有他一直用来做实验的溶液。这两种液体的混合导致了抗生素的初步产生，但是它的效力还很弱。七年以后，一只四处游荡的孢子飘进了弗莱明开着的窗户，落在了他实验室内盛有相同溶液的盘子里，产生了人们今天所熟悉的抗生素，即盘尼西林。但这个发现并不是只靠运气，弗莱明为寻找有效的抗生素已经苦苦奋斗了十五年，因此当这些偶然性来临时，他才能意识到其重要性，并果断地抓住它们。

马克思写作《资本论》用了四十年；哥白尼的《天体运行论》从写作到发表，前后用去三十年；李时珍耗尽毕生精力，经过三十年努力，亲自考察、验证、撰文、绘图和刻书，完成巨著《本草纲目》。类似的事例在人类发展史上屡见不鲜。

(二)保持注意力的高度集中

最大限度地集中注意力，保持思索问题的最佳状态，这是创新过程的关键。只有让思想隔离外界的纷扰，完全集中在一件事情上，才会产生伟大的思想结晶。俗话说："一心不能二用。"每个人的精力是有限的，创新是极为艰难的高智力、高强度的劳动，更需要创新者全身心地投入。人们可以通过以下几种方式集中自己的注意力。

1. 增强环境的适应性

当人们进入教堂，就会立刻使自己适应这里的气氛，表现出恭敬和虔诚。你可以用同样的方式调节你在学习环境中的注意力，在选择学习环境时，要考虑到它是否有利于你专心；同时，要放松情绪、放平心态，以积极的心态适应环境，这样便于你开始创新的过程。

2. 培养良好的心理习惯

人格中包含着大量的习惯性行为，有的是积极的，有的则是消极的，而大多数则居于两者之间。学习全身心地集中和投入，往往意味着要打破影响你全身心投入的习惯，如总想同时做好几件事，或用有限的时间完成很重要的任务。同时，培养专心致志的能力，也包括要养成新的心理习惯，如可以找一个合适的地方，调配足够的时间，进行认真的和有创新性的思考。这些新的习惯可能需要你付出更多的努力，耗费更多的心血，但是这些行为很快就会成为你自然的和本能的习惯的一部分。

3. 经常进行冥想练习

你的大脑中充斥着思想、感情、记忆、计划，所有这一切都在竞争，想引起你的注意。在你整日沉浸于来自方方面面的刺激，需要从身心上做出反应时，这种大脑"吵架"的现象更为严重。为了专注于你创新的工作，你需要净化和清理你的大脑。要做到这一点的一个有效的方法就是排除各种"私心杂念"，多做冥想练习。

4. 时刻做好思想准备

为了点燃你创新思想的火花，还有一个重要的因素是你的思想要时刻做好准备。这可能就是赫拉克利特所说的"期望出乎意料的东西"这句话的含义，以及希腊戏剧家索福克勒斯写"观察，你就能有所发现；不观察，什么东西都不会发现"这句话时，他想表达的意思。你需要训练你的大脑使其做到专心，这样才能有较高的工作效率。为了从你创新的"本质"中捕捉一些细微的信号，你需要使你自己变得更敏感，这是使你认识到你的创新自我的一个有用的方法，它存在于你的"本质"，你未污染的自我、你的核心、你真正的人格之中。用心理学家阿瑟·考斯特勒的话来说就是："创造性的大脑是意识和下意识之间不同层次的统一体。作为'考古学家'，人们有时候必须进行挖掘，去发现人们的创新力。"

（三）打破传统的思维定式

受环境和经验的影响，一个人常常容易形成一种思维定式，这种思维定式不打破，就会影响创新过程中所遇到的问题的有效解决。这时，一种有效的办法是把问题暂时搁置起来，使自己松弛下来，或转而思考其他问题，或与他人讨论交换意见，这样有助于摆脱习惯思维、打破思维定式，使问题得到有效解决。

特别值得指出的是，对你的创新最大的威胁其实来自你自身，即自我"否定之声"。"否定之声"可以损害你对生活的每个领域的自信，包括你的创新活动，具体表现为以下的言论："这是一个愚蠢的主意，没有人喜欢它。""即使我能努力实现这个想法，它或许不值得去做。""虽然上一次我经过努力成功了，我很幸运，但我以后不会再去这么做了。"这些说法及无数与此类似的其他说法，使人们对自己创新的思考能力产生怀疑，对人们的自尊产生很大的负面影响。当你失去了自信，你就会变得胆怯，不愿意坚持自己的观点，不愿意提出自己的想法与他人讨论。用不了多久，你的这种缺乏自信的态度就会阻碍你提出新的观点。久而久之，你就只能固守原有的思维模式，迎合他人的期望。

（四）借助直觉、灵感和想象力

人们在认识问题和处理问题时，会比较多地采用逻辑思维（运用概念、判断、推理等进行思维）和形象思维。而在创新过程中的关键时刻的思维形式，则常常是采用非逻辑思维，最多的是直觉、灵感和想象。可以肯定地说，直觉、灵感和想象，在创新过程中具有特殊而重要的地位。一个缺乏直觉、灵感和想象的人，不会取得重大的创新成果。例如，一个成功的企业家在创新经营决策时，掌握大量的第一手资料，并进行精确的数字分析是十分必要的。但是更多的时候，都要求企业家必须在信息资料不足、时间紧迫情况下进行决策。在这种情况下，依靠推理、判断等逻辑思维方法往往难以奏效，因此往往需要依靠非逻辑思维来实现，特别是直觉、灵感和想象。这就需要企业家根据自己的经验来洞察事物、把握事物的本质、预料事物的前景，抓住时机，果断决策。这时要问其有什么理论和事实根据，他们一般是难以清楚回答的。创新的思想火花一旦出现，将令人为之一振。然而这个时刻只是标志着创新过程的开始，而不是结束。如果在创新的思想出现时你意识不到，不能对其采取行动，那么你脑子里出现的创新思想就没有丝毫的用处。在现实生活中，经常会有这样的情况：当创新的思想火花出现时，你并没有给它们以极大的关注，或者由于认为其不实用而忽略了它们。在人类发展史上，许多有价值的发明似乎一开始都是些不大可能的想法，被流行的常识所嘲笑和不齿。例如，尼龙搭扣的想法就源于发明者在穿过一片田地时，粘在他裤子边上的生毛刺的野草。

要想得到直觉、灵感和想象，必定要使自己的全部创新力量处于升华状态，全身心地集中在创新客体上，使思潮如汹涌澎湃的波涛，冲击自己的心灵，冲击着创新客体。这样一来，直觉、灵感和想象也许会在梦中悄然而至，也许会在苦思冥想中突然出现，也许会附着在一种奇异现象上，给你一个意外的惊喜。

▶ 第四节　大学生创新创业教育的理念与实施

创新创业精神、能力和素质成为当代大学生必备的基本素养。对创新创业人才的培养离不开创新创业教育，以创新教育促进创业教育，以创业教育促进教育教学改革，通过创新创业教育培养创新创业型人才成为高等教育带有全局性、结构性的教育创新，是高等教育人才培养模式功能的重新定位，成为加强和改进高等教育人才培养模式的新的方向和途径。

一、创新创业教育与创新型国家建设

我国城镇化、信息化、国际化进程不断加快，社会经济的发展正从粗放型向集约型发展方式转变，从资源依赖、投资拉动向科技依托、创新驱动转变，从"工业经济""制造经济"向"服务经济""智力经济"转变，从"人力资源优势"向"人才资源优势"转变，逐步走上依靠科技进步、提高劳动者素质和科学管理的道路。提高自主创新能力、建设创新型国家的关键因素是知识，战略性资源是人才；转变经济发展方式、优化产业结构，必须依靠科学技术进步，必须依靠创新创业人才培养。在日益激烈的国际竞争中，谁拥有掌握先进科学技术的人才，谁就能赢得发展先机，赢得发展主动权。

建设创新型国家，核心是增强自主创新能力，其关键在于人才，尤其在于创新型人才。根据社会大生产和现代化管理要求，创新人才包括知识创新、技术创新、产品创新、管理创新和制度创新等人才。在现代社会，无论哪种类型的创新人才，都是增

强我国创新能力的战略性资源。创新人才核心要素是创新精神和创新能力。创新精神，即要有创新品质和创新意识，自强不息、力求奋进的进取精神，严谨求实、兢兢业业的科学作风，忠实不欺、团结奋斗的合作意识。创新能力，主要是指发现新问题、分析问题，提出新方法、建立新理论，求实探索、发明新技术的能力等。

高等学校作为国家创新体系建设的重要组成部分，承担着培养创新创业人才的历史重任。大力推进创新创业教育，培养具有创新精神、创业意识与创业能力的高素质人才，培养推动国家知识创新、技术创新、制度创新和管理创新的践行者和引领者，为创新型国家建设提供有力的智力支持和人才支撑，是现代高等学校的战略任务。高等教育必须充分发挥自身智力资源的优势，转变教育观念，大力推进创新创业教育，构建创新创业教育体系，创新人才培养模式，完善课程体系，更新教学内容，将创新创业教育融入人才培养全过程，切实提高大学生的创新创业精神、创新创业能力和创新创业素质。

二、创新创业教育与大学生就业

联合国教科文组织在"面向21世纪教育国际研讨会"上首次提出了"创业教育"这个概念，又称"第三本教育护照"。1998年，世界高等教育大会上《21世纪的高等教育：展望与行动世界宣言》第七条重申："为方便毕业生就业，高等教育应主要关心培养创业技能和主动精神，毕业生不再仅仅是求职者，首先将成为工作岗位的创造者。"2000年1月，在全国高校技术创新大会上，教育部首次公布了新的政策，允许大学生、研究生保留学籍创办高新技术企业。一系列支持性措施为我国高校创业教育提供了创新行动的平台和绿色通道，将我国的大学生创新教育推向了创新创业教育的社会实践领域。大学生开展创新创业教育不仅是国家经济社会发展的需要，也是创造更多就业岗位、带动更多大学生就业的需要。

就业是民生之本，使毕业生充分就业是高校培养高素质专门人才、实现服务经济社会发展的重要体现。高校的就业指导服务为大学生规划职业生涯、选择就业岗位等展开了卓有成效的工作。但随着经济社会产业结构升级，社会分工、工作岗位和人力资源市场不断变化，毕业生面临岗位转换的可能性越来越大，实现充分就业的不确定性越来越多，自主择业和岗位就业、被他人聘用的就业模式不再是毕业生服务社会、实现自我价值的唯一途径，以创办企业为主导方向的自我聘用的就业模式成为毕业生实现就业的新模式，创业教育成为就业指导服务的新指向，对拓展就业指导服务内容与领域、转变毕业生就业观念，将起到重大作用。

从经济管理学原理上看，就业与创业有适应社会需要与创造需求之别。就业是"找饭碗"；创业则是"造饭碗"，是在自身就业的同时给他人提供就业机会，即"创业带动就业"。只有变"找饭碗"为"造饭碗"，大学生的就业问题才能真正有效地解决。

创新创业教育是一个系统工程，不仅需要高校转变办学理念，更需要国家、地方政府的政策支持。《中华人民共和国高等教育法》规定：高等教育的任务是培养具有创新精神和实践能力的高级专门人才。同时国家还出台了相关优惠政策来鼓励一部分有创业能力的大学生进行自主创业，缓解就业压力，促进国家经济繁荣和稳定。可见，加强和改进大学生创业教育，既是我国经济和社会发展的迫切需要，又是推进我国高等教育科学发展的迫切需要。面对大学生就业难问题，为鼓励大学生创业，国家和地方政府制定了涉及创业培训、创业指导、资金扶持、融资与税收、产业政策等一系列优惠政策，支持和促进大学生创业、带动就业。初步构建大学生创业的法律支撑体系。

创新创业教育是在经济社会高度发展而劳动力面临就业、再就业巨大压力的背景下，提出和发展的一种教育模式。创新创业教育既是世界高等教育发展的一种趋势，也是我国高等教育改革和发展的必然选择。我国高等学校创新创业教育的发展应以转变教育思想、更新教育观念为先导，高校创业教育的目标体系应融入高等教育的目的和任务之中。我们要始终坚持以人为本的教育理念，全面提升大学生创业素质；坚持全面协调的发展思路，准确把握创业教育的功能定位；以提升学生的社会责任感、创新精神、创业意识和创业能力为核心，以改革人才培养模式和课程体系为重点，大力推进高等学校创新创业教育工作，不断提高我国人才培养质量。培养大学生的基本创业素质包括培养大学生的创新意识、创业知识技能、创业品质与创业能力等。随着我国社会经济的不断发展，急需高校培养出具有创业精神和创业能力的优秀人才，这不仅是解决大学生就业问题的需要，也是我国经济结构调整、建立创新型国家的需要。

三、我国高校目前创新创业教育存在的问题

第一，高校对创新创业教育的重视程度不高。创新创业教育起步晚、认识不到位，多数学校没有成立创业中心，甚至没有一个教研室统筹管理创业教育。

第二，创新创业教育资金投入严重不足。部分高校的办学条件距教育部人才水平评估尚有很大差距，基础设施建设仍有很大资金缺口，实践性教学投入也很大。因此，许多院校的创新创业教育资金投入严重不足，仅限于创业计划书的设计大赛、鼓励学生摆地摊练手等初级创业活动。社会和地方政府也一样，往往带有功利性，只投时间短见效快的项目，对创业教育鼓励多、投入少。

第三，创新创业文化氛围欠缺。在高校校园内，创业文化氛围极度贫乏，没有将创新创业教育上升到文化的高度去挖掘、积累、创新。大学生创业社团和大学生创业教育组织机构很少、创业政策及激励机制没有有效建立、大学生职业生涯规划设计大赛和创业计划大赛没有在学生中普及，校园内没有形成创新创业气候，更谈不上在潜移默化中影响学生的世界观、价值观和人生观。

第四，师资队伍、课程体系严重滞后。没有针对创业师资的系统培训计划，担任创新创业课程的教师大多数自身没有成功创业的经历，对企业运营和管理不熟悉，基本由公共课教师转化而来。这些老师缺乏创新创业教育专业训练，既缺乏理论素养，也缺乏实战经验，因而创新创业课成了思想教育或就业指导课。教师结构简单，双师型教师更是少之又少，企业及社会资源利用不够。目前，创新创业教材也缺乏系统性和权威性，不是东拼西凑就是照搬国外课程，缺乏区域和校本特色。许多院校没有开设相关课程，只停留在讲座上。

第五，创业实践基地严重短缺，对接不够紧密。大多数高校没有专项创业教育经费，更没有开辟创业教育实践场地，只停留在口头上。还有的甚至与专业实训基地共挂一个牌子，以应付上级检查和评估，根本没有实质性的校企合作项目。

第六，创新创业教育的社会外部环境不完善。外部环境主要指国家政策、风险机

制、银行贷款、税收减免、体制机制等方面还没给自主创业，特别是初始创业者以非常优厚的待遇，没有形成鼓励自主创业的声势和影响，不利于毕业生大胆创业。

第七，学校和社会对创新创业教育认识存在误差。一是认为创业是解决就业的直接途径，因此让大多数人去创业。二是认为创业知识和技能是重点，因而忽视对创新意识、创业能力、开拓精神、独立工作能力的培养。三是认为创新创业教育短期内可培养大批企业家。四是有些学校把创建创业园、创业一条街认为是创业教育的全部，忽视了创业课程体系的建立。创新创业教育中存在的以上问题，主要源于全社会对其认识不够全面，对其影响研究不够深入。因此，要科学地认识创业教育的实效性，在校园内大力开展创新创业教育，为培养高素质、全面发展的创新人才打下重要基础。

针对我国当前的教育现状，加强创新创业教育的实效性已成为高校的一个重要研究课题，是社会经济发展的必然要求，也是培养创新人才、全面提高学生核心竞争力的需要。因此，良好的社会创新创业氛围、政府帮扶机制的建立、学校领导的高度重视、构建复式教学体系、完善实践课程体系和筹资体系、搭建校内外创业教育实践平台、帮助学生正确认识创新创业教育、与学生所学专业有机结合等方面才是提高院校创新创业教育实效性的必由之路。

当前对注重技术型、应用型人才培养的高校来说，就业问题已成为三大关注焦点之一。为缓解就业压力、促进社会和谐，在"创业带动就业"这一国策的指引下，研究高校创业教育的实效性有其鲜明的特色和深远的意义，主要体现如下。

（1）创业教育实效性研究适应经济社会产业结构调整与时代发展的需要。随着我国的改革开放和经济快速发展，特别是知识经济时代的到来，经济结构的调整和产业升级为大学生创业提供了前所未有的机遇与平台。创业教育可以让更多的大学生把学到的知识用于自主创业上，从而创造出更多的新产业和新的职业岗位，进而大大提升和优化我国的产业结构，同时有助于缓解我国经济转型期的劳动力市场供求深层次矛盾。

（2）创业教育实效性研究促进人们择业观念和就业理念的根本转变。创业教育是以培养创新创业型人才为价值取向的新的教育思想和教育理念。高校学生要改变过去从一而终、等和靠的"铁饭碗"思想，同时也要打破先就业、再择业、再创业的保守观念。毕竟中央与地方出台了一系列优惠政策，为大学生创业提供了相当大的自由选择的空间和机会，要抓住机会，乘势而上。让每位有能力有素质的优秀大学生都能成为创业的将军，是时代的使命，也是民众的期盼。

（3）创业教育实效性研究体现了我国大众化的高等教育发展和人才培养模式改革的必然要求。创业教育是对高等教育人才培养目标、模式、功能的重新定位，是对教育本质及规律的全新阐述与诠释，为加强和改进高等教育人才培养模式提供了新的方向和途径。创业教育不仅是对教育形式和教育内容的改革，而且是带有全局性、结构性的教育创新和教育发展。社会和学生对创业的需求，必然要求高校教育必须进行及时的改革。转变教育思想，改革人才培养模式，在教学内容、教学方法、课程设置等方面进行新的探索与革新。通过开展创业教育，开发和提高学生的创业基本素质，培养和提高学生的生存能力、竞争能力和创业能力等，使大学生尽快由"求职者"转变为"创业者"是必由之路、必然选择。

（4）创业教育实效性研究成为解决高校毕业生就业压力和增强其核心竞争力的有效

途径。随着我国高等教育大众化进程的推进，每年有 640 多万大学生走向市场，再加上农民工和其他下岗、转岗工人再就业的压力，大学生就业形势日益严峻。为进一步转变就业形势，帮助大学生根据自己的优势和特长，选择适合自己的创业之路，必将成为缓解社会就业压力与市场竞争压力的主要出路。

因此，针对经济社会的发展状况、思想观念的变化与高职院校学生就业工作的薄弱环节和问题，我国高校迫切需要在"中国梦"的科学指引下研究创业教育的实效性，努力开创高校大学生创业教育工作的新局面，这是大势所趋、势在必行。

引入 案例

认真就业，积极创业

黄腾蛟热心文体活动，曾任院学生会副主席兼体育部部长，以及校足球协会会长等学生干部工作。先后荣获校文学大赛二等奖（连续两届都是二等奖）、校百科知识竞赛冠军、泉州城市足球联赛冠军、省大学生运动会足球赛季军等荣誉。毕业后，他勤奋好学、永不放弃，最终在自己不擅长的领域脱颖而出。黄腾蛟从未丢失创业之心，正蓄积力量，等待爆发。

选择不同专业，迎难而上。

毕业后，黄腾蛟面临工作的选择，一家底薪是 1500 元（实习期），另外一家 700 元。第二家比较有发展空间，第一家工资虽高，但发展空间较小。黄腾蛟最终选择了平台大、学习机会多的岗位，于是他进入了行业影响力较大的环球影视公司实习。刚开始总是艰难的。黄腾蛟进入了一个和自己专业完全不相关的领域，而且薪资只有 700 元。

2011 年 2 月，黄腾蛟正式转正，但是工资只涨了 300 元。这一年，他犯了不少错，挨了不少批评，面对工资低、困难重重的工作，黄腾蛟并没有退缩，甚至在经济窘迫时，他依然没向家里要过一分钱。

临危受命，独当一面。

每年的春节过后，都是公司业务的旺季。2012 年 3 月底，公司接到的片子实在太多，部门忙不过来。黄腾蛟临危受命，接过了富贵鸟（大集团）的一个颁奖盛典，价值 6 万多元的单子。这个片子从前期的采访，到脚本创作，到外出拍摄，再到最后的剪辑，客户只给他 1 个月的时间。接到这样的单子后，黄腾蛟既激动又紧张。但前期的电话采访黄腾蛟就受挫了，被采访者向富贵鸟集团总部投诉，认为黄腾蛟对企业经营的东西一点都不专业，问的问题很没深度，要求公司换人来做这个项目。但是公司并没有怪他，反而派人来支援他。公司的支持，让黄腾蛟再次充满能量。他加班加点，终于将方案完成，随后又跨越 11 个省、花了 17 天去拍摄，最终将片子完成，并成为颁奖盛典的最大亮点，受到了会场上千人的好评。那时，在庆功宴上，客户还夸黄腾蛟前途无量。

2012 年，黄腾蛟不再接一些小单。这一年，福建格林集团成立 20 周年，想拍摄一部 20 周年的大型纪录片。公司决定把这个 10 多万元的项目交给黄腾蛟来做。黄腾蛟花了 2 个多月的时间完成了这个项目，片子最终得到了格林集团上上下下的认同。

创业之心从未丢失。

2013 年，黄腾蛟已经得到公司的完全认可，公司可以放心地将项目交给他做。黄腾蛟独立完成的某某学院校友会的片子、申本的片子，都得到了学校和公司的一致认可。2014 年，黄腾蛟开始转型，他不再单独做策划，为了让自己更全面，他一有时间就跑市场。如今，除了几个大客户和老客户的案子需要维护，黄腾蛟的工作重心基本放在了跑市场上。现今，黄腾蛟创办的泉州卓逸文化传播有限公司已经走上正轨，事业正处于起步阶段。黄腾蛟说，他坚信，只要坚定前行、永不放弃，梦想自然就会实现。

思考与训练

1. 根据创业的各种论述，谈谈你对广义创业与狭义创业的理解。

2. 创新与创业既有内在的联系又有本质的区别，谈谈你对创新中创业和创业中创新的认识。

第二章 创新意识与创新精神

　　人类在过去五千年的文明实践中，不断探索发现并创造历史，从石器、青铜器到陶瓷、纳米材料，从使用弓箭到操纵火箭导弹，从洞穴小屋到宇宙空间站，从烽火台到航天飞机，以及急速发展的各种电器设备、互联网……在这些辉煌的成就中，人类的创新意识发挥了巨大的作用。

　　加强大学生创新意识的培养是提升大学生创新能力的前提，是培养创新型人才的起点。创新在经济学和管理学上都有既相关又有区别的含义。创新的过程一般分为四个阶段：准备阶段、思考阶段、顿悟阶段、验证阶段。对于企业来说，创新包括产品创新、工艺创新、服务创新、商业模式创新等。创新意识指人们在社会活动中主动开展创新活动的观念和意识，表现为对创新的重视、追求和开展创新活动的兴趣和欲望。创新精神指能够综合运用已有的知识、信息、技能和方法，提出新方法、新观点的思维能力，进行发明创造和改革的意志、信心、勇气和智慧。

　　本章主要介绍创新意识、创新精神、创新思维和创新方法的有关内容（如图2-1所示）。

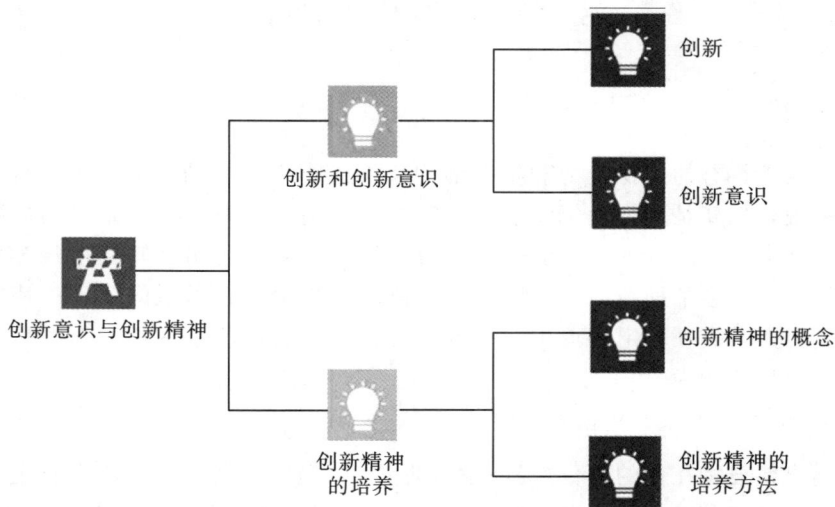

图 2-1　第二章知识要点

1. 了解创新的基本特征和企业创新的基本领域。
2. 能阐述创意、创新、创造的联系和区别。
3. 能自觉培养创新精神。

引入 案例 •

创新的贡献

在微电子技术方面，集成电路芯片上的元器件密度平均每三年提高 4 倍；在生物医学产业方面，基因诊断、基因治疗等已付诸应用。在 20 世纪 80 年代末，美国将一种人工组合 DNA 植入烟草细胞，生产转基因烟叶，每年只需要原种植面积的 1%，就可生产足够 27 万患者使用一年的抗体，经济效益大得惊人；日本利用细胞技术培养出了一种养虾饲料，使虾的产量提高了 350 倍。在当今世界，现代经济的增长，有 40% 来自信息产业的贡献。生物技术的创新直接推动了农业、医药、环保、食品、化工，以及能源等多个重大产业领域的革命，创造了难以估量的经济效益。

分析： 任何国家创新能力的提高带来的直接结果都是国力的迅速强盛和人民生活水平的提高。因此，从 20 世纪 50 年代起，许多国家都大力提倡推进创新能力的开发和应用，并斥巨资创立高科技产业。

▶ 第一节　创新和创新意识

一、创新

创新是人类特有的认识能力和实践能力，是人类主观能动性的高级表现形式。从哲学角度来说，创新是人类为了满足自身需要的创造性实践行为，是对旧事物所进行的替代；从社会学角度来说，创新是人们为了发展需要，运用已知的信息和条件，突破常规，发现或产生某种新颖、独特的有价值的新事物、新思想的活动；从经济学角度来说，创新是人类在特定环境中，以现有的知识和物质改进或创造新的事物并能获得一定有益效果的行为。

（一）创新概念的经济学解释

经济学家熊彼特在他的著作《经济发展理论》中提出：创新是企业家对生产要素进行新的组合，从而获得超额利润的过程。熊彼特将其所指的创新组合概括为五种形式：①引入新的产品或提供产品的新质量；②采用新的生产方法、新的工艺过程；③开辟新的市场；④开拓并利用新的原材料或半制成品的一种新的供给来源；⑤采用新的组织方法。熊彼特创立创新理论的主要目的在于对经济增长和经济周期的内在机理提供一种全新的解释，利用创新理论分析资本主义经济运行呈现"繁荣—衰退—萧条—复苏"四阶段循环的原因，说明不同程度的创新会导致长短不等的三种经济周期，并确认创新能够引发经济增长。熊彼特等人对创新的定义，强调了经济要素的有效组合，即创新应是信息、人才、物质材料与企业家才能等经济要素通过有机配合，形成的独特的协同效应。

熊彼特所描绘的上述五种创新组合形式大致可归纳为三大类：一是技术创新；二是制度创新；三是组织创新(后来又有学者增加了"文化创新")。

1. 技术创新

技术创新在企业的创新中处于核心地位，技术创新包括原始创新、集成创新，以及再创新。而制度创新、组织创新和文化创新是围绕和支撑技术创新而进行的创新。

技术创新是从产生新产品或新工艺的设想到市场应用的一个完整过程，包括新设想的产生、研究、开发、商业化生产到扩散的一系列活动。技术创新的本质是科技、经济一体化的过程，包括技术开发和技术利用这两大环节。

从生产过程的角度分析，技术创新可以分为材料创新、产品创新、工艺创新和手段创新四类。

技术创新既可以由企业单独完成，也可以由高校、科研院所和企业协同完成。技术创新过程的完成是以产品的市场成功作为标志的。技术创新的过程一般情况下无法缺少企业的参与，但具体就某个企业而言，其采取何种方式进行技术创新要视技术创新的外部环境、企业自身的实力等相关因素而定。对大型企业来说，企业要建立自己的技术开发中心，提升技术开发的能力和层次，培养技术开发成果的有效机制。而中小型企业更应侧重于深化企业内部改革，建立承接技术开发成果并能有效利用的机制。

2. 制度创新

制度创新是指通过投融资、企业产权、知识产权、人才资源、信用、行政管理等方面的市场化、法制化、国际化的改革和试点工作，创建有利于创新创业的体制和制度。

制度是组织运行方式的原则和规定，企业制度主要包括产权制度、经营制度和管理制度三个方面的内容。产权制度是决定企业其他制度的根本性制度，规定了企业的所有者对企业的权利、利益和责任；经营制度是有关企业经营权的归属及其行使条件、范围、限制等方面的原则和规定；管理制度是企业行使经营权、组织企业日常经营的各种具体规则的总称，包括对材料设备、人员及资金等各种要素的取得和使用的规定。

3. 组织创新

组织创新是指通过对发起设立、运作机制、职能定位和治理结构等方面的创新，塑造创新型的企业组织、产业组织、社会组织和行政组织。

企业系统的正常运行，既要求具有符合企业及其环境特点的运行制度，又要求具有与之相适应的运行载体，即合理的组织形式。因此，企业的发展必然要求组织形式的变革和发展。

从组织理论的角度来考虑，企业系统是由不同成员担任的不同职务和岗位的结合体。这个结合体可以从机构和结构这两个层次去考察。机构是指企业在构建组织时，根据一定的标准，将那些类似的或为实现同一目标而产生密切关系的职务或岗位归并到一起形成的不同的管理部门。而结构则是与各管理部门之间，特别是不同层次的管理部门之间的相互关系。结构主要涉及管理的纵向分工问题，即所谓的集权和分权问题。不同企业有不同的组织形式，同一企业在不同的时期，随着经营活动的变化，也会要求组织的机构和结构不断调整。

4. 文化创新

组织文化是指企业在建设和发展中形成的物质文明与精神文明的总和。从现代系统论的观点看，组织文化的结构层次分为表层文化、中介文化和深层文化；组织文化的表现形态有物化文化、管理文化、制度文化、生活文化和观念文化；组织文化的构成要素有组织精神、组织理念、组织价值观、组织道德、组织素质、组织行为、组织制度和组织形象等。由此构成一个有着内在联系的组织文化复合网络图（如图 2-2 所示）。

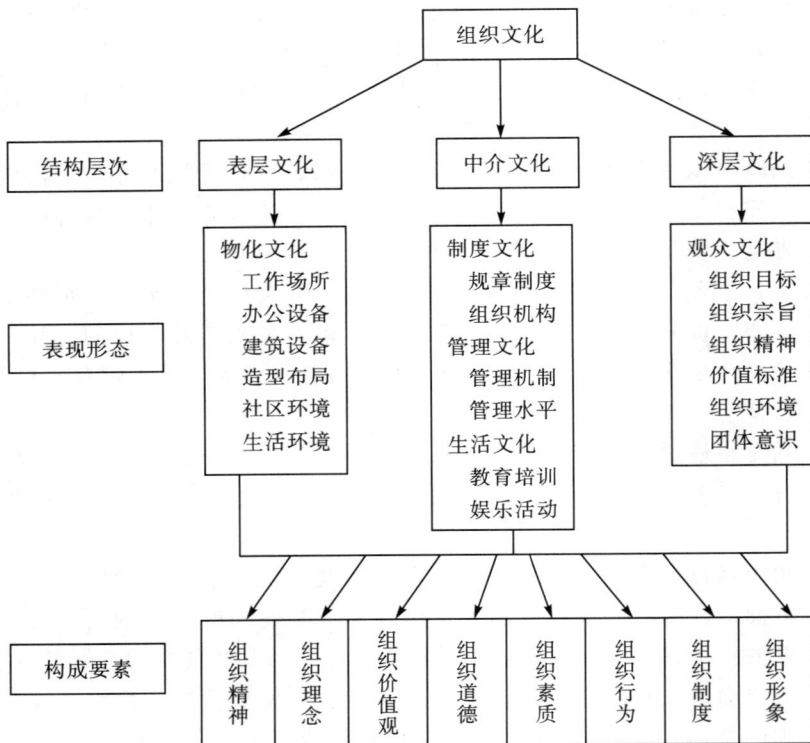

图 2-2　组织文化复合网络图

文化创新的目的是通过思想观念的变革和与先进文化的交融，为创新创业提供强大的精神动力。曾任通用电气公司 CEO 的杰克·韦尔奇（Jack Welch）说："如果你想让车速再快一些，只需要增加生产力，但若没有文化上的改变，就无法维持高生产力的发展。"

在熊彼特之后，他的主要追随者从不同的角度与层次对创新理论进行了分解研究，并发展出了两个独立的分支：一是技术创新理论，主要以技术创新和市场创新为研究对象；二是组织创新理论，主要以组织变革和组织形成为研究对象。

（二）创新概念的管理学解释

1985 年，被誉为"现代管理学之父"的彼得·德鲁克（Peter Drucker）发展了创新理论。他提出，任何使现有资源的财富创造潜力发生改变的行为，都可以被称为创新。德鲁克主张，创新不仅仅是创造，甚至并非一定是技术上的。一项创新的考验并不在于它的新奇性或科学内涵，而在于其推出市场后的成功程度，也就是能否为大众创造新的价值。

从企业管理的角度上看，组织创新作为技术创新的平台，推动技术创新成为企业发展的根基，因此，技术创新能力的提升是企业核心竞争力提升的关键。技术创新的管理学解释强调了"过程"与"产出"，是指从新思想产生到研究、发展、试制、生产制造，直至首次商业化的全过程，是发明、发展和商业化的聚合。在这一复杂过程中，任何一个环节的短缺都不能形成最终的市场价值，任何一个环节的低效都会导致创新的滞后。

（三）创新的根本特征

1. 创新的起点在于问题

爱因斯坦说过："提出一个问题往往比解决一个问题更重要。"因为解决一个问题也许仅仅是一个数学上或实验上的技能而已，而提出一个问题则需要想象力，而且提出问题标志着科学的真正进步。发现并提出问题不代表每一个问题都是完美、正确的，因为好的思想不是一下子就能在头脑中形成的。不过我们提出的问题越多，出现好思想的机会也就越多。

2. 创新的关键在于突破

要创新，就要突破常规戒律、突破固有的习惯、突破条条框框、突破已有经验、突破过去的思维定式，创新就是对传统的"突破"。

3. 创新的本质在于新颖

创新的意义在于"出新"，"新"是创新的本质，是创新的价值所在。所有创新都必须在创新思维的作用下，用新的思路、新的方法解决问题，从而获得新的理论、新的技术、新的设计、新的方案、新的产品。

4. 创新的基础在于继承

牛顿曾经说过这样一句话："如果说我比别人看得远的话，那是因为我站在了巨人的肩膀上。"这句话很好地说明了新与旧的关系——无旧便无新。新是在旧的基础上发展变化而来的。因此，继承是创新的基础，只有在继承的基础上创新，才是科学的。

5. 创新的目的在于发展

创新的目的很明确，就是要看是不是有利于自然界的发展，是不是有利于社会的发展、有利于人的发展。

（四）创新的基本原则

在创新活动中遵循创新原则是提升创新能力的基本前提，是攀升创新云梯的基础。有了这个基础，就把握了开启创新大门的"金钥匙"。创新原则就是指创新活动所依据的法则或标准，是我们在创新活动和创新过程中所需要遵循的原则。

1. 科学原理原则

创新必须遵循科学技术原理，不得有违科学发展规律。

2. 市场评价原则

创新要想经受市场考验，实现商品化和市场化，就要按市场评价的原则来进行分析，考察创新对象商品化和市场化的发展前景，看它的性能、价格是否具有竞争性。

3. 相对较优原则

创新不盲目追求最优、最佳、最美、最先进。在创新过程中，可以利用创造原理和方法获得许多创新设想，它们各有千秋，这时就需要人们按相对较优的原则对这些设想进行判断选择。

4. 机理简单原则

在创新的过程中，始终贯彻机理简单原则，并进行如下检查：

(1)新事物所依据的原理是否重叠，是否超出应有范围；

(2)新事物所拥有的结构是否复杂，是否超出应有程度；

(3)新事物所具备的功能是否冗余，是否超出应有数量。

5. 构思独特原则

所谓"构思独特"，指创新贵在独特，可从以下几个方面来考察：

(1)创新构思的新颖性；

(2)创新构思的开创性；

(3)创新构思的特色性。

6. 不轻易否定、简单比较原则

不轻易否定、简单比较原则是指在分析评判各种产品创新方案时，应注意避免轻易否定的倾向。在飞机发明之前，科学界曾从"理论"上对飞机进行了否定论证；过去也曾有权威人士断言，无线电波不可能沿着地球曲面传播，无法成为通信手段。不要随意在两个事物之间进行简单比较，我们应在尽量避免盲目、过高地估计自己的设想的同时，注意珍惜别人的创意和构想。

以上是在创新活动中要注意并切实遵循的创新原则，这都是根据千百年来人类创新活动成功的经验和失败的教训提炼出来的，是创新智慧和方法的结晶，体现了创新的规律和性质。按创新的原则创新并非束缚你的思维，而是帮助你把创新活动纳入快速运行的大道。

(五)企业的创新领域

创新分类的标准很多，根据不同的标准可以得出不同的分类，了解这些分类有助于我们理解创新。例如，根据创新有无原创性，可将创新分为原始创新、集成创新；从创新的内容来看，可将创新分为知识创新、技术创新、产品创新、服务创新；从创新的影响力来看，可将创新分为持续性创新、突破性创新、颠覆性创新；从创新的层次来看，可将创新分为首创型创新、改进型创新、应用型创新；从创新的组织化程度来看，可将创新分为自发创新和有组织的创新；从科技角度来看，可将创新分为从无到有(例如，开创一个全新的研究领域)、从有到无(例如，一次性彻底地解决了一个人类历史上的重大问题)、从有到有(例如，纠正前人的错误观点、重新构建一个理论体系)。

创新并非少数天才的专利，一个纪律严明的团队，再加上有效的系统方法，就能更好地实现创新。

1. 产品创新

产品创新是指推出一种能够满足顾客需要或解决顾客问题的新产品。例如，苹果公司推出的 iPhone 手机、无人驾驶汽车，华为公司推出的拥有人工智能的 Mate 系列智能手机等，都属于产品创新。产品创新还可以分为产品性能创新、产品系统创新两类。

1）产品性能创新

产品性能创新指公司在产品或服务的价值、特性和质量方面进行的创新。这类创新既涉及全新的产品，也包括能带来巨大增值的产品升级和产品线延伸。产品性能创新常常是最容易被竞争对手效仿的。

2）产品系统创新

产品系统创新指将单个产品和服务联系或捆绑起来，创造一个可扩展的强大系统。产品系统创新可以帮助你建立一个能够吸引并取悦顾客的生态环境，同时也能在一定程度上帮助你抵御竞争者的威胁。

2. 服务创新

服务创新是企业为提高服务质量和创造新的市场价值而进行的服务要素的改变，是对服务系统进行的有目的、有组织的改变过程。服务创新保证并提高了产品的功用、性能和价值。服务创新能使一个产品更容易被试用和享用，为顾客展现了他们可能会忽视的产品特性和功用，并且能够解决顾客遇到的问题，弥补产品体验中的不愉快。

服务创新源于技术创新，两者之间有着紧密的联系。但是由于服务业的独特性，服务业的服务创新与制造业的技术创新有所区别，有它独特的创新战略。服务创新可以分为五种类型：服务产品创新、服务流程创新、服务管理创新、服务技术创新和服务模式创新。

3. 品牌创新

品牌创新有助于保证顾客和用户识别、记住你的产品，并在面对竞争对手的产品或替代品时选择你的产品。好的品牌创新能够提炼一种"承诺"，在吸引顾客的同时传递一种与众不同的身份感。

4. 工艺创新

工艺创新是指企业对产品的加工过程、工艺路线及设备所进行的创新。例如，在新型洗衣机和新型抗癌药的生产过程中，对生产工艺及生产设备的调整等。工艺创新的目的是提高产品质量、降低生产成本、降低消耗与改善工作环境。

5. 流程创新

流程创新涉及公司主要产品或服务的各项生产活动和运营。这类创新需要彻底改变以往的业务经营方式，使得公司具备独特的能力，高效运转，迅速适应新环境，并获得领先市场的利润率。流程创新常常会构成一个企业的核心竞争力。

6. 结构创新

结构创新是指通过采用独特的方式组织公司的资产（包括硬件、人力或无形资产）创造价值。结构创新可能涉及从人才管理系统到重型固定设备配置等方方面面。结构创新的例子包括建立激励机制，鼓励员工朝某个特定目标努力，实现资产标准化，从而降低运营成本和复杂性，甚至创建企业大学以提供持续的高端培训。

7. 商业模式创新

商业模式包含九个要素：价值主张、消费者目标群体、分销渠道、客户关系、价值配置、核心能力、合作伙伴网络、成本结构和收入模型。商业模式创新是指企业对目前行业内通用的为顾客创造价值的方式提出挑战，力求满足顾客不断变化的需求，为顾客提供更多的价值，为企业开拓新的市场，吸引新的客户群。例如，传统的书店决定利用互联网销售书籍，即开通网上书店。与传统书店相比，亚马逊和当当网就是一种商业模式创新。

1）渠道创新

渠道创新包含了将产品与顾客和用户联系在一起的所有手段。虽然电子商务在近年来成为主导力量，但是诸如实体店等传统渠道还是很重要——特别是在创造身临其境的体验方面。这方面的创新高手常常能发掘出多种互补方式，将他们的产品和服务创新性地呈现给顾客。

2）顾客契合创新

顾客契合创新是指要理解顾客和用户的深层愿望，并利用这些了解来发展顾客与公司之间富有意义的联系。顾客契合创新开辟了广阔的探索空间，帮助人们找到合适的方式把自己生活的一部分变得更加难忘、富有成效、充满喜悦。

8. 网络创新

在当今高度互联的世界里，没有哪家公司能够独自完成所有事情。网络创新让公司可以充分利用其他公司的流程、技术、产品、渠道和品牌。悬赏或众包等开放式创新方式就是网络创新的典型例子。

只选择一两种创新类型的简单创新不足以获得持久的成功，尤其是单纯的产品性能创新，很容易被模仿、超越。因此，企业需要综合应用上述多种创新类型，才能打造可持续的竞争优势。

（六）创新与创意、创业之间的关系

1. 创新与创意的关系

创意是逻辑思维、形象思维、逆向思维、发散思维、系统思维、模糊思维和直觉、灵感等多种认知方式综合运用的结果、许多创意都来源于直觉和灵感。

创意是创新的基础。我们所见到的产品都起源于创意，然后才有创新，再然后才有持续不断的重复制造。

1998年，《英国创意产业路径文件》中首次正式提出了"创意产业"的概念，其定义为："源自个人创意、技巧及才华，通过知识产权的开发和运用，具有创造财富和就业潜力的行业。"根据这个定义，英国将广告、建筑、艺术和文物交易、工艺品、设计、时装设计、电影、互动休闲软件、音乐、表演艺术、出版、软件、电视广播等十三个行业确认为创意产业。"创意产业"与传统产业最大的区别在于创意为产品或服务提供了实用价值之外的文化附加值，最终提升了产品的经济价值。全世界的创意产业每天创造的产值高达220亿美元，并正以5％的速度递增。美国、英国等创意产业发达国家的递增速度已经达到10％以上。创意产业的迅速崛起，正标志着创意经济时代的到来。

引入案例

欧洲的"创意疯子"——皮尔·卡丹

闻名世界的服装大师皮尔·卡丹成功的秘诀就是敢于向传统挑战，不断有新的创意。

疯狂之举——丧葬服装展

皮尔·卡丹第一次举办设计展时就让人们大吃一惊，他展出的各种成衣竟然是各种各样的丧葬服。他把整个展出搞得像一场宏大的葬礼，使参观者感觉自己像是在参加国王的葬礼。皮尔·卡丹这一大胆的"出格行为"在他的时代里被视为"大逆不道"之举。结果可想而知，他被雇主联合会开除了。但他也因此而一举成名，成了欧洲服装设计界著名的"创意疯子"。

皮尔·卡丹帝国的崛起

1959年，皮尔·卡丹再次异想天开，举办了一次借贷展销，且非常成功。他自己不仅借此发了一笔财，也为所在的组织赚了个盆满钵满。因此，几年之后，他成了这个组织的主席。就这样，皮尔·卡丹事业的发展规模越来越大，不仅有男装、童装、手套、围巾、挎包和鞋帽，还有手表、眼镜、打火机和化妆品。与此同时，他开始向国外扩张，首先在欧洲、美洲和日本得到了许可证。1968年，皮尔·卡丹转向设计，后又醉心于烹调创意，最后还成了世界上拥有自己银行的时装设计家。

"卡丹帝国"从时装起家，几十年来，皮尔·卡丹始终是法国时装界的先锋。皮尔·卡丹除了服装之外还醉心于各种创意活动，正如他自己所说："一切都是设计，没有什么不能设计。"

2. 创新与创业的关系

创新是以新思维、新发明和新描述为特征的一种概念化过程。创业是人类社会生活中一项最能体现人的主体性的社会实践活动。创业是一种劳动方式，是一种需要创业者组织运用服务、技术、物质，进行思考、推理、判断的行为。

虽然创业与创新是两个不同的概念，但是这两个概念之间却存在着本质上的契合，内涵上的相互包容和实践过程中的互动发展。熊彼特认为："创新是生产要素和生产条件的一种从未有过的新组合，这种新组合能够使原来的成本曲线不断更新，由此会产生超额利润或潜在的超额利润。"创新活动的这些本质，体现着其与创业活动性质上的一致性和关联性。

1）创新是创业的基础，而创业推动着创新

从总体上说，一方面，科学技术、思想观念的创新会促进人们物质生产和生活方式的变革，引发新的生产、生活方式，进而为整个社会不断地提供新的消费需求，这是创业活动源源不断的根本原因；另一方面，创业在本质上是人们的一种创新性实践活动。无论是何种性质、何种类型的创业活动，都有一个共同的特征，就是创业是主体的一种能动性的、开创性的实践活动，是一种高度的自主行为。在创业实践的过程中，主体的主观能动性将会得到充分发挥和张扬，正是这种主观能动性充分展现了创业的创新性特征。

2）创新是创业的本质与源泉

熊彼特曾提出，创业包括创新和未曾尝试过的技术。创业者只有在创业的过程中具有持续不断的创新思维和创新意识，才可能产生新的富有创意的想法和方案，才可能不断寻求新的模式、新的思路，并最终获得创业的成功。

3）创新的价值在于创业

从一定程度上讲，创新的价值就在于将潜在的知识、技术和市场机会转变为现实生产力，实现社会财富的增长，造福于人类社会。而实现这种转化的根本途径就是创业。创业者可能不是创新者或发明家，但必须具有能发现潜在商机的能力和勇于冒险的精神。创新者也不一定是创业者或企业家，但是创新的成果是经由创业者推向市场，使其潜在的价值市场化，才能转化为现实生产力。这也从侧面体现了创新与创业的相互关联性。

4）创业推动并深化创新

创业可以推动新发明、新产品或新服务的不断涌现，创造新的市场需求，从而进一步推动和深化各方面的创新，因而提高了企业或是整个国家的创新能力，推动经济增长。

二、创新意识

（一）创新意识的含义

创新意识是指人们根据社会和个体生活发展的需要，产生创造前所未有的事物或观念的动机，在创造活动中表现出的意向、愿望和设想。创新意识是人类意识活动中的一种积极的、富有成果性的表现形式，是人们进行创造活动的出发点和内在动力，是创造性思维和创造力的前提。

（二）大学生创新意识的内涵

大学生的创新意识是指根据社会和个体生活发展的需要，大学生在学习知识、解决学习和生活中所出现问题的实践过程中，对问题进行处理时表现出的意向、愿望和设想，以及推动主体运用变化、组合等创新手段进行探索，获得创新知识与创新能力的一种特定心理状态。创新意识是大学生进行创新活动的出发点和内在动力，是唤醒、激励和发挥大学生潜在本质力量的重要精神动力。

对大学生而言，创新意识是其创新素质结构中的动力系统，也是进行创新活动的出发点和内在动力。它支配着大学生对创新实践活动的态度和行为，规定着大学生们的态度和行为的方向和强度，具有较强的选择性和能动性，是大学生创新素质结构中最重要的组成部分。

（三）创新意识的特征

1. 新颖性

创新意识是为了满足新的社会需求，或是用新的方式更好地满足原来的社会需求，创新意识就是求新意识。

2. 历史性

创新意识是以提高物质生活和精神生活需要为出发点的，而这种需要在很大程度上受具体的社会历史条件制约。在阶级社会里，创新意识受阶级性和道德观影响制约。人们的创新意识激起的创造活动和产生的创造成果应为人类进步和社会发展服务。创新意识必须考虑社会效果。

3. 差异性

个人的创新意识和其社会地位、环境氛围、文化素养、兴趣爱好、情感志趣等都有一定的联系，这些因素对创新意识的产生起到了重大影响作用，也因人而异。因此对于创新意识，既要考察社会背景，又要考察其文化素养和志趣动机。

(四)增强大学生创新意识的重要性

1. 创新意识是信息时代国家创新体系持续发展的要求

在科技信息高速发展的社会里，高科技产业成为社会的主导产业，科技人才是经济发展的关键资源。对富有创新意识和创新能力的高素质科技人才的培养，是当今知识经济背景下科技进步的要求和科技人才培养的主要目标。

国家创新体系是与知识创新和技术创新相关的机构或组织构成的网络体系，其主要成分是企业科研机构和高等院校等。国家创新体系是一个目标明确、组织比较完备的网络系统。这一体系的建设不是一朝一夕的事情，而是一个长期积累发展的过程，需要一代代人艰辛的努力，也需要持续不断的创新型人才。只有这样，才能提升国家的科技竞争力，提高国家的综合实力。

创新型人才就是具有强烈的创新精神和创新意识，具有敏捷的创新思维和很强的创新能力，因而能获得创造性成果，最终有所建树的人才。国家自主创新的关键在人才。创新型人才是国家创新体系赖以维系的根源，创新型人才是建设国家创新体系的主导力量和可持续发展的能源。国家创新体系的每个构成要素都需要创新型人才发挥中坚力量。因而培养具有创新意识的创新型人才是国家创新体系持续发展和永葆生机的需要。

2. 创新意识是高校教育发展的需要

高校的人才质量标准是培养具有创新精神和实践能力的高级专业人才，高校良好的社会声誉要靠自己培养出来的优秀人才和取得的丰硕的科研成果来赢得。高校人才质量的优劣直接取决于学生创新素质的高低，创新素质的高低直接影响高校在未来市场中的竞争力。随着那些培养出很多高素质竞争人才的高校的社会声誉与日俱增，学校的生源也必然增加，这样就能促进学校的发展。因此，培养具有创新意识的创新人才是关系高校生存与发展的关键。

创新意识和创新能力是一个综合体，涉及人的生理、心理、智力、人格等诸多方面，是人的综合素质和全面发展的外在表现。一方面，培养大学生的创新意识是高校素质教育的重要内容。人才素质的高低在很大程度上取决于其创新意识和创新能力的高低。创新意识和创新能力是大学生素质中必备的成分，因而对大学生创新意识和创新能力的培养是高校实施素质教育的核心所在。另一方面，培养大学生创新意识是高校思想政治教育的创新。思想政治教育的内容是随着社会和现实需要的发展而发展的，以创新意识和创新能力为核心的创新观是对现代思想政治教育内容的时代扩充。因此，培养大学生的创新意识是推进高校思想政治教育创新的重要任务和内在要求。

3. 创新意识是高校大学生全面发展的需要

马克思认为："人的全面发展表现为人的能力的全面发展、人的需要的多方面发展、人的社会关系的丰富和发展，以及人的个性的发展。"从这一理论来看，培养创新意识是实现高校大学生全面发展的必要准备和保障，是高校大学生实现自身全面发展的需要。

在知识经济时代，知识的折旧周期不断缩短，知识的增长率不断加快，知识转化的速度迅猛增加。高校大学生想要在这种情况下成才，就需要掌握涉及面广、潜移性强、容纳度大、概括程度高的"核心"知识，需要高校大学生有忧患意识，主动发挥自身的创新意识和创新能力。要想在就业饱和的状态下，在就业市场上占有一席之地，就必须有创新的意识和能力。这就需要大学生树立创新意识、竞争意识，利用所学的知识，敏锐地观察就业趋向，并把自己武装成与众不同的创新人才，从而提升自身的竞争力。

(五)如何培养创新意识

1. 好奇心是创新之门

好奇心是人类乃至很多动物天生就具备的东西。好奇心代表了求知欲，以及喜欢探究不了解的事物的心理状态和情感行为。居里夫人说过："很多人都说我很伟大，很有毅力，其实我就是特别好奇，好奇得上瘾。"

研究表明，几乎所有拥有伟大成就的创新者都有着独特的好奇心。爱迪生从小就对世界充满好奇，他曾用自己的体温孵蛋；当听到老师讲到"二加二等于四"时，爱迪生会立即冒出"为什么"的疑问。好奇心就是这样新奇的种子。牛顿坐在苹果树下乘凉，一个苹果"砸"在他头上，他不是捡起来吃掉，而是产生疑惑："苹果为什么会从树上掉到地上？为什么不是飞到天上？"由一个苹果引发好奇，好奇引发了牛顿强烈的探索意识，最终成就了牛顿定律。

很多人都对达·芬奇的超人表现大为惊讶。爱因斯坦认为，达·芬奇的诸多科研成果如果在当时就发表的话，目前的科技水平可以提前30～50年到来。达·芬奇的造诣涉及绘画、雕刻、建筑、发明、数学、生理、音乐、物理、天文、地理等诸多方面。他的理解力之所以如此让人称奇，其中一部分原因就在于他对"为什么""怎么样"等问题进行了深入研究。这种强烈的好奇心不仅激发了达·芬奇的学习兴趣，也让学习变得更有乐趣。

强烈的好奇心会增强人们对外界信息的敏感度，让人们对新出现的情况和新发生的变化及时做出反应、发现问题，并追根寻源，提出一连串问题，从而激发思考，引起探索欲望，开始创新活动。许多看似偶然的发现，其实都隐含着一种必然：发现者必然具有强烈的好奇心理。缺乏好奇心的人，对外界的信息反应迟钝，对诸多有意义的现象熟视无睹，对问题无动于衷，更别说创造与发明了。

2. 兴趣是最好的老师

孔子曾说过："知之者不如好之者，好之者不如乐之者。"深厚的兴趣会使个体产生积极的学习态度，自觉克服困难、排除干扰，从而有所成就。兴趣以需要为基础。人们若对某件事物或某项活动感到需要，就会热心于接触、观察这件事物，积极从事这项活动，并注意探索其中的奥妙。兴趣又与认识和情感相联系。若对某件事物或某项活动没有认识，就不会对它产生情感，因而不会对它产生兴趣。反之，对一件事物的认识越深刻，情感越炽烈，兴趣也就会越浓厚。

例如，对美术感兴趣的人，对各种油画、美术展、摄影展都会认真观赏、点评，对好的作品也会进行收藏、模仿；对钱币感兴趣的人，会想尽办法对古今中外的各种钱币进行收集、珍藏、研究。而且，兴趣不只是对事物表面上的关心，任何一种兴趣都是由于获得这方面的知识或参与这种活动会使人体验到情绪上的满足而产生的。例如，如果一个人对跳舞感兴趣，他就会主动地、积极地寻找机会去参加舞蹈活动，而且在跳舞时感到愉悦、放松，表现出积极而自觉自愿的态度。因此，有人将兴趣比喻为"成功的胚胎""胜利的幼芽"。

一般来说，人人都会有兴趣，但每个人的兴趣对象差异很大。一个人在不同的时间、不同的地点，兴趣也会发生变化。因此，在培养广泛兴趣的基础上，及时确定某一种兴趣，并以此为起点，有意识地在理性的指导下，把一个专一的兴趣上升到理性的高度，才能真正激发我们的创新意识。我国著名政论家、记者和出版家邹韬奋说过："一个人在学校里表面上的成就，以及较高的名次，都是靠不住的，唯一的要点是你对于所学的是否心里真正觉得喜欢，是否真有浓厚的兴趣和特殊的机敏。"

要保持专注的兴趣和热情，就要建立积极的心理准备状态。大凡有成就的科学家，在其学生时代很少被困难吓退，这既是个人的坚强毅力，更是创造的乐趣最酣畅淋漓之时。只有在困境中，我们才能更清楚地意识到积极思想的意义和价值。当你克服困难，成功进入下一阶段时，回首那个曾经让你苦恼的"困难"，你就会感谢自己的坚持和专注。著名科学家杨振宁在谈到科学研究的兴趣时说，自己不愿意的，迫于外界压力非做不可的，那是苦；做物理学的研究没有苦的概念，物理学是非常引人入胜的。有人问丁肇中做研究苦不苦，他说："一点也不苦，正相反，觉得很快乐，因为我心中有兴趣，我急于要探索物质世界的微妙。"这就是持续而专注的兴趣所带来的心理层面的愉悦。

▶ 第二节 创新精神的培养

一、创新精神的概念

创新精神是指综合运用已有的知识、信息、技能和方法，提出新方法、新观点的思维能力，和进行发明创造、改革、革新的意志、信心、勇气和智慧。创新精神属于科学精神和科学思想范畴，是进行创新活动必须具备的一些心理特征，包括创新意识、创新兴趣、创新胆量、创新决心及相关的思维活动。创新精神是一种勇于抛弃旧思想、旧事物，创立新思想、新事物的精神。例如，不满足已有认识（掌握的事实、建立的理论、总结的方法），不断追求新知；不满足现有的生活生产方式、方法、工具、材料、物品，根据实际需要或新的情况，不断进行改革和革新；不墨守成规（规则、方法、理论、说法、习惯），敢于打破原有框架，探索新的规律、新的方法；不迷信书本、权威，敢于根据事实和自己的思考向书本和权威发出质疑；不盲目效仿别人的想法、说法、做法，不人云亦云、唯书唯上，坚持独立思考，说自己的话、走自己的路；不喜欢一般化，追求新颖、独特、异想天开、与众不同；不僵化、呆板，灵活地运用已有的知识和能力解决问题。所有这些，都是创新精神的具体表现。

二、创新精神的培养方法

1. 对所学习或研究的事物要有好奇心

好奇心是创新精神的源泉。牛顿在少年时期就有很强的好奇心，他常常在夜晚仰望天上的星星和月亮。星星和月亮为什么挂在天上？星星和月亮都在天空运转着，它们为什么不相撞呢？这些疑问激发着牛顿的探索欲望。后来，经过专心研究，牛顿终于发现了万有引力定律。既然能提出问题，就说明在思考问题。好奇心包含着强烈的求知欲和追根究底的探索精神，要想创新就必须拥有强烈的好奇心。正像爱因斯坦说的那样："我没有特别的天赋，只有强烈的好奇心。"

2. 对所学习或研究的事物要持怀疑态度

不要认为被人验证过的都是真理，许多科学家对旧知识的扬弃，对谬误的否定，无不是自怀疑开始的。怀疑是内在的创造潜能，可以激发人们去钻研、去探索。对自己所学习或研究的事物持怀疑态度，另辟蹊径，找到新的方向，追求新的目标，采用新的方法，从而实现创新。

3. 对所学习或研究的事物要有求新欲望

如果没有强烈的追求创新的欲望，那么无论怎样谦虚和好学，最终都是模仿或抄袭，只能在前人划定的圈子里周旋。要创新，就要有强烈的求新欲望，并且坚持不懈地努力，勇敢面对困难，直到创新成功。

4. 对所学习或研究的事物要有求异观念

创新不是简单的模仿，要想有创新精神和创新成果，就必须要有求异的观念。求异实质上就是换个角度思考，从多个角度思考，并将结果进行比较。求异者往往比常人看问题更深刻、更全面。

5. 对所学习或研究的事物要有冒险精神

创造实质上是一种冒险，因为否定人们习惯了的旧思想可能会招致公众的反对。这里的冒险不是那些危及生命和安全的冒险，而是一种合理性冒险。具备了冒险精神，才有可能最大程度地挖掘自己的创造潜能。

6. 对所学习或研究的事物要做到永不自满

一个有创新精神的人如果因取得一定的创新成果而就此停止，如果一个人害怕尝试另一种可能比这种创新成果更好的做法，或已习惯了一种成功的思想而不能产生新思想，那么这个人就会变得自满，就会停止创新。

思考与训练

1. 如何理解创新与创业的关系？

2. 培养创新精神的方法有哪些？

第三章
训练创新思维

　　创新源于天马行空的灵感闪现。从蒸汽时代、电气时代，再到今天的万物互联网时代，每一次的技术革新都推动着世界经济的发展，触发了一次又一次的创新浪潮。应接不暇的科技成果让曾经的科幻已经成为了现实，同时也有更多看似不可能的梦想正等待我们去实现。

　　创新思维的训练和培养，对克服思维定势、提供创新方法，发挥着重要的作用。建立新的教育模式与体系，在对学生创新能力的培养上发挥着重要的作用。本章主要介绍常见的创新思维的类型、影响创新思维的障碍，以及常用的思维重构方法的有关内容（如图 3-1 所示）。通过大量辅助阅读案例，学生可以品味、体会、领悟、理解、掌握每一种创新思维的思考方式，以达到一定的熟练程度，并于实践中活学活用。

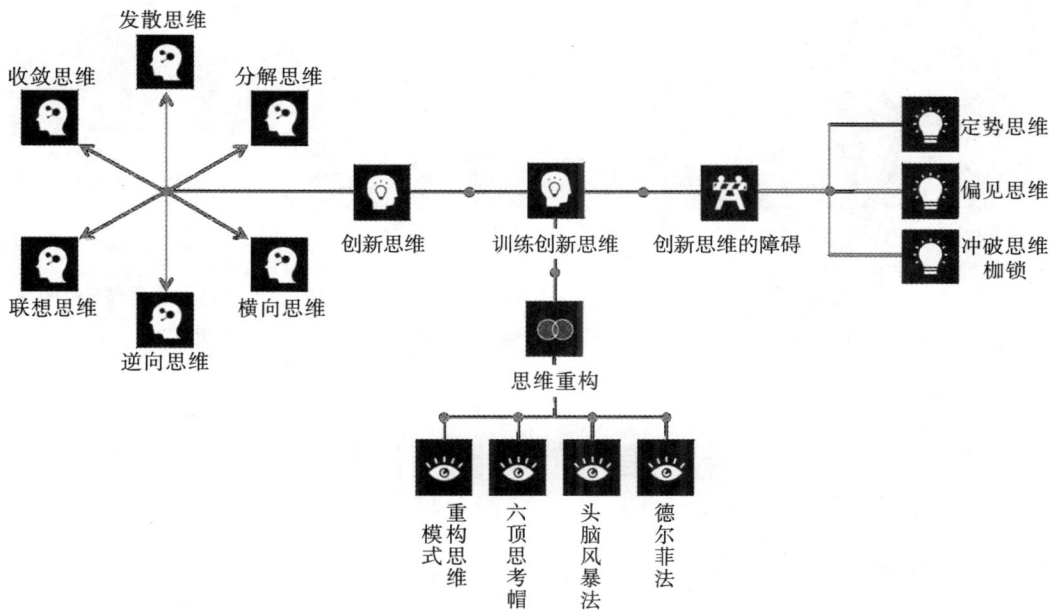

发散思维　收敛思维　分解思维　联想思维　逆向思维　横向思维

创新思维　训练创新思维　创新思维的障碍

定势思维　偏见思维　冲破思维枷锁

思维重构

重构思维模式　六顶思考帽　头脑风暴法　德尔菲法

图 3-1　第三章知识要点

学习目标

1. 掌握定势思维和偏见思维的特点和表现，通过训练掌握冲破思维枷锁的方法。

2. 理解并掌握常见创新思维的本质、特点和方法，并能够将这些创新思维方法应用于实际。

3. 通过学习和训练，对自己的思维进行重构，掌握六项思考帽、头脑风暴法、德尔菲法等，并能在实践中运用。

引入 案例

圆形插线板的设计

插线板是我们在日常中使用较为频繁的电器工具，能够为我们的电器产品提供电源，伴随我们的生活、工作、娱乐和学习。对于插线板这样一个使用如此频繁的工具，你有注意到它的设计亮点吗？

我们所接触的插线板大部分是方形，其实我们可以打破思维局限——插线板可是还有圆形的哦！图 3-2 这款趣味插线板，除了基座，还额外提供了球状转接器。转接器与基座磁性连接，因此方向可调，而且上面还有灯光指示，用以告知电器是否在使用。另外，为了消除灰尘堆积，当不需要使用时，球可以颠倒过来。

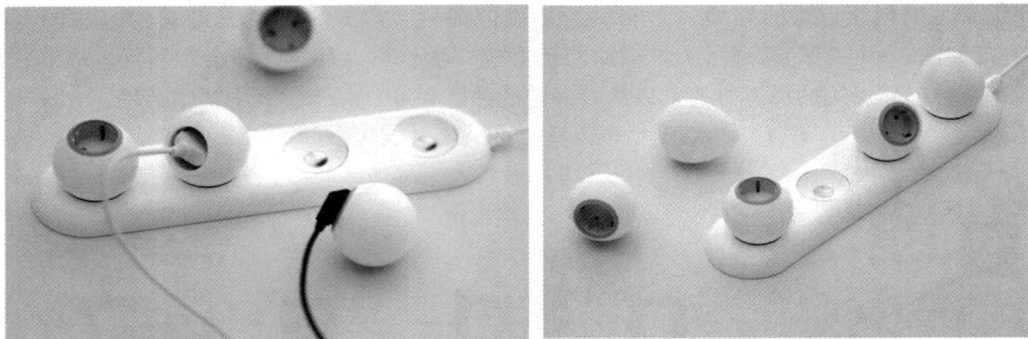

图 3-2　趣味插线板

分析： 看了上面圆圆的插线板，我们知道了在设计的路上可以尝试不同的造型，打破对原有事物的认识，另有保持一切归零的心态，才会发现更多创新点。

▶ 第一节　创新思维

一、创新思维的概念

创新思维是指在客观需要的推动下，以获得的新信息和已储存的知识为基础，综合运用各种思维形式，创造新理论、新观点、新方法、新形象，从而使认识和实践取得突破性进展的思维活动。创新思维是对现有认识和实践的升华，突破现有的常规思路，以新颖独特的思路或方法探索未知领域或解决已有的问题，从而创造新的、有价值的物质或精神财富的思维过程。

二、创新思维的特征

(一)创新思维的普遍性

创新思维并不是个别天才人物独有的神秘之物，而是每个正常人都具备的能力。不管是在日常学习、工作、生产、经商、经营家庭中，还是政府的决策，都在使用创新思维解决问题。因此，不要把自己排除在创新之外，要提高创新的意识。

辅助阅读

牙膏公司的难题

有一间生产牙膏的公司，产品优良、包装精美，深受广大消费者的喜爱。前十年，这家公司每年的营业增长率为 10％～20％，不过业绩在进入第十一年、第十二年及第十三年的时候停滞了下来。

董事会对此感到不满，遂召集全体经理级高层开会，商讨对策。在会议中，大家想出了很多办法来改变现状，但最后都被一一否决。这时，一名在会议室内做卫生的清洁工提出了一个建议，即将现有的牙膏开口扩大 1 mm。总裁听了这个建议后豁然开朗，马上采纳了他的建议，并下令更换新的包装。最终，这个决定使该公司第十四年的营业额增加了 32％。

在产品销售中，销量的提高，一般都是采用通过投入大量资金做广告或者搞促销活动的方式来实现的。这个案例则是通过扩大牙膏开口，在不知不觉中增加了消费者对牙膏的用量，从而达到了用更小的代价，更高效率地提高营业额的目的。

只要跳出传统的思维框架，每个人都具备创新之力，不要把自己排除在创新的大门之外。

(二)创新思维的灵活性

创新思维思路开阔，善于从全方位思考，灵活运用、转换各种思维方式。思路若遇难题受阻，不要拘泥于一种模式，要能灵活变换某种因素，从新角度去思考、调整思路。从一个思路到另一个思路，从一个意境到另一个意境，善于巧妙地转变思维方向，随机应变地产生适合时宜的办法。

辅助阅读

把鸡蛋立起来

意大利著名航海家哥伦布驾船沿地球转了一圈后回到原出发地，不仅用事实证明了地球是圆的，而且还发现了美洲新大陆，这一事迹成为历史上的壮举，对后世的影响极其深远。但在当时，嫉妒者也大有人在。他们千方百计地抹黑哥伦布的伟大创举。

一次，在西班牙的一个宴会上，一些达官贵人攻击哥伦布，他们以挑衅的口气说："哥伦布先生，你发现新大陆似乎觉得很了不起，不过在我们看来，这是很平常的事，任何一个人绕着地球转，都会发现这个事实的，即使是傻子，也不会对这么一大块土地视而不见的。"说罢，这些人不怀好意地哄笑起来。

哥伦布反问一句："诸位以为那是件平常的事吗？"

"不错，是一件最简单不过的事了。"

"那好吧。"哥伦布接过话头，他指着餐桌上盘子里的一只鸡蛋说，"现在我们不妨做一个实验，先生们，你们当中谁能把这个鸡蛋竖立起来？"

达官贵人们都去试了试，但谁也没能把鸡蛋竖立起来，都说这是不可能的事。哥伦布当即拿起鸡蛋，轻轻地在桌上一磕，磕破了一点鸡蛋的尖头，鸡蛋便稳稳地竖立在桌上了。哥伦布说道："诸位办不到的事，我不是办到了吗？"

达官贵人们哪肯服输，齐声大嚷："用你这种方法，谁都能把鸡蛋竖立起来。这是最简单不过的事了。"

"是的，这是最简单不过的事，可是刚才你们谁也没想到。"哥伦布离席而去时，还留下了一句令人回味的话："即使是简单的事也需要有人去发现、去证实。站在后面指手画脚是无用的，关键在于创新。"

（三）创新思维的实践性

创新思维是建立在大量的实践之上的，一项创新思维成果往往要经过长期的探索，甚至多次的挫败才能取得，而培养创新思维能力也要经过长期的实践与磨砺。

辅助 阅读

味精的发现

日本一名化学教授在回家吃菜喝汤时不觉一怔，连忙问妻子："今天这碗汤怎么这样鲜美？"接着便用勺在碗里搅动了几下，发现汤里除了几片黄瓜以外，还有一点海带。他以科学家特有的机敏和兴趣，对海带进行了详细的化学分析。经过半年的研究，他发现海带中含有一种物质——谷氨酸钠，并给它取了一个名字叫味精。后来他又进一步发明了以小麦、脱脂大豆为原料提取谷氨酸钠的办法，为味精的工厂化生产开拓了广阔的前景。

（四）创新思维的价值性

创新思维成果是独创的、新颖的，能创造巨大的价值和社会意义，甚至会对生产力产生推动和变革。

辅助 阅读

圆珠笔的发明

圆珠笔这一名称最早出现的时间是1888年，一位名叫约翰·劳德的美国记者曾设计出一种利用滚珠做笔尖的笔，但他未能将其制成便于人们使用的商品。1895年，英国市场上也曾出售过商品化的非书写用圆珠笔，因其功能较少，未能流行起来。1916年，德国也有人设计制作过一种新型的圆珠笔，其结构与今天的圆珠笔较为接近，但性能较差，未能引起广泛的重视。

匈牙利记者拉迪斯洛·比罗意识到普通钢笔存在的问题，他在访问一家报社的时候，产生了用一种使用快干墨水的笔代替传统墨汁笔的想法。印刷报纸用的油墨几乎是在瞬间干燥的，而且不会留下污迹。于是，比罗决定要将类似墨水应用到一种新型的书写工具中。

为了避免黏稠的墨水堵塞笔头，他提出在装有这种快干墨水的管子顶端安装能够旋转的小金属球。该金属球有两个功能：作为笔帽防止墨水变干；使墨水以可控速率从笔中流出。1943 年 6 月，比罗和他的兄弟格奥尔格向欧洲专利局申请了一个专利，并生产了第一种商品化的圆珠笔——Biro 圆珠笔。后来，英国政府购买了这个圆珠笔的专利使用权，使得这些圆珠笔可以被英国皇家空军的机组人员使用。

除了比传统钢笔更坚固以外，圆珠笔还能够在低压的高空中使用。这一功能使圆珠笔在英国皇家空军中收到了很好的使用效果，Biro 圆珠笔大受好评。在第二次世界大战中，这种圆珠笔由于其可靠性和适应战场环境的能力而在军队中广泛使用。

三、大学生创新思维的特征

1. 创新思维基础良好，提升空间大

大学生的思维能力处于一生中的高峰水平，各种思维方式趋向完善，充分具备了创新思维的基础。

辅助 阅读

校园专利大王

70 多项国家实用专利、2 项国家发明专利、2 项国家级大学生创新创业训练计划项目、浙江省机械设计大赛一等奖……这些几乎成了冯锋身上的标签。2019 年，他带着"校园专利大王"的光环完成了大学四年的学业，走上了心仪的工作岗位。

四年的大学生活，让冯锋从人群中一个不起眼的普通人蜕变成了校园中光彩熠熠的"专利大王"。冯锋就读于机械设计制造及其自动化专业，是一个典型的"工科男"。他的第一次发明创造说起来纯属偶然，起初也只是为了完成作业，他绞尽脑汁做了一个车型机器人。当时的他技术稚嫩，还经常被自己制作的简陋工具弄得满手是伤。没想到他那个粗糙简陋的成品居然获得了学校创意设计大赛的最佳创意奖，这让他备受鼓舞。恰好，当年的浙江省机械设计大赛的主题就是"机器人排除万难"，他在导师何润琴的指导和鼓励下，拿着改良后的车型机器人参加了比赛。虽然没有获得奖项，但这一次的经历打开了冯锋通往一个世界的大门——从此，他脑洞大开，兴致盎然地走上了发明创造之路。

自大一与"机器人"邂逅后，大二那年他带领团队参加浙江省第十一届机械设计大赛，一路过关斩将，在全省 50 所高校的 360 个团队的比拼中，最终获得了一等奖。大三，冯锋因成绩优异被学校派往台北科技城市大学做交换生，经过游学历练，冯锋萌生了创办"机器人补习班"的想法。回到家乡后，经过前期的调查和准备，冯锋办起了小学生机器人培训班。通过个人不断的努力与坚持，冯锋逐渐取得了成功，并获得了家长们的认可。

曾经见证他成长的导师朱韬琼一直认为冯锋是一个很聪明、勤奋、善于学习和创新的人。"他有很明确的目标，工作能力强、会自省，四年里成长得很快。他最大的成长是个性变得更宽容、更随和，也更成熟稳重。"

从平凡的少年到如今的"风云学长"，冯锋亲身演绎了一场自我成长的"狂欢"。他说得最多的话是："命运给了你一个比别人低的起点，是为了让你去缔造一个绝地反击的故事。"

2. 创新思维活跃，存在专业差异

大学生的创新思维较活跃，具备良好的创新思维潜力。大学生在创新思维方式上有专业的差异。如有的专业内容比较抽象，学生主要运用抽象逻辑思维，而有的专业如艺术类、学前教育的学生，则更多地运用形象思维。

四、常用的创新思维方式

引入 案例

1901年，"无线电之父"伽利尔摩·马可尼在提高了无线电装置的功率和效率之后，勇敢地计划向大西洋彼岸发送信号。专家们嘲笑他这种"天真"的想法。他们认为，无线电波像光一样沿直线传播，不能顺着地球的曲面行进，最终会射向宇宙空间散失掉。根据逻辑原理，专家们讲得非常正确。可是马可尼不轻信这些，坚持实验，最终获得了成功。当时，无论是马可尼还是专家们都不知道大气层中有一个电离层，是电离层反射了无线电波。如果马可尼一直死板地按照逻辑行事，那么他永远也不能取得这样的成功。

想一想：

(1)马可尼的这种坚持所体现的非逻辑思维，在创新中起到了什么作用？

(2)你的生活中有类似的例子吗？

（一）发散思维

1. 发散思维的概念

发散思维是指从一个目标出发，沿着多种途径去思考，思维呈现多维发散状，产生数量众多而新颖的答案。不少心理学家认为，发散思维是创新思维的最主要的特点，是测定创造力的主要标志之一。

辅助 阅读

广告文案的发散思维

"钻石恒久远，一颗永流传"，一句话改变了一个行业。

1939年，珠宝大王戴比尔斯所用的广告词堪称经典，已变成口口相传的"钻石"定律。而钻石也由王侯将相、富贵豪绅的显耀装饰，变成了美好爱情的象征。众所周知，钻石不过是比较硬的碳结合体，本身的元素价值可以忽略不计。虽然在这句广告语问世前，钻石已经被当作名贵的珠宝首饰了，但是问世后，更是让钻石的通货价格水涨船高。

毋庸置疑，从市场传播学来看，这句广告词是非常成功的。它转变了大众对钻石的态度，可以说这句广告词是颠覆行业性的存在。钻石不再是贵人豪绅的标配，而是爱情的见证。好的广告既谈情怀，也能让某一物品增值。

2. 发散思维的特征

流畅性：在短时间内能连续地表达的观念和设想的数量。

灵活性：能从不同角度、不同方向灵活地思考问题。

独创性：具有与众不同的想法和别出心裁的解决问题的思路。

精致性：能想象与描述事物或事件的具体细节。

(二)收敛思维

1. 收敛思维的概念

收敛思维也叫作"聚合思维""求同思维""辐集思维"或"集中思维"，是指在解决问题的过程中，尽可能地利用已有的知识和经验，把众多的信息和解题的可能性逐步引导到条理化的逻辑序列中去，最终得出一个合乎逻辑规范的结论。

收敛思维也是创新思维的一种形式。与发散思维不同，发散思维是为了解决某个问题，从这一问题出发，想到的办法、途径越多越好，总是追求还有没有更多的办法。而收敛思维也是为了解决某一问题，但其是在众多的现象、线索、信息中，循着问题的某一个方向去思考。根据已有的经验、知识或发散思维中针对问题的最好办法，得出最好的结论和最好的解决办法。

2. 收敛思维的特征

封闭性：如果说发散思维的思考方向是以问题为原点指向四面八方的，具有开放性，那么收敛思维则是把许多发散思维的结果由四面八方集合起来，选择一个合理的答案，具有封闭性。

连续性：当发散思维的过程是从一个设想到另一个设想时，可以没有任何联系，是一种跳跃式的思维方式，具有间断性；收敛思维的进行方式则相反，是一环扣一环的，具有较强的连续性。

求实性：发散思维所产生的众多设想或方案，一般来说多数都是不成熟的，也是不实际的，我们也不应对发散思维做这样的要求。对发散思维的结果，我们必须进行筛选，收敛思维就可以起到这种筛选作用。被选择的设想或方案是按照实用的标准来决定的，应当是切实可行的。这样一来，收敛思维就表现出了很强的求实性。

辅助阅读

林肯的故事

美国的第十六位总统、《解放黑奴宣言》的颁布者——亚伯拉罕·林肯是美国历史上至今为止唯一出身贫民的总统。林肯在当选总统之前，当过律师，富有同情心，敢于主持正义，在诉讼活动中以说理充分、例证丰富、逻辑性强而素负盛名。

有一次，一个叫阿姆斯特朗的青年被人诬告图财害命。青年有口难辩，被判有罪。

青年的父亲生前是林肯的好朋友，林肯是看着阿姆斯特朗长大的，他熟悉这位老朋友的儿子，阿姆斯特朗向来忠厚老实，不可能干出这种伤天害理的事。林肯主动要求担任阿姆斯特朗的辩护律师，他认真查阅案卷，到现场调查，很快就掌握了全部事实，断定阿姆斯特朗是因受人诬陷而蒙冤受屈的，并要求法庭重新审理这个案子。法庭碍于林肯的名望，同意重新开庭审理。

这个案子的关键就在证人福尔逊身上。因为他一口咬定，在10月18日夜晚的月光下，他在一个草垛后面清楚地看见阿姆斯特朗开枪把人打死了。这个鬼迷心窍的证人肯定是被诬告人收买了，林肯决定从这个福尔逊身上打开缺口。

在法庭上，林肯直接质问这位证人："福尔逊先生，你敢当众发誓，说在10月18日的月光下看清的是阿姆斯特朗，而不是别人？"

"是的，我敢发誓！"福尔逊说。

"你站在什么地方？"林肯问。

"草垛后面。"

"阿姆斯特朗在什么地方？"

"大树下。"

"是草垛西边的那棵大树？"

"是的。"

"你们两处相隔二三十米，你能认清吗？"

"看得很清楚，因为月光很亮，正照在他脸上，我看清了他的脸。"福尔逊说。

"你能肯定是十一点吗？"

"完全可以肯定。因为我回到屋里时，看过时钟，是十一点一刻。"福尔逊说得毫不含糊。

林肯正气凛然的目光突然离开福尔逊，把脸转向大众，庄严地宣布："证人福尔逊是一个彻头彻尾的骗子！"这个意外的结论，顿时让法庭上的人都愣住了，包括主审法官，都感到十分突兀。有人高声提出质问："律师说话要摆事实讲道理，你是根据什么事实得出这样的结论？"

林肯回答道："证人发誓赌咒，说他10月18日晚上在月光下看清了阿姆斯特朗的脸。可是，10月18日那天应是上弦月，十一点时月亮已经落下去了，哪里还有什么月光？再退一步讲，就算月亮还没有落下去，还在天上，月光也应该从西往东照。而遮挡着福尔逊的草垛在东边，阿姆斯特朗站在西边的大树下，如果阿姆斯特朗的脸面向东边的草垛，也就是背对月亮，脸上就不可能照到月光；如果他不是面向草垛，证人又怎么能从二三十米远的地方看清被告人的脸呢？福尔逊不顾事实，说什么'月光很亮，正照在他脸上'，还不是一派谎言！"

林肯的故事很好地诠释了收敛思维的三个特征，他用自己的思维解决了青年的难题。

(三)联想思维

1. 联想思维的概念

联想思维是指人们将一种事物与另一种已经存在的事物或还未诞生的事物联系起来，从而解决问题或是建立新思想。联想思维是一种创新思维，并且是很多创新思维的重要基础。

请你说说当你看到纸上密密麻麻的黑点时,你会联想到什么?

2. 联想思维的类型

相似联想:相似联想是指把形式、性质或原理等方面相似的事物联系起来。

相反联想:相反联想是指由某一事物联想到与其相反的事物。相反联想可以利用事物相反的特点来创造新事物。

因果联想:因果联想是指由于两个事物存在因果关系而引起的联想,既可以由起因想到结果,也可以由结果想到起因。

组合联想:组合联想是指把几种事物联系起来,组合成新的事物。例如,带收音机功能的圆珠笔。

辅助 阅读

微波炉的发明——"意料之外的事件"

微波炉最早的名称是"爆米花和热团加热器",它的发明者是美国自学成才的工程师珀西·斯宾塞。第二次世界大战爆发后,他在一家公司从事雷达技术开发。这项技术在当时听起来非常具有科幻色彩,但其实只是一种具有探测功能的磁电管,可以发射高强度电磁波。

1946 年的一天,斯宾塞正在测试一根磁电管,这时他把手伸进口袋,想掏出一块巧克力,结果他发现口袋里的巧克力已经融化成了一堆软软的巧克力酱了。一般人可能认为,是他身上的体温使巧克力融化的,但斯宾塞没有按照这种逻辑思维去判断这件事,相反,思维敏捷的他给出了一个更为科学的解释:是肉眼看不见的电磁波"将其煮熟了"。

斯宾塞顾不得裤子上沾满巧克力,立即派人取来一袋做爆米花用的玉米粒。他将玉米粒放在磁电管附近,几分钟之内,爆米花在实验室里飞溅了一地。次日清晨,斯宾塞又带着几枚生鸡蛋来到实验室。他在一个容器上凿了一个孔,把一只鸡蛋放入容器中,然后将小孔对准磁电管。一位好奇的同事由于凑得太近,最后脸上糊满了鸡蛋。斯宾塞立即意识到,鸡蛋是由内向外被加热的,由此产生的压力使蛋壳炸裂。他想到:如果微波如此不同寻常,能够快速煮熟鸡蛋,那么其他食物呢?

斯宾塞继续实验磁电管,最后他用箱子将其包装起来,作为一种烹饪美食的新工具推向市场。最早上市的微波炉大约有 6 英尺(约合 1.8 米)高,重达 750 磅(约合 340 千克),还必须用冷水冷却。在以后的岁月里,技术人员不断缩小微波炉的尺寸。今天,微波炉已成了我们日常生活中的一部分。

3. 联想思维的作用

有助于提高创造力,可以为创新思维提供基础,有利于完善知识系统。

(四)逆向思维

1. 逆向思维的概念

逆向思维也叫反向思维,是指从事物的反面或对立面提出问题、解决问题的思维方式。逆向思维是对一些司空见惯的、已成定论的事物或观点反过来进行思考的一种思维方式，让思维向对立面的方向发展，从问题的反面深入探索，一般具有普适性、批判性、新颖性等特点。也可以说逆向思维是往事物的对立面进行联想，往往会把问题简单化，巧妙地解决问题或是把常人视为缺点的东西"变废为宝"。我们熟知的"司马光砸缸"的故事，就是通过利用逆向思维的方式解决了实际问题。

2. 逆向思维的分类

逆向思维作为创新思维的一种基本方法，带有明显的"有无相生、难易相成、长短相较、高低相倾、音声相和"的思辨色彩。逆向思维分类主要包括：原理（因果）逆向、功能逆向、结构逆向、程序或方向逆向、观念逆向、状态（过程）逆向。

1）原理（因果）逆向

原理逆向就是从事物的原理的相反方向出发进行思考的方法。

例如，小孩掉进水缸，把人从水缸救起，是使人脱离水，而司马光救人是打破水缸，使水脱离人，这就是逆向思维。

2）功能逆向

功能逆向是指从原有事物的功能的相反方向去设想，寻求解决问题的新途径的思维方法。功能逆向思维，即把事物原有的功能倒过来，从而生成一种新功能。

例如，拖拉机自问世以来，主要用于拖拉货物或拖拉农具进行田间耕作。后来人们为拖拉机想到了一个相反的功能——在拖拉机前面装上大铁铲，让拖拉机向前推，拖拉机就成了推土机。

诸如此类，生活中的许多发明创造都是通过运用功能逆向思维得到的。例如：用保温瓶（保热）装冰（保冷）、从"吹尘器"到"吸尘器"（"吹"和"吸"的功能）等。

3）结构逆向

结构逆向是指从已有事物的逆向结构形式中设想，以寻求解决问题的新途径的思维方法。一般可以从事物的结构位置、结构材料，以及结构类型几方面进行逆向思维。

例如，在爱迪生之前，已经有人发明了用碳丝做灯丝的电灯泡，但由于使用的碳丝比较粗，所以在使用时非常容易断，没有实际使用价值。因为人们在常识上会以为灯丝越粗，灯泡的使用寿命就越长，而爱迪生的想法却与常人相反，他试用比原来的直径细一半的碳丝做灯丝，没想到灯泡的使用寿命反而大大提高了，并出乎意料地提高了亮度，使得灯泡具备了实用价值。

4）程序或方向逆向

程序或方向逆向指的是通过颠倒事物发展变化的构成顺序、排列位置而进行的思考方式。做任何事情基本都会遵循既有的程序，但有时适当地改变、颠倒顺序或方向，会得到一些新发现，找到创造性地解决问题的方式。

1877年，爱迪生在改进电话时发现，传话器里的振膜会随着说话的声音引起相应的振动。那么爱迪生就反过来想，同样的振动能不能转换为原来的声音呢？结果根据这一想法，爱迪生又完成了一项重大发明——留声机。

5）观念逆向

创新能力在很大程度上依赖于人们的观念及思考问题的角度。新思想及新观念的产生几乎都会经历一个否定前人的过程。如果我们对任何事物及问题都能反过来想一想，也许就会突然闪现一个极其巧妙的新点子。因此，要想创新，首先就要有与众不同的独特观念，即能对常人认可的一般观念进行逆向思考，这就是观念逆向。

例如，诚恳的赞赏也是亿万富豪洛克菲勒与人相处的一个秘诀。有一次，他的合伙人之一爱德华·贝德福德在南美做了一桩赔本交易，让公司损失了一百万美元，很可能招致洛克菲勒的批评。但洛克菲勒知道贝德福德已经尽力了，而且这件事情已经结束了。于是，洛克菲勒找到了一些贝德福德值得称赞的事来：他祝贺贝德福德保全了他投资金额的百分之六十。洛克菲勒说："已经很棒了！我们不可能做每件事情都能十全十美。"

6）状态（过程）逆向

状态逆向是指人们根据事物某一状态的相反方面来认识事物，从而产生创造发明的思维方法。事物一般都以其特有的状态存在，如正与负、动与静、进与退、软与硬、刚与柔等。在一定条件下，改变其原有的状态可激发创新。

例如，过去木匠用锯和刨来加工木头，都是木头不动人在动。这样做，人的体力消耗较大。为了改变这一状况，人们从工具不动、木头动的角度出发，设计发明了电刨，从而大大提高了工作效率和工艺水平，并且减少了劳动量。这里从木头静与动两种加工状态的改变，就可知它与状态逆向思维紧密相连。

（五）横向思维

根据思维的进程，可以将其分为纵向思维和横向思维。纵向思维是指在一种结构范围内，按照有顺序的、程式化的方向进行的思维形式。横向思维又叫求异思维，是指思维往横向、往宽处发展，综合运用各个领域的信息，突破问题的纵向结构范围的思维方式。

有一次，爱迪生叫他的助手测量一个灯泡的容积。助手用了两个小时，写了两页稿纸的计算公式，却仍然没有结果。爱迪生则在灯泡里倒满了水，再把灯泡里的水倒进量杯，只用了一分钟的时间，就算出了灯泡的容积。

简单来讲，横向思维就是我们平时所说的灵活性、变通性。横向思维就是根据已知的信息，使我们的思路沿着不同的方向和不同的角度思考，从多方面寻求答案的思维方式，是重要的创造性思维。横向思维可以使我们思维的广度大大增加，在创造活动中起到了较大的作用。

辅 助 阅读

牛仔裤的发明

牛仔裤的发明人李维·施特劳斯是带着"淘金梦"来到美国的加利福尼亚的。当他来到这里的时候，已经有成千上万的人在淘金，淘金已是无利可图了，因此在很长一段时间，李维没有挣到钱。后来他发现，淘金者很缺乏生活用品，他的脑子灵机一动——既然目标是赚钱，为什么必须淘金呢？他立即运来了生活用的小商品和大量帆布供淘金者搭帐篷。

有一天他正在推销帐篷，一个淘金工人说："我们不需要帐篷，而是需要淘金时穿的耐磨的裤子。"李维注意到淘金工人都是衣衫褴褛的。淘金很费衣服，一件崭新的衣服用不了两天就磨坏了。李维大受启发，于是立即请裁缝给那位淘金工人做了一条帆布裤子，这就是世界第一条牛仔裤。牛仔裤一问世就大受欢迎，直到今天，已经成为了世界共同的时装。在"淘金热"中，挣钱最多的其实是没有淘到金的李维·施特劳斯。

辅助 阅读

两块鹅卵石

从前，有一个女孩，她的父亲借了一笔高利贷，无力偿还。丑陋的债主说，只要把女孩嫁给他，债务就一笔勾销，否则就送女孩的父亲坐牢。

女孩的父亲拒绝了他。债主为了得到女孩，又提出了一个解决办法，即靠赌局解决此事。具体方式是他在口袋里放进一黑一白两块鹅卵石，如果女孩摸出黑的鹅卵石，就要做他的妻子，债务勾销；如果摸出白色的鹅卵石，女孩就跟她的父亲回家，债务也勾销。如果女孩继续拒绝这个提议，债主就会立刻把她的父亲投入大牢。

无奈之下，女孩只好接受这个提议。但是她发现，债主从路上捡起了两块黑色的鹅卵石放进了口袋里，然后宣布赌局开始。女孩想：她不摸石头，父亲就要坐牢；她摸石头，就会嫁给丑陋的债主。但她一旦揭穿债主的阴谋，他就会立刻翻脸，不再给她和父亲机会。如果从常规情况上看，女孩绝对没有获胜的机会，但是她还是想出了办法。

女孩站到铺满鹅卵石的路上，从债主口袋里摸出一块石头，立刻装作失手将石头丢到地上的石头之中，让债主无法分辨她摸出的究竟是哪一块石头。女孩说："请您原谅我笨手笨脚地弄掉了石头，不过不要紧，您只要看看您口袋里剩下的石头是什么颜色，就知道我刚才摸出来的是什么颜色的石头了。"剩下的石头当然是黑色的鹅卵石，它证明女孩摸到的是白色的鹅卵石。于是，女孩和她的父亲高高兴兴地回家了。

女孩的聪明之处在于，她把思路集中到口袋中剩下的那块鹅卵石上，而不是她摸出的那块。横向思维要求我们开拓非程序式的思维线路，考虑不相关的情况，推理允许有误差。因为通过错误的思路，也许能找到问题真正的解决办法。

（六）分解思维

分解思维就是指将正在研究的某一事物按照一定的逻辑进行合理的分解，在分解过程中获得解决问题的新方法。分解思维是一个心理感知的过程，它是一个由表及里的、由浅入深的、循序渐进的过程，是人类能够存活于世界的基本能力，是人类思维的基础。

分解是一个没有极限的过程，思维主体应该让分解思维与自身的思维项目进行结合，做到方向正确、程度适当，将大目标分解为小目标，将大事物分解为小事物，化繁为简、化大为小，从而顺利地完成自己的思维项目。

辅助 阅读

马拉松冠军的故事

1984年，日本选手山田本一获得了东京国际马拉松邀请赛的冠军，这着实让人大吃一惊。因为在此之前，并没有多少人认得山田本一，甚至都没听说过他。于是，众人纷纷问山田本一成功的原因，而他只是简单地回答："我是依靠智慧战胜了对手。"

山田本一个子很矮，论体能，他是绝对不可能获得第一的。所以当时许多人都认为，山田本一是在故弄玄虚。因为谁都知道，马拉松考验的是一个人的耐力，而不是爆发力，也不是速度，只有耐力和体力好的人，才能获得冠军。山田本一说胜利依靠的是智慧，这显然是无稽之谈。

两年后，山田本一在意大利国际马拉松邀请赛上又一次获得了冠军。记者再次询问他成功的原因，山田本一依然说道："我是依靠智慧战胜了对手。"然而记者对其成功的原因仍然不解。

十年后，山田本一终于在他的自传中道出了他取得马拉松比赛冠军的原因。原来每次比赛之前，山田本一都会开车在赛道上绕一圈，记住赛道的一些标志性事物，如大型的建筑物、特别的树、不同的拐点等。回来后，山田本一会将所有标志性事物画在地图上：银行、大树、红房子、U形弯道……一直画至赛道的终点。通过分解，一段长长的跑道，就这样被分成了一个个的小目标，所以山田本一每一次都可以看到终点，每一次都可以看到希望。如果不这样进行分解的话，那么长达40多千米的赛程，早就把运动员吓倒了。

分解思维对人生的成功有很大的帮助，运用分解思维可以帮助我们实现自己的目标。将自己的大目标分解成一个个的小目标，然后再一个个地去完成。比如一个同学要考注册建造师，这是一个大目标，那么他可以将这个目标定为三年期限，然后将这个大目标分解成一个个的小目标：第一年做什么，第二年做什么，第三年做什么。这些小目标又可以被分解为更小的目标，第一年又可以分为第一个月做什么，第二个月要达到一个什么样的目标。这样一层层地分解下去，一直分到每一天、每一个小时，那么这个计划就会非常详细，目标也就变得十分清晰了，每天都能够有所收获。

思考与训练

假设某服装专卖店需达成的目标是年盈利120万元，门店员工按照5人计算，利用分解思维的思路，应该如何计划思考并解决问题？（分解思维的运用）

答案：年盈利120万元，分解到每个月就是月盈利10万元，分解到每天就是不到3500元/天，分解到每个人就是700元/天，按成交一单是500元利润，那就是一个人每天成交两单即可完成年盈利120万元的目标。按成交1单需要找到10个有效客户计算，那就是每个员工每天接待20个客户即可完成120万元的目标。目标分解出来以后就是执行，即员工怎么执行、怎么引流、怎么成交。

▶ 第二节　创新思维的障碍

　　创新思维的实质是对原有思维模式的超越，是对创新主体头脑中原有的知识、经验、观念、方法等进行新的组合。这种新的组合必然突破原有知识、经验、观念、方法的限制。在这种情况下，创新主体头脑中原有的知识、经验、观念、方法内部及互相间的组合方式或结合模式就会本能地阻挠这种突破，成为思维创新的障碍。如果不突破这些障碍，既无法进行创新思维，更无法提高创新能力。

辅助 阅读

　　苏联社会心理学家包达列夫曾做过这样一个实验：他向两组大学生出示了同一个人的照片。在出示之前，包达列夫向第一组说，即将出示的照片上的人是个十恶不赦的罪犯；向另一组说，这个人是位大科学家。然后让两组大学生用文字描绘照片上的人的相貌。

　　第一组大学生的评价是：深陷的双眼证明内心的仇恨，突出的下巴证明他沿犯罪的道路走到底的决心，等等。

　　第二组大学生的评价是：深陷的双眼表明其思想的深度，突出的下巴表明他在知识道路上克服困难的意志力，等等。

　　这就是定势效应，它是由一定的心理活动所形成的准备状态，对以后的感知、记忆、思维、情感等心理活动和行为活动起正向的或反向的推动作用，由此衍生定势思维。

一、定势思维

　　定势思维是指人们局限于既有的信息或认识的现象，也称"惯性思维"。人们在一定的环境中工作和生活，久而久之就会形成一种固定的思维模式，使人们习惯于从固定的角度来观察、思考事物，以固定的方式来接受事物。在环境不变的条件下，定势思维使人能够应用已掌握的方法迅速解决问题。而在情境发生变化时，定势思维则会妨碍人采用新的方法。

　　定势思维具有强大的惯性或顽固性，是思维最大的敌人。世界观、生活环境和知识背景都会影响人们对事对物的态度和思维方式，不过最重要的影响因素还是过去的经验，它们会时刻影响人们的思维。这些经验不仅会逐渐成为思维习惯，甚至还会深入潜意识，成为不自觉的、类似于本能的反应。定势思维对解决问题既有积极的一面，也有消极的一面。

　　一方面，定势思维是一种按常规处理问题的思维方式，可以省去许多摸索、试探的步骤，缩短思考时间、提高效率。在日常生活中，合适的定势思维可以帮助人们解决每天碰到的 90% 以上的问题。另一方面，大量事例表明，不合适的定势思维确实对问题的解决具有较大的负面影响。由于它不利于创新思考，不利于创造，因此当一个问题的条件发生质的变化时，定势思维就会使解题者墨守成规，难以涌出新思维、做出新决策，造成知识和经验的负迁移。定势思维容易使我们产生思想上的惯性，养成一种呆板、机械、千篇一律的解题习惯。当新旧问题形似质异时，思维的定势往往会使解题者步入误区。

有这样一个著名的实验：把六只蜜蜂和同样多的苍蝇装进一个玻璃瓶中，然后将瓶子平放，让瓶底朝着窗户，会发生什么情况？

蜜蜂不停地想在瓶底找到出口，一直到它们力竭而毙或饿死；苍蝇则会在不到两分钟之内穿过另一端的瓶颈，逃逸一空。蜜蜂基于出口就在光亮处的思维方式，想当然地设定了出口的方位，并且不停地重复这种合乎逻辑的行动。正是由于这种思维定势，它们才没有能走出囚室。而那些苍蝇对所谓的逻辑毫不在意，全然没有对亮光的定势思维，而是四下乱飞，终于走出了"囚室"。

常见的定势思维的类型有：经验型思维定势、权威型思维定势、书本型思维定势、从众型思维定势、模式型思维定势。

二、偏见思维

所谓偏见，就是不平等地看待。著名心理学家阿伦森将偏见看作一种态度，一种对于某个可区分群体的所有成员的消极态度。一般情况下，人都是首先从自己的角度来看问题，而不会力图站在他人的立场考量，完全意义上的中立是不可能的，由己及人是必然的思维定势，偏见遂自然而生。

偏见思维指以不客观或不全面的信息为根据，形成对人或事物的一种片面甚至错误的看法。人的判断被打上了自身经验、地位、利益、知识、文化及阶层等印记，这些干扰使你所感知的事物会不自觉地偏离事实。在生活及创造活动中，思维偏见会影响人们对事物进行客观观察和判断，因此我们要留心各种思维偏见，从而减少思维上的错误。思维偏见有多种表现形式，包括经验偏见、位置偏见、利益偏见、封闭思维和点状思维、文化偏见和刻板印象等。我们选择了其中几种形式，用故事的方式让大家进一步了解和认识。

（一）经验偏见

人们在自己的经验里生活，在自己的经验中思考，以至于很难接受经验以外的事实。经验似乎比科学更直接、更亲切。但欢呼的人们可能忘了：经验往往比科学更肤浅、更狭隘，有时甚至更顽固。比如18世纪的天文学家绝不相信陨石是从天上掉下来的，当时的天文学家坚持认为这是从某处捡来的，或是大风刮来的，要不就是目击者撒谎。甚至连法国科学院也常常对民间传说加以嘲笑。直到1803年4月26日，竟有几千块陨石从天而降，天文学家们眼睁睁地看着它们落在法国莱格尔镇，这才不情愿地承认这是从天上掉下来的。

（二）利益偏见

所谓利益偏见，不是指由于你的利益关系会导致你的立论有意识地明显偏颇，而是指一种无意识的偏斜——对公正的微妙偏离。有这样一个故事：在一次校园辩论赛抽签之前，辩论双方对辩题的立场并无特别的偏向，觉得抽到任何一方都是属于中性的，难易程度相差无几。可一旦真的抽中某一立场，最初几天双方都会觉得自己抽到了下签，不合算，这也许就是利益所导出的"这山望着那山高"。然而随着问题的深入，大量的资料被搜集出来，各方专家参考意见陆续汇拢，又因各方对辩题立场义无反顾地强制维护，日夜苦思冥想，加之模拟战的屡屡交锋，以至于后来，各自竟然都觉得己方的观点有理，并且越想越有理。

（三）刻板印象（固执己见）

刻板印象指的是人们对某一类人或事物产生的比较固定、概括而笼统的看法。刻板印象的形成主要是由于我们在人际交往过程中，没有时间和精力去和某个群体中的每一成员都进行深入的交往，只能与其中的一部分成员交往。因此，我们只能"由部分推知全部"，由我们所接触的部分推知这个群体的全体。刻板印象固然有省时省力的好处，但在不少情况下却会出现耽误大事的错误判断。

（四）封闭思维（霍布森选择）

300多年前，在英国剑桥有个商人叫霍布森，从事马匹生意。他对外宣传，顾客不论是购买他的马还是租赁他的马，价格都很便宜。霍布森的马圈很大，马匹也很多，然而马圈只有一个小门，高头大马出不去，能出来的都是瘦马、劣马、小马。大家挑来挑去，自以为完成了满意的选择，但最后的结果可想而知。人们自以为做了选择，而实际上他们思考和选择的空间是很小的。有了这种思维的自我僵化，当然不会有创新。后来，管理学家西蒙把这种没有选择余地的所谓"选择"讥讽地称为"霍布森选择"。

三、冲破思维枷锁

创新思维障碍根源于创新主体的心智模式，并受到创新主体知识、经验和个人素质的制约。因此，克服创新思维的障碍既要注重反思和探寻创新主体的心智模式，又要加强对创新主体创新思维原理的学习和训练。对创新主体来说，主要有以下几个途径可以助力其冲破思维的枷锁。

（一）要有怀疑批判精神，警惕思维本能

由于传统观念、固定观念和思维定势都是存在于创新主体的潜意识之中的，使创新主体不知不觉地受到它们的支配，因此要想克服这些因素，就要求创新主体必须有反思传统、习惯的自觉意识，要敢于怀疑和批判一切。创新主体不仅要有怀疑和批判别人的精神，更要有怀疑和批判自己的胆量和勇气，只有通过不断地怀疑和批判，才能使创新主体冲破固定框框的束缚，在怀疑和批判中不断创新。

（二）要克服胆怯心理

破除传统习惯，克服"唯上""唯书"的倾向是需要有勇气的。因为传统的、权威的东西同时也是为多数成员所承认和接受的东西。突破它们就意味着向多数人支持的东西挑战。而这种挑战本身又不能保证次次都能成功，相反还经常伴随着挫折和失败。因此，这就特别需要创新者正确对待管理创新过程中的错误和曲折。创新者要努力克服胆怯心理，如果处处怕犯错误、害怕失败，就会陷于保守，不敢突破原有界限，也就谈不上开拓创新了。

（三）重视思维环节

思考问题的思路可以说从来都不是一气呵成的，而是可能会在某个重要关键的地方发生卡壳，甚至一直停滞不前。对于原有的思维，我们可以选择关注思维环节，对一些环节产生一定的思考，探索是否可以有其他的代替物代替或者发挥比原先更好的作用。

(四)学会"求异"

大多数人在思考问题的时候，一般是以团队为主体对问题进行相关思考，这个思维讨论就为新思维的出现奠定了一定的群众基础。创新者要学会倾听别人的意见或者看法，可能大家的意见是五花八门的，但并非是空穴来风的。这个时候，我们要学会听、善于听，听出发言中的画外音，尝试新思维。

(五)学会运用创新思维的原理和方法

为帮助人们突破传统、习惯和思维定势，现代创造学总结出了一些有用的原理和方法，掌握这些原理和方法，能够帮助人们自觉抵制和克服各种创新思维障碍。如创新的逆向思维方法，就是把人们通常思考问题的习惯思路反过来，从相反的方向进行思考。逆向思维可帮助创新主体打破思维定势，寻找解决问题的新思路。如果创新主体能够善于运用这样一些方法，就可以自觉地抵制传统观念、国家观念及思维定势等的干扰，实现思维的不断创新。

(六)培育创新思维的方法及途径

创新是人脑的机能，因此人人都有创新的禀赋。"人的潜力"或"人的潜在的天赋能力"是很大的，要把"人的潜力"开发为人的创新能力，科学的思维方法对此具有巨大作用。因此，培育创新思维是一切有志创新者的基本功。没有创新思维，就谈不上创新。人们的创新思维一旦形成，就会成为其自觉进行创新的力量源泉。

1. 积累丰富知识

知识是创新的基础。尤其在知识经济时代，知识就是财富，谁掌握了知识，谁就掌握了创新的源泉，谁就赢得了财富。不学无术或知识浅薄的人或许可以偶然取得成功，但不可能取得持久成功。成功与财富永远属于掌握知识、勇于创新的人。

2. 坚持独立思考

质疑是创新的前提，批判是创新的开始。由于人们认识的局限性，在创新过程中总不免犯这样那样的错误。从某种意义上讲，人类社会发展的历史就是一部对错误进行批判和否定的历史。可以说，没有否定就不会有创新。而批判和怀疑的关键就在于独立思考，独立思考是克服创新障碍、提高创新能力的基本途径。

3. 冲破习惯束缚

思想僵化和呆板的人不可能具有创新思维。创新主体只有走出固定的概念世界、打破思维模式，才会有"惊奇"的发现。如果这个惊奇的发现以及由惊奇的发现产生的问题反作用于创新主体的思维，那么便会使创新主体产生内在的创新渴望，并进而将其转化为创新行动。

4. 提高联想能力

联想能力是创新的驱动力，创新主体的联想能力愈强，就愈能把自己有限的知识和经验充分调动起来加以利用，愈能把与某种事物相关联的众多事物联系综合，愈能获得别人得不到的东西，进入别人难以进入的领域。

5. 把握直觉和灵感

人们捕捉和把握直觉和灵感,有赖于自身知识和经验的积累及智力水平的提高,有赖于良好的精神状态与和谐的外部环境。具体方法是:一是要自觉地拓宽知识面,尽量多掌握有效信息,信息越是及时、强烈、异常,就越能产生新的思维结构;二是要做有心人,随时记录思想火花,并进行深入思考;三是要对思考对象深入解剖,达到熟能生巧的境界,以激活潜意识;四是一旦发现直觉和灵感到来,不要对它采取游戏和不负责任的态度,而是要采取积极的心态,鼓励它自由发展,对它进行认识的完善和验证。只有这样,人们才能不断地激发内在创新冲动,去发展自身敏锐的直觉和灵感。

辅助 阅读

钱思公与他的珊瑚笔架

我国明末思想家顾炎武在他所著的《日知录》一书中讲述了这样一个故事。

洛阳的钱思公非常富有,但他生性节俭,在用钱方面非常谨慎。钱思公有好几个儿子,尽管都已经长大成人,但除了逢年过节之外,他很少给他们零花钱。这几个儿子不高兴了,便想着法子从老爹手里骗钱。

钱思公藏有一个心爱的笔架,这个笔架是用珊瑚做成的,造型美观,雕工精细,极为珍贵。他每天都要欣赏一番,如果哪天笔架不见了,他就心绪不宁,甚至会悬赏一万枚铜钱寻找这个笔架。

钱思公的几个宝贝儿子看准了这一点,找到了来钱的门道。如果谁缺钱花了,谁就会偷偷地把笔架藏起来,等钱思公悬赏一万枚铜钱寻找的时候再拿出来,撒谎是从外面找回来的,一万枚铜钱的赏金就这样顺利到手了。

过段时间,如果又有哪个儿子没钱花了,就又会上演一番"丢"笔架的好戏。结果,钱思公一年至少要支付六七次悬赏寻找笔架的钱财。

猛一听,这个故事滑稽而夸张,其实这样的事情在我们的生活中每天都在发生,这是一个典型的思维定势的案例。钱思公心爱的珊瑚笔架一次又一次地失而复得,因此在他的头脑中已逐渐形成了这样一个固化的思维模式:"我的这个笔架很值钱,外面的小偷总想把它偷走。只要我悬赏一万枚铜钱,我的儿子们就一定能把它找回来。"

由此可见,所谓思维定势,就是我们在工作和生活中形成的固定性、模式性、习惯性思维方式。

思考与训练

增强克服思维习惯障碍的意识和能力。

德国心理学家陆钦斯做过一个有名的"量水实验"。他要求参与者根据预定的"需水量"来考虑怎样借助 A、B、C 三个空容器将水量出来。请依照示例把答案写在表格中。

问题顺序	给定的空容器的容量（加仑）			要求量出的需水量（加仑）	解答（示例）D＝B－A－2C
	A	B	C	D	
1	3	29	3	20	
2	3	127	2	100	
3	14	163	25	99	
4	18	43	10	5	
5	9	42	6	21	
6	20	59	4	31	
7	23	49	3	20	
8	15	39	3	18	

第三节　思维重构

一、重构思维模式

一个人的言行背后的驱动因素，就是我们的思维模式。如果你有良好而健康的思维模式，那么你展现出来的言行，自然就会具备良好而健康的特质。相反，如果你的思维本身存在想法偏激、思考充满偏见等不良情况，那么你展现出来的言行自然就会有一些不良表现，如情绪易波动、爆发，与人发生口角等。如果我们懂得构建一个积极而有效的思维模式，自然就会明白该如何更好地应对这些问题，从而减少不必要的烦恼。

"重构思维模式"就是练就一种能够掌管自己看待问题的方式的思维方式。通过这种方式，我们就能够根据客观情况，主动采取一些积极而健康的行为去应对外界的问题。我们对自身思维模式的重构要注意以下几个方面。

（1）认知周围环境，至少跳出固有思维的第一道墙。

（2）确定你所处的位置，以及你要去的方向。

（3）构建属于自己的思维体系，有意识地获取新知识和技能，而不是盲目学习。

（4）重新回到环境中，用新的思维和方法看待周遭的事物。

改变自己处理事物的方式，把别人的方式方法运用起来并进行比较，然后知晓彼此的弊端，更好地开拓和改变自己的思维逻辑。

辅助阅读

卖辣椒的智慧

卖辣椒的人总会遇到这样的问题："你这辣椒辣吗？"怎么回答呢？回答辣吧，怕辣的人立马走了；回答不辣吧，也许人家喜欢吃辣的，结果不买走掉了。下面我们来看看一个卖辣椒的妇女是怎样解决这个难题的。

第一个买主来了，问的是常见的那句老话："辣椒辣吗？"卖辣椒的妇女很肯定地告诉他："颜色深的辣，浅的不辣！"买主信以为真，挑完付过钱，满意地走了。不一会儿，颜色浅的辣椒就所剩无几了。

第二个买主来了，问的还是那句话："辣椒辣吗？"卖辣椒的妇女看了一眼自己的辣椒，信口答道："长的辣，短的不辣！"果然，买主就按照她的分类标准开始挑了起来。这轮销售结果是，长辣椒很快售罄。

第三个买主来了，问："辣椒辣吗？"卖辣椒的妇女信心十足地回答："硬皮的辣，软皮的不辣！"被太阳晒了半天，确实有很多辣椒因失水变得软绵绵了。

所有的标准都是卖辣椒的人制定的，随时重新构建一个新的标准，用这种方法卖辣椒，还有人会拒绝她吗？思维模式的重构对我们自身的影响是潜移默化的，它的用处很大，只不过我们很少意识到而已。

了解了思维模式重构的意义和方法，结合前述讲解的常见创新思维方式，我们把这些运用到对实际问题的思考中去，会产生很多具体的解决问题的方法，下面我们来简单地介绍几种常用的方法。

二、六顶思考帽

法国学者爱德华·德博诺（Edward de Bono）博士首先提出了"平行思考"的方式。即在思考时，每一个人在任何时候都看向同一个方向，通过方向的变化对主体进行全面探索。六顶思考帽就是指"平行思考"的六个特定的思考方向，它取代了对抗型和垂直型的思考方法，避免将时间浪费在互相争执上。强调的是"能够成为什么"，而非"本身是什么"，是寻求一条向前发展的路，而不是争论谁对谁错。"思考帽"则是对应这种思考方式的具体工具，也可以看作一种思维训练模式，一个全面思考问题的模型（如表3-1所示）。

表3-1　六项思考帽对照表

帽子颜色	俗称	功能
蓝帽	指挥帽	系统与控制
白帽	信息帽	资料与信息
红帽	情感帽	直觉与感情
黄帽	乐观帽	积极与乐观
黑帽	谨慎帽	逻辑与批判
绿帽	创意帽	创新与冒险

六顶思考帽是一种很好的理清思路的方法，能让思考过程变得更加清晰简单，加上引入了"思考帽"的游戏类概念，让行为变得更加有趣和高效。这六种不同颜色的帽子代表六种不同的思维模式，任何人都有能力使用对应的六种基本思维模式（如图3-3所示）。

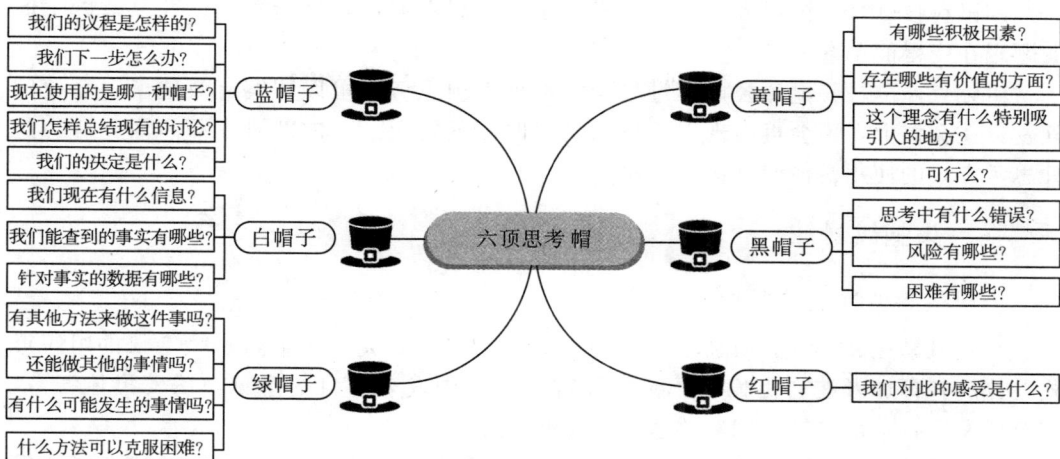

图 3－3　六顶思考帽基本思维模式

　　六顶思考帽是管理思维的工具，是沟通的操作框架，是提高团队 IQ 的有效方法。运用这种思维训练模式，将会使混乱的思考变得更清晰，使团体中无意义的争论变成集思广益的创造，使团队中的每个人变得富有创造性。让每一次会议、每一次讨论、每一个决策都充满新意和生命力。帮助团队增加建设性产出，充分研究每一种情况和问题，创造超常规的解决方案，提高企业员工的协作能力，让团队的潜能发挥到极限。六顶思考帽使用的常见步骤如图 3－4 所示。

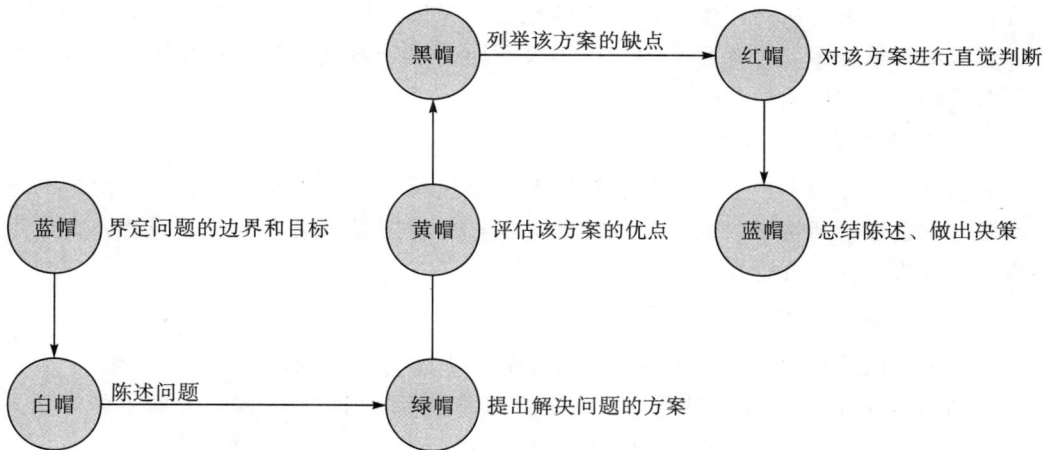

图 3－4　六顶思考帽使用步骤

　　六顶思考帽被世界许多著名商业组织所采用，作为创造组织合力和创造力的通用工具。

　　摩根大通通过使用六顶思考帽，将会议时间减少了 80%，并改变了他们在欧洲的企业文化。

　　麦当劳日本公司让员工参加"六顶思考帽"思维训练，取得了显著成效，员工变得更有激情，坦诚交流减少了"黑色思考帽"的消极作用。

朗讯科技(中国)公司人力资源部学习了六顶思考帽后，反馈发现以往复杂棘手的问题现在变得简单起来了。

伊莱克斯(中国)电器公司通过培训，发现六顶思考帽可以切实有效地解决企业的问题。在会议上，不会再出现因争论而延误时间的情况了，内部研发部门因此认为这种思考方式的使用对他们有很大帮助。

三、头脑风暴法

(一)头脑风暴法的概念

头脑风暴法又称智力激励法、BS法、自由思考法，是一种通过小型会议的组织形式，让所有参加者在自由愉快、畅所欲言的气氛中发表各自的意见，诱发集体智慧，相互启发灵感，最终产生创造性思维的决策方法。

头脑风暴法由美国创造学家 A.F. 奥斯本在 1939 年首次提出，并于 1953 年正式发表。这是一种激发创造性思维的方法。此方法经各国创造学研究者的实践和发展，至今已经形成了一个发明技法群，如奥斯本智力激励法、默写式智力激励法、卡片式智力激励法，等等。

(二)头脑风暴法的目的

在群体决策中，由于群体成员心理相互作用的影响，易屈于权威或大多数人意见，形成所谓的"群体思维"。群体思维削弱了群体的批判精神和创造力，损害了决策的质量。

提出头脑风暴法的目的在于使个体在面对具体问题时，能够从对自我和他人的求全责备中释放出来，从而产生尽可能多的想法，保证群体决策的创造性，提高决策质量。想法的数量越多，就越有可能获得解决问题的有效方法。头脑风暴法是改善群体决策的方法中较为典型的一个。

(三)头脑风暴法的分类

头脑风暴法分为直接头脑风暴法和质疑头脑风暴法。前者是专家在群体决策时尽可能激发创造性，产生尽可能多的设想的方法；后者则是对前者提出的设想、方案逐一质疑，分析其现实可行性的方法。

(四)头脑风暴法的应用原则

关于头脑风暴法的使用，奥斯本在其著作《应用想象力》中提出了如下规则。

(1)庭外判决原则。对各种意见、方案的评判必须放到最后阶段，此前不能对别人的意见提出批评和评价。认真对待任何一种设想，不管其是否适当和可行。

对现有观点的批评不仅占用了宝贵的时间和脑力资源，而且容易使得与会者人人自危，发言更加谨慎保守，从而遏制新观点的诞生。与会者要到头脑风暴会议结束时才对观点进行评判，不要暗示某个想法不会有作用或有一些消极的副作用。所有的想法都有潜力成为好的观点，或者能够启发他人产生新的想法。

(2)鼓励狂热的和夸张的观点，欢迎各抒己见、自由鸣放。创造一种自由的气氛，激发参加者提出各种荒诞的想法。

由于害怕犯错误，人们往往不敢提出这类观点，他们感到这些想法可能被认为是"错误"或"愚蠢"的。逐渐地，人们不仅失去了宝贵的想象力和创造力，还会对其他人提出的这类观点持怀疑和批评打击的态度。只有通过鼓励和禁止批评，才能够创造一个适宜头脑风暴的环境。奥斯本也发现，"愚蠢"观点的产生由于改变了其他成员的思维方式，反而可以激发非常有用的观点。

（3）追求观点的数量而不是质量，观点越多，产生好观点的可能性越大。

单纯追求观点的质量，容易拘泥于某一个有创意的观点，将时间和精力集中在对其的完善和修补上，因而忽视了其他观点和思路的开发，也不容易调动所有成员的积极性。头脑风暴强调所有的活动应该以"在给定的时间内提炼尽可能多的观点"为指导原则。

（4）提倡在他人提出的观点之上建立新观点，探索取长补短和改进的办法。除提出自己的意见外，鼓励参加者对他人已经提出的设想进行补充、改进和综合。

将他人的观点和自己的观点进行比较、融合，容易产生新的思维成果。奥斯本发现，当人们遵循这些规则的时候，更多的观点就会产生，而且更多的新颖观点带来了更多有用的观点。使用这些新规则，人们的拘束感能够减少，思维也会更加开阔，能够在不断挖掘自身潜力的同时，不断参照其他人的思维成果，使得在自身头脑中实现创造性的波动和混乱，在脑力震荡中不断产生新的思维和观念，并有效地表达出来。

（五）头脑风暴法的实施步骤

（1）选定基本议题。

（2）选定参会者（10～15名为宜），最好由不同专业或不同岗位成员组成。设主持人一名，主持人只主持会议，对设想不作评论；设记录员1～2人，要求认真将与会者的每一个点子不论好坏都完整地记录下来。

（3）确定会议时间和场所。

（4）开始会议。

（5）主持人向参会者简介议题、目的、头脑风暴法大意、应注意的问题（头脑风暴法的主持工作最好由对决策问题的背景比较了解，并熟悉头脑风暴法的处理程序和处理方法的人担任）。

（6）参会者各抒己见（会议时间一般以20～60分钟效果最佳）。

（7）记录员记录参会者激发出的灵感（记录员应依照发言顺序标号记录点子；在发言内容含糊不清时，应向发言者确认；当发言内容过长时，仅记录要点即可）。

（8）结束会议。

（9）将会议记录整理分类后展示给参会者。

（10）从效果和可行性两个方面评价各点子。

（11）选择最合适的点子，应尽可能地采用在会议中激发出来的点子。

（六）头脑风暴法的评价

头脑风暴法为何能激发创新思维？

第一，联想反应。联想是产生新观念的基本过程。在集体讨论问题的过程中，每提出一个新的观念，都能引发他人的联想，相继产生一连串的新观念，产生连锁反应，形成新观念堆，为创造性地解决问题提供更多的可能性。

第二，热情感染。在不受任何限制的情况下，集体讨论问题能激发人的热情。人人自由发言、相互影响、相互感染，能形成热潮，突破固有观念的束缚，从而最大限度地发挥创造性的思维能力。

第三，竞争意识。在讨论中，人人争先恐后、竞相发言，不断地开动思维机器，力求有独到见解、新奇观念。

第四，个人欲望。在集体讨论解决问题的过程中，个人的欲望自由且不受任何干扰和控制是非常重要的。头脑风暴法的应用原则中要求：不得批评仓促的发言，甚至不许有任何怀疑的表情、动作、神色。这样能使每个人畅所欲言，从而提出大量的新观念。

引入 案例

加拿大电力公司除雪案例

加拿大位于北美北部，地广人稀，并且靠近北极圈，很多地方经常降雪。在一些偏远地区，为了传输电力，架设有许多输电线路。降雪之后，电线杆和输电线上会有大量积雪，可能会压塌电线杆或压断输电线，所以需要经常派出人员巡查输电线路、清除积雪，消耗了巨大的人力成本，时间成本。这成为了困扰电力公司的难题。

在某次会议的头脑风暴中，参会者A提出："我们加拿大有很多熊，如果可以训练熊去摇电线杆，那么不就解决问题了吗?"

参会者B："要训练熊摇电线杆的话，可以在电线杆上放它喜欢的食物，比如蜂蜜。"

参会者C："可以使用直升飞机把蜂蜜放到电线杆上。"

参会者D："直升飞机靠近电线杆的时候，气流就会把电线杆和输电线上的积雪吹散，问题就解决了。"

最后，电力公司就开始使用直升机去清除电线杆和输电线上的积雪。

拓展 阅读

头脑风暴解决产品不良问题

深蓝咨询作为一家资深的生产管理咨询公司，曾经辅导过一家电机公司。这家电机公司主要是给扫描仪客户做直流电机，客户要求将由电机引起的噪音的不合格率控制在2000PPM以下。但这家电机厂所做的电机已经远远超过了2000PPM，为此，大家做了很多单因素实验：最初怀疑是塑胶齿轮，就对塑胶齿轮的供方实施了指导，并对进料齿轮进行放大镜下全检，结果不合格率仍旧超高；对齿轮安装的柱体之间的设计进行了角度改变，仍旧没解决问题。一时之间大家陷入了无奈，以为是客户要求太变态，根本不可能做好，就要求销售跟客户沟通修改控制标准。结果客户不同意，一时双方陷入争执。

深蓝咨询作为顾问方，介入了这一问题。首先，深蓝咨询测试了一下问题产品，发现单体产品是没有问题的，问题主要出在安装齿轮的产品上。其次，观察了一下生产线，发现和齿轮安装相关的工站有 5 个。于是，深蓝咨询就召集工程、工艺、技术人员到产线去观察这 5 个工站的操作手法，提出是哪些动作不合理造成了噪音。通过 2 个小时观察后这 5 个工站的工人和线上观察人员到会议室一起进行头脑风暴。其间，深蓝咨询遵循了不支持、不批评、不表扬的原则，只做忠实的记录。最后总结出了 20 个对策点，根据优特排序和相关分析，圈定了 12 个问题点。把这些问题分解到 5 个工站上，主要是作业手法的改善。同时，观察人员到现场监督工位对新对策的执行情况。

经过 3 天对数据的统计，发现数据竟奇迹般地好了起来，因电机引发的噪音竟然降到了 800PPM。客户要电机厂分享原因，电机厂厂长说："真的原因好像挺复杂，我们也没抓出来，但我们进行了头脑风暴分析，最后有 12 个对策，对工位的作业手法进行了改善，不良率就降下来了。"客户对于电机厂的改善大为称赞。

只要运用得当，头脑风暴法的威力是无穷的。

四、德尔菲法

（一）德尔菲法的概念

德尔菲法又名专家意见法，是一种综合多名专家经验与主观判断的直觉预测技术方法，是专家判断法的一种。德尔菲这一名称起源于古希腊有关太阳神阿波罗的神话。传说中，阿波罗具有预见未来的能力，因此这种预测方法被命名为德尔菲法。该法自 20 世纪 50 年代左右由美国兰德公司提出以来，逐步被广泛地应用于各个领域的综合评价实践中。

（二）德尔菲法的目的

德尔菲法的目的是采用函询调查的形式，由项目执行组织召集某领域的一些专家，如来自组织外部的专业团体或技术协会、咨询公司、行业组织的专家教授，或者组织内部的技术、工程、市场营销、采购、财务、人力资源等职能部门的专业人员，就项目的某一主题，例如项目的解决方案、执行项目的步骤与方法、项目的风险事件及应对办法等，在互不见面、互不讨论的情况下，采用匿名发表意见的方式，背靠背地分别提出自己的判断或意见，然后由项目执行组织汇总不同专家的判断或意见，通过多轮次调查专家关于项目某一主题有关问题的看法，经过反复征询、归纳、修改和技术处理，最后汇总成专家基本一致的看法作为预测结果。在项目管理过程中，凡是需要收集不同的意见、产生不同的想法，并希望就这些意见和想法达成共识的场合，都可以采用这种方法。

（三）德尔菲法的特征

（1）资源利用的充分性。吸收了不同专家的预测，可以充分利用专家的经验和学识；

（2）最终结论的可靠性。由于采用匿名或背靠背的方式，能使每一位专家独立地做出自己的判断，不会受到其他繁杂因素的影响。

（3）最终结论的统一性。预测过程必须经过几轮的反馈，使专家的意见逐渐趋同。

正是由于德尔菲法具有以上这些特点，才使得它在诸多判断预测或决策手段中脱颖而出。这种方法的优点主要是简便易行，具有一定科学性和实用性，可以避免会议讨论时产生害怕权威随声附和，或因顾虑情面而不愿与他人产生意见冲突等弊病。同时，德尔菲法也可以使大家发表的意见较快收敛，参加者也易接受其结论，具有一定的综合意见的客观性。

(四)德尔菲法的基本原则

1. 匿名原则

所有参与的专家均以个人身份发表意见，遵守匿名原则。

2. 循环往复原则

由主持人收集参与者的意见并公开，如此循环往复四次，允许参与者在参考别人判断的意见之后修正自己原先的看法。

3. 控制反馈原则

让参与者回答事先设计的问卷，并使其对收集归纳的判断和论证做出总体的衡量。

4. 团体回答原则

在对所有参与者的意见进行综合判断时，必须考虑总数、趋势等情况。

5. 专家共识原则

主要目的是使专家达成共识，得出最终的预测结果

(五)德尔菲法的实施步骤

德尔菲法的实施步骤如下所示。

(1)确定调查题目、拟定调查提纲、准备向专家提供的资料，包括预测目的、期限、调查表以及填写方法等。

(2)组成专家小组，按照课题所需要的知识范围确定专家。专家人数的多少可根据预测课题的大小和所涉及面的宽窄而定，一般不超过20人。

(3)向所有专家提出所要预测的问题及有关要求，并附上有关这个问题的所有背景材料，同时请专家提出还需要什么材料，然后由专家做书面答复。

(4)各个专家根据他们所收到的材料提出自己的预测意见，并说明自己是怎样利用这些材料并提出预测值的。

(5)将各位专家第一次判断意见汇总、列成图表、进行对比，再分发给各位专家，让专家比较自己同他人的意见的不同，修改自己的意见和判断。也可以把各位专家的意见加以整理，或请身份更高的其他专家加以评论，然后再把这些意见分送给各位专家，以便他们参考后修改自己的意见。

(6)将所有专家的修改意见收集起来汇总，再次分发给各位专家，以便做第二次修改。逐轮收集意见并向专家反馈信息是德尔菲法的主要环节。收集意见和信息反馈一般要经过三四轮。在向专家进行反馈的时候，只给出各种意见，但并不说明发表各种意见的专家的具体姓名。将这一过程重复进行，直到每一个专家不再改变自己的意见为止。

(7)对专家的意见进行综合处理。

(六)德尔菲法的评价

德尔菲法同常见的召集专家开会、通过集体讨论、得出一致预测意见的专家会议法既有联系又有区别。

德尔菲法能发挥专家会议法的优点：充分发挥各位专家的作用，集思广益，准确性高；能把各位专家意见的分歧点表达出来，取各家之长，避各家之短；同时，德尔菲法又能避免专家会议法的缺点，避免权威人士的意见影响他人的意见。有些专家碍于情面，不愿意发表与其他人不同的意见，或出于自尊心而不愿意修改自己原本不全面的意见。

德尔菲法的主要缺点是过程比较复杂，花费时间较长。

（七）德尔菲法的主要应用领域

1946年，兰德公司首次用这种方法来进行预测，后来该方法被广泛使用。这种方法最初是为应对军事策略问题而设计的，后逐步被政府部门和工商业采用，并拓展到教育、科技、运输、开发研究、太空探测、住宅、预算和生活品质等领域。目前，德尔菲法是企业人力资源需求短期预测中使用最广、有效性最好的方法之一。

（八）德尔菲法的注意事项

（1）由于专家组成员之间存在身份和地位上的差别，以及其他社会原因，所以有可能使其中一些人因不愿批评或否定其他人的观点而放弃自己的合理主张。要防止这类问题的出现，就必须遵循德尔菲法的基本原则，避免让专家们面对面地集体讨论。

（2）对专家的挑选，应基于其对企业内外部情况的了解程度。专家可以是第一线的管理人员，也可以是企业高层管理人员和外请专家。例如，在估计未来企业对劳动力的需求时，企业可以挑选人事、计划、市场、生产及销售部门的经理作为专家。

（3）为专家提供充足的信息，使其有足够的依据做出判断。例如，为专家提供所收集的有关企业人员安排及经营趋势的历史资料和统计分析结果等等。

（4）所提问的问题应是专家能够回答的问题。

（5）允许专家粗略地估计数字，不要求精确，但可以要求专家说明估计数字的准确程度。

（6）尽可能地将过程简化，不问与预测无关的问题。

（7）保证所有专家能够从同一角度去理解员工分类和其他有关定义。

（8）向专家讲明预测对企业和下属单位的意义，以争取他们对德尔菲法的支持。

引入案例

影响服装销售的重要项目预测

某服装公司邀请专家对2020年以后的运动衣裤市场形势进行预测。要求在下列项目，如品牌、价格、式样、吸汗、耐穿中，选择影响销售的三个主要项目，并按重要性进行排序。评分标准规定为：第一位评3分，第二位评2分，第三位评1分。

经过两轮对预测信息的收集整理反馈后，第三轮专家（总数为82人）的征询意见为：赞成品牌排在第一位的专家有61人，赞成排第二位的有13人，赞成排第三位的有1人。则项目"品牌"得分为：$61 \times 3 + 13 \times 2 + 1 \times 1 = 210$分。全部总分为：$82 \times (1 + 2 + 3) = 492$分。故"品牌"所占比重为43%。

由专家对其余4项指标的评分进行计算，得各项目总分比重从高到低依次为：价格、式样、吸汗、耐穿。据此得出按重要性排在前三名的项目依次为品牌、价格和式样。

拓展 内容

新产品开发项目风险识别

　　某家电集团公司通过市场调查发现，洗衣机市场尚存在未能满足的需求。传统的家庭脱水机的设计洗衣量多为3～5千克，洗衣时间再短也需要半个小时，最长可达一个多小时。可是，如果要想单独洗一件衬衣怎么办？夏天的衣服需要及时洗又怎么办？洗小孩的衣物就更麻烦了，把小孩的脏衣服和成人的衣服混合在一起洗是不明智的，况且小孩的衣服脏得快，又无法像成人的衣服那样可以搁置几天再洗。

　　"必须开发小型洗衣机。"决策层很快下了决心。"可是洗衣机的市场竞争已经很激烈了，小型洗衣机能占有多大的市场呢？再说，买了大洗衣机的还会考虑再买一台小洗衣机吗？"市场部经理提出了质疑。

　　为了识别小洗衣机开发项目的风险，该公司发动了一批来自组织内部的产品开发、市场策划、战略决策、生产制造、物流采购的专业人员，以及组织外部的行业协会、政策法规机构、零售商、渠道管理、品牌战略等方面的专家成立专家组，专门就该产品开发项目进行了风险识别。下表就是该专家组利用德尔菲法，经过两轮的分析汇总，最终达成的关于该项目风险的一致意见。

序号	风险
1	没有经过市场调查，或者市场调查的结果不准确，结果导致决策失误
2	市场需求量小，导致产品销售不出去
3	人们的消费观念不接受这类产品，导致产品销量小，实现不了利润目标
4	投资过大，收不回成本
5	竞争对手抢占市场，致使产品销售受阻
6	产品质量问题，影响销售
7	开发成本过高，导致价格高，结果销售不畅
8	产品不能获得销售许可，前功尽弃
9	替代品的出现，影响产品销售
10	销售渠道不畅通，导致产品积压
11	新技术的出现导致洗衣机领域的革命性变化，结果该产品被淘汰
12	与现有产品形成竞争，影响整个公司的业绩
13	小洗衣机洗不干净衣服，或者比大洗衣机还耗水、耗电，结果没人买
14	顾客已有常规洗衣机，不再购买小洗衣机，结果产品销量小
15	售后服务跟不上，影响产品销售

　　德尔菲法作为一种主观、定性的方法，不仅可以用于预测领域，还可以广泛地应用于各种评价指标体系的建立和具体指标的确定过程中。例如，我们在考虑一项投资项目时，需要对该项目的市场吸引力做出评价。此时，我们可以列出同市场吸引力有关的若干因素，包括整体市场规模、年市场增长率、历史毛利率、竞争强度、对技术要求、对能源的要求、对环境的影响等。市场吸引力的这一综合指标就等于上述因素的加权求和。每一个因素在构成市场吸引力时的重要性即权重和该因素的得分，需要由管理人员的主观判断来确定，这时我们同样可以采用德尔菲法。

第四章

掌握创新技法

　　"天马行空"是有方法可循的，"灵感闪现"也是可以进行学习实践的。好的方法能更好地触发灵感，获得创造性的思维。如果把创新活动比喻成过河的话，那么方法和技巧就是用来过河的桥或船，比内容和事实更重要。

　　法国著名的生理学家贝尔纳曾说过："良好方法能使我们更好地发挥天赋的才能，笨拙的方法则可能阻碍才能的发挥。"黑格尔说："方法是任何事物所不能抗拒的、最高的、无限的力量。"

　　本章基于对创新思维学习的了解的基础上，介绍了四种创新技法（如图4-1所示），将创新技法与各种创新思维方法结合起来，从而帮助读者将其应用于日常的学习和创新活动开展中。

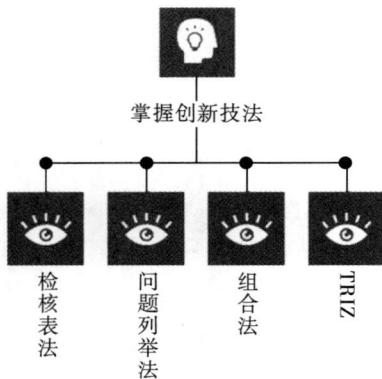

掌握创新技法

检核表法　问题列举法　组合法　TRIZ

图4-1　第四章知识要点

学习目标

　　通过对本章的学习，学生能够将创新技法与前面讲的创新思维方法结合起来，并将其应用于自己的学习、科研实际中，开展创新活动。

　　1. 了解奥斯本检核表法、和田十二法、5W1H法的原理和实施步骤。

　　2. 了解问题列举法、组合法的原理和实施步骤。

　　3. 了解TRIZ理论核心思想、主要内容和解决问题的流程。

　　4. 通过学习和训练掌握常见创新技法的基本原理和实施步骤，能够在实际解决问题的过程中运用这些技法；通过学习和训练掌握TRIZ理论，能运用TRIZ解决相关的问题。

引入 案例

斑马线的改进

一条马路要穿过校园，于是问题就出现了：怎样才能让所有通过该路段的司机全程都低速行驶呢？

人们在讨论后得出了两个方案：把这段马路全都画上"斑马"线，或者把该地段的道路改造成波浪形（Z字形）曲折道路。第一个办法花费很少，但是成效很差；第二个办法代价昂贵，却相对牢靠。

当然，最好的办法就是把两个方案的优点结合起来，使它们的缺点都消失。你有什么好办法吗？

分析： 从需求出发，让我们运用组合的创新方法来解决校园街道的问题：在普通道路上画上立体的斑马线（如图4-2所示），运用错觉的手法，使它看起来就像斑马线悬浮起来一样，司机们大脑中的条件反射会精确地产生作用，从而达到了价格上和效果上的最优结合。

图4-2 立体斑马线

在我们的生活中，经常会遇到所谓的"萝卜白菜各有所爱"的问题。有人爱吃萝卜，有人爱吃白菜，当土地面积一定时，怎么种？常规的解决方案可能是各种一半，或者让其中一些人妥协。如何才能做到最优的解决？这就需要我们灵活地运用已经学过的创新思维方式进行思考，并形成具体的解决问题的方法。

萝卜吃的是地下部分，而白菜吃的是地上部分，解决问题的思路就是将可食部分结合起来，去除其他部分。如果种植一种具有白菜叶和萝卜根的蔬菜，那么就达到了爱吃萝卜和爱吃白菜的两个需求均得到最大化的目的。

在现实中，有诸多创新性的解决问题的方法需要我们去重视、学习和掌握，它们能够使我们更好地融合创新思维理念，投身于创新实践中去。

创新技法是指创造学家在收集大量成功的创造和创新的实例后，研究其获得成功的思路和过程，经过归纳、分析、总结，找出规律和方法，供人们学习、借鉴和仿效。简言之，创新技法就是创造学家根据创新思维的发展规律总结出来的一些原理、技巧和方法。

创新技法既可以直接应用以产生创新成果，也可启发人的创造性思维，还可以提高人们的创造力和创造成果的实现率。

▶ 第一节 检核表法

一、奥斯本检核表法

(一)产生、发展与含义

1964年，美国学者亚历克斯·奥斯本在《应用想象力》中提出了一种设问法，即检核表法。在实践中，人们发现这种方法不仅能够对怎么提问题作出示范，而且还能启发和产生大量的创造性设想，从而演变为一种创新技法。该方法后来被广泛应用于各种组织的管理实践。由于该方法通用性强，并且包含了多种创新技法，故有"创造技法之母"的美誉。有人认为，20世纪最伟大的发明就是"奥斯本检核表法"。

奥斯本检核表法是通过一张一览表，对现有的事物中需要解决的问题逐项进行核对、设问。从九个角度逐项进行检查核对，运用联想、类比、组合、分割、移花接木、异质同构、颠倒顺序、大小转换、改型换代等思维方法，寻找解决问题的多种答案，从中引发创新设想的方法，以促进创造、发明、革新，或解决工作中的问题，如表4-1所示。

表4-1 检核表法一览表

序号	检核类别	检核内容(创造性设想)
1	能否他用	有无新的用途？是否有新的使用方式？可否改变现有的使用方式？
2	能否借用	有无类似的东西？利用类比能否产生新观念？过去有无类似的问题？可否模仿？能否超越？
3	能否扩大	可否增加些什么？可否附加什么？可否增加使用时间？可否增加频率、尺寸、强度？可否提高性能？可否增加新成分？可否加倍？可否扩大若干倍？可否放大？可否夸大？
4	能否缩小	可否减少些什么？可否密集、压缩、浓缩、聚束？可否微型化？可否缩短、变窄、去掉、分割、减轻？可否变成流线型？
5	能否改变	可否改变功能、颜色、形状、运动、气味、外形、外观？是否还有其他改变的可能性？
6	能否代用	可否代替？用什么代替？有何别的排列、成分、材料、过程、能源、颜色？
7	能否调整	可否变换？有无互换的成分？可否变换模式、布局顺序、操作工序、因果关系、速度或频率、工作规范？
8	能否颠倒	可否颠倒？可否颠倒正负、正反、头尾、上下、位置、作用？
9	能否组合	可否重新组合？可否尝试混合、合成、配合、协调、配套？可否把物体组合、目的组合、特性组合、观念组合？

（二）主要内容

最初奥斯本列出了七十五项问题，而一般情况下检核表法是从以下九个方面来进行检核的。

（1）现有的发明是否有其他用途，是否可直接用于新的用途？或在改造后用于其他用途？简而言之是"有无其他用途"？

例如，将烫发用的电吹风加以改进后用于烘干被褥，成为"被褥烘干机"，使得当时陷入困境的日本三菱电机公司复苏，该产品竟成为当年"最受家庭主妇欢迎的商品"。

（2）现有的发明是否能够应用于其他设想，是否与过去的设想相类似，是否暗示了某些其他设想，是否能够加以模仿，是否可以向谁学习？简而言之，"能否借用"？如果在现有发明中可以引入其他的创造性设想，就可以发明新的东西。

例如，日本一位专家给奶牛设计服装，包括裹住肚子的披肩和留有小孔的风帽。这种衣服是用人造纤维制造的，再覆盖一层薄薄的防辐射层，以保护奶牛，使其免受夏天的酷热和冬天的寒冷，从而产生更多的牛奶。这位专家就是借用人穿衣的"经验"想到这一创意的。

辅助 阅读

听诊器的发明

1816 年的法国，某天，一位年轻的女士找到医生利奈克斯看病。在那个年代，没有现代医生必备的器械听诊器，因此医生在对心肺部位有疾患的患者检查时，只能一边用耳朵直接贴附在患者的胸部，一边用双手来摇动患者的身体，借此来判断病情。

可是这位年轻的女士非常肥胖，利奈克斯医生又非常腼腆，不好意思按常规方法进行检查。这时，他忽然想起了小孩子玩耍时的情形：在跷跷板游戏里，孩子们一个蹲在跷跷板的这头，把耳朵紧贴跷跷板，一个站在另一头，用一枚铁钉在板上轻轻地划着。通过木板，另一头可以清楚地听到跷跷板被铁钉划刻的声音。

想到这儿，利奈克斯觉得自己有了好主意，于是便临时找来一本书的封面，将其卷成了一个纸筒，把一端贴近自己的耳朵，另一端放在女士的胸部。没想到，通过这个方法听到的心音，竟然比直接贴近患者胸部听到的还要清晰很多。

他在经过几年的思考与实验之后，设计并制造了世界上第一个木质听诊器。后来，又经过一代代人的改进，才成了今天的听诊器（如图 4-3 所示）。

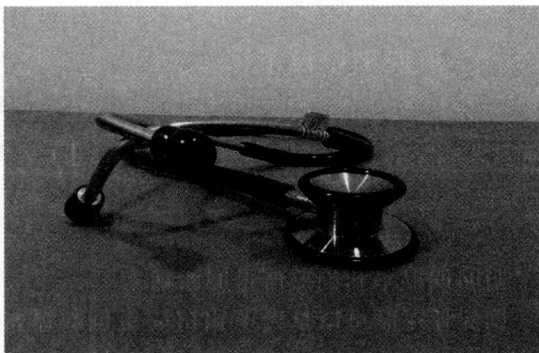

图 4-3 听诊器

（3）现有的发明是否可以修正，是否有新的想法，是否能改变意义、颜色、运动、声音、香味、样式和类型等，是否可以有其他变化？

例如，将轴承中的滚柱改成滚珠，就发明了滚珠轴承。

（4）现有的发明能否扩大适用范围、延长它的使用寿命等。

例如，在两块玻璃中间加入某些材料，可制成一种防震、防碎、防弹的新型玻璃。在牙膏中掺入某种药物，可以使牙膏有治疗口腔疾病的功效。

（5）现有的发明可否缩小体积、减轻重量等。

例如，最初发明的收音机、电视机、电子计算机、收录音机等电器的体积都很庞大，结构也非常复杂。现在经过多次改进，它们的体积都比当初大大缩小了，结构也相对简单多了，并出现了许多小型的、超小型的机器。

辅助阅读

蒸汽机车（火车）车轮的发明

1804年，33岁的机械专家特里维西克发明了世界上第一辆沿铁轨行驶的蒸汽机车。这辆蒸汽机车依靠齿轮啮合轨道前进，运行时不但会发出吱吱的声音，而且速度不快，很难投入使用。后来，23岁的司炉工史蒂芬森把齿轮取下来去掉，机车的速度一下子提高了5～10倍，一种既不打滑也不脱轨，而且还消除了吱吱噪声的无齿蒸汽机车车轮就诞生了。

（6）现有的发明有无代用品。

例如，人们非常喜欢镀金手表，但黄金是一种贵金属，价值昂贵、数量有限，于是人们就用其他金属来代替黄金。

辅助阅读

斑马线

在古罗马时代，为了行人穿越马路时的安全，就在交叉路口砌起一块块凸出路面的石头，作为指示行人过街的标志，行人可以踩着这些石头穿过马路。

到了19世纪末，能综合体现人类科技与文化能力的汽车亮相了，以前的石头人行横道线就成了现代交通的障碍，于是人们用画出来的石条代替了原来的石头，就是现在的斑马线。

司机只要看到斑马线，就会小心慢行或停下来让行人先走，这样适合现代生活的人行横道线就时刻为社会服务着。

（7）现有的发明是否可以重新排列，是否可以替换要素，是否可以采用其他顺序或其他布局，是否可以置换原因和结果，是否可以改变步调或改变日程表？简而言之，"能否调整"？

例如，水龙头防渗漏的内衬有橡胶的、铜制的、铁制的等，最新变换的陶瓷制的，因其耐磨、耐高温、密封性能好而得到了广泛的应用。水龙头开启模式也变换得多姿多彩，有手动的、脚动的、气动的、声控的、温控的等。

（8）现有的发明是否可以颠倒，是否可以正负替换，是否可以换一换方向？简而言之，"能否颠倒"？

例如，火箭是向空中发射的，但是人们为了了解地底下的情况，就将火箭改为向地下发射，就发明了一种探地火箭。

（9）现有的几种发明是否可以组合，是否可以统一？简而言之，"能否组合"？

例如，美国威利发明的橡皮头铅笔就是将铅笔和橡皮组合而成的。日本一家公司将卷笔刀与塑料瓶组合在一起，发明了一种能收集铅笔屑的卷笔刀。

辅助 阅读·

古腾堡活版印刷机的发明

硬币面上的图案是由硬币打印器打印的，而葡萄汁是由葡萄压榨机在大面积铺开的葡萄上压制而成的。那么能否将二者重新组合用于第三领域？

有一天，古腾堡带着三分醉意自言自语说："为什么我不把硬币打印器放在葡萄压榨机下面压，让它在纸上留下印记呢？"根据这一想法，他发明了活版印刷机。

（三）主要特点

（1）奥斯本检核表法有助于人们打破各种思维定势，以问题的形式激发人们的想象力。

（2）奥斯本检核表法提醒人们从各个角度、观点去看问题，避免了单一的思维方式。

（3）奥斯本检核表法内容丰富，可以启发人们将其应用于各个方面，如开发新产品，进行设计、销售、广告等，为解决创造发明问题提供了很好的解决问题的思路。

（4）经常使用奥斯本检核表法能提高人们的思维素质，有利于突破人们不愿提问的心理障碍，会使人们善于提问、思考、想象、善于变换思考角度等。

（5）奥斯本检核表法的适应性强，不论对象如何和专业如何，都可以相应地列出很多检核问题。

但是奥斯本检核表法由于问题过细、过多，实施起来比较复杂，有人认为该技法一般很难取得较大的突破性成果。

（四）应用方法

1. 使用程序

奥斯本检核表法使用程序包括如下三步。

第一步，对要解决的问题，从尽可能多的方面进行提问。

第二步，对所提问题逐一进行审核、思考，并回答，从而形成多个解决方案。

第三步，逐一分析检核每一个设想，形成解决问题的综合方案。奥斯本检核表法所用的检查单或检查表并没有固定的模式，需要使用者根据要解决的问题自己设计。

2. 实施要点

要进行技法培训。奥斯本检核表法实际上是一种综合技法，涉及许多其他技法，如其中第一、二项实际上属于移植法，第三至第七项与列举法关系密切，第九项是组合法。因此在使用奥斯本检核表法之前，应对所涉及的技法组织培训，理解其含义，学会分析思考的方法。

检核内容可做适当改变。虽然奥斯本检核表法是九大内容，但具体使用时应灵活掌握，应根据活动的主要目的，检核创造对象的具体特点，以发现的老大难问题及市场上同类产品的行情来设计检核表。

检核表的设计应当稍微大些，设想的概述除了填在简表上以外，还应有详细的说明（写在附纸上），必要时应画图，便于筛选者了解创造者的本意。

3. 注意问题

奥斯本检核表法是一种非常实用的技法，但在使用时有一些地方值得注意。

不应过分拘泥于这一种方法。如果拘泥于这一种方法，过分依赖于它，反而会把它变成束缚自己的条条框框，妨碍自由想象，使本来为防止思考漏洞而采用的检核表变成制造漏洞的根源。

检核的内容可做适当改变。具体使用时应灵活掌握，根据活动的主要目的、检核对象的主要特点、周围环境来设计检核表。

检核表法主要提供的是一种思路。由于检核表法比较强调创造发明主体的心理素质的改变，借助克服心理障碍产生更多的思路，因而会忽略对技术对象的客观规律性的认识。所以在使用本技法解决较复杂的技术发明问题时，仅能提供一个大概的思路，因此还需进一步与技术方法结合。

在进行检核时，可根据需要，或一人检核，或多人检核。一般来说，3~8人共同检核，既可以从检核表中产生新的创造设想，又可以相互智力激荡，从而产生更多的新设想，更有希望获得创造发明的成功。

案例 分析

运用奥斯本检核表法对钢笔、圆珠笔的改进

对于现有的钢笔、圆珠笔，全面地运用奥斯本检核表的九个检核方面，即可得出一系列的深入的发明思路。

1. 配合某种温度变色墨水，可以构成测温笔来估测某些情况下的物体表面温度。

2. 以微型激光器与笔杆结合可以构成在木材、塑料或金属表面烧蚀图案的雕刻工具。

3. 在圆珠笔笔芯尾部充入微量压力氮气，便可构成在没有地心引力的宇宙空间里任意角度书写的"宇宙笔"。

4. 改变墨水的香味，便可构成各式香味笔。

5. 改变音响，则可以创造拔开笔帽便自动奏乐的音乐笔。

6. 改变形状，则可以创造各种玩物笔、工艺笔。

7. 使用油溶性墨水来扩大用途，则可构成可在任意油污表面书写的记号笔。

8. 缩小体积可以演变为儿童笔。

9. 用半硬质的微孔泡沫墨尖代替金属笔尖，便是泡沫尖墨水笔。

10. 从颠倒应用的角度来思考，则可推出各种消色笔与字迹定期褪色笔。

11. 从组合应用的角度，则可开发照相笔、收音笔、计时笔等。

二、方法拓展——和田十二法

和田十二法是我国上海的创造教育工作者许立言、张福奎提出的，是在世界流行检核表的基础上，结合我国青少年小发明、小改革的特点提炼的创新技法，原名叫"十二个聪明的办法"，是一种有效的发明用检核表法。

和田十二法有时也称为动词提示检核表法、思路提示法。其中的动词分别是：加一加、减一减、扩一扩、缩一缩、变一变、改一改、联一联、学一学、代一代、搬一搬、反一反、定一定。

和田十二法源于检核表法的原理，同样也给发明创造提供了若干种考虑的方向。

1. 加一加

从添加、增加、附加、组合等角度考虑。如将吊灯和电扇组合形成灯扇，既增加了美观性，又节省了空间，一举两得。

2. 减一减

从删除、减少、减小、拆散、去掉等角度考虑。例如，为使建筑管道安装工人省力、安全和高效率，现在广泛采用了合成树脂制成的水管，这种水管的重量比起金属水管的重量大大减轻了。

3. 扩一扩

从加大、扩充、延长、放大等角度考虑。例如，将彩色照片的版面扩大，这样可以更好地欣赏人物和风景。

4. 缩一缩

从改小、缩短、缩小等角度考虑。例如，将大型电子管变为小的晶体管，制成丰富多彩的电器元件。

5. 变一变

从改变形状、颜色、音响、味道、顺序等角度考虑。例如，最初的电扇都是黑颜色的。一个职员提出建议，将电扇的黑色改为浅色，公司采纳了这个建议。由此，市场上掀起了一股抢购电扇的热潮，电扇从此也一改清一色的黑面孔，变为了多彩的颜色。

6. 改一改

对原有的事物进行修改，消除其缺点，使其变得更方便、更合理、更新颖。例如，以前的饮料大多是玻璃瓶装，运输、保管和使用都不方便。改变一下它的结构，使用塑料、纸制软包装，极大地方便了人们的生活。

7. 联一联

寻找某个事物(事情)的结果和它的起因的联系，从事物的联系中找到解决办法或提出新方案。

8. 学一学

学一学别人的做法，模仿现有事物的形状、结构、原理等。例如，模仿海豚皮肤的特殊结构制成鱼雷的外壳，这种外壳在航行中会将阻力减到最小；模仿蛇的嘴巴能张大到超过它自己的头的特征，发明了蛇口形晒衣夹，用这种晒衣夹可从上往下将衣物连竹竿一起夹住，更好地防止衣物被风吹走。

9. 代一代

用一事物(材料、零件、方法等)代替另一事物。例如，用激光这把"纤细的手术刀"代替原来的金属手术刀，在电子计算机的控制下对人眼的角膜做矫正近视的手术，获得了极大的成功。

10. 搬一搬

把一个事物搬到别的地方，将新事物移到别的领域、寻找新用途等。例如，将医学的 CT 技术移植运用到地下探矿中等。

11. 反一反

把一种东西或事物的正反、上下、左右、前后、横竖、里外等颠倒一下。例如，人们常用的泡茶方法是把茶叶从袋子里取出来，放到茶碗(茶杯或茶缸)里，用开水泡开，茶叶在水中四散漂开，喝茶时如果不小心，茶叶还会往嘴里钻。有人反其道想，把茶叶放在袋内一块儿泡！

12. 定一定

为了解决某一问题或改造某件东西，为了提高学习、工作效率和防止可能发生的事故或疏漏等，而需要做出一些规定。

案例分析

用和田十二法创新自行车

序号	核检内容	设想名称	简要说明
1	加一加	自行车反光镜	在自行车龙头上安装折叠式反光镜，可以像摩托车一样看到后面情况，提高安全性
2	减一减	无链条自行车	取消链条，利用杠杆原理把脚踏由旋转运动改为上下运动
3	扩一扩	水陆两用自行车	在车两侧装上四个气囊，充足气后可以浮于水面，在车后装小型螺旋桨
4	缩一缩	折叠式自行车	折叠后体积缩小，便于拎上楼
5	变一变	助力式自行车	安装大型发条，在有电源的地方，接通电源就可上紧发条，骑车时放松发条助力
6	改一改	龙头可转动自行车	使龙头可以转动90度，停车场车多时转动车龙头就可拿出
7	联一联	多功能自行车	在农村可以用自行车抽水、自行车脱粒，安上自行车拖斗就可以运输货物
8	学一学	电动式自行车	安装蓄电池和小电机
9	代一代	塑料式自行车	用碳纤维塑料做成的车架取代原有的金属车架，强度大、重量轻
10	搬一搬	家用健身自行车	用于老年人、残疾人在家锻炼身体

序号	核检内容	设想名称	简要说明
11	反一反	发电自行车	用自行车拖动小型发电机,在停电时解决照明用电和电视机用电
12	定一定	自动限速自行车	加上自动限速器,使自行车不能超速行驶,增加其安全性

三、方法拓展——5W1H法

5W1H分析法也叫六何分析法,是一种思考方法,也可以说是一种创新技法。5W1H法对选定的项目、工序或操作,都要从原因(何因)、对象(何事)、地点(何地)、时间(何时)、人员(何人)、方法(何法)等六个方面提出问题,并进行思考。这种看似很可笑、很天真的问话和思考办法,可使思考的内容深化、科学化。

Why——为什么干这件事?(目的)

What——怎么回事?(对象)

Where——在什么地方执行?(地点)

When——什么时间执行?什么时间完成?(时间)

Who——由谁执行?(人员)

How——怎样执行?采取哪些有效措施?(方法)

以上六个问题的英文的第一个字母为5个W和1个H,因此简称5W1H法。在运用这种方法分析问题时,要先将这六个问题列出,得到回答后再考虑列出一些小问题;又得到回答后,便可进行取消、合并、重排和简化工作,对问题进行综合分析研究,从而产生更新的创造性设想或决策。

5W1H法的应用程序如下表所示。

首先,从六个角度对一种现行的方法、产品或初步发现的问题进行分析。

其次,找出关键点及目前不能解决的问题。

最后,对可解的问题寻找改进措施,若不可解,则进入下一个问题。

表4-2中的"是"或"否"将可做的与不可做的进行了区分,关键点是从众多事项中找出最重要的因素,看一看问题是否有变化的倾向。

表4-2 5W1H法

区分项目	为什么	什么	何时	何处	何人	怎样
是						
否						
关键点						
变化						

引入案例

某航空公司在机场二楼设了一个小卖部,生意相当冷清。问题出在哪里?开发部门运用 5W1H 法分析了原因，提出了改进建议。

1. 按 5W1H 法分析原因，先检核六个要素。

Who——谁是顾客？

Where——小卖部设在何处？顾客是否会经过此处？

When——顾客何时来购物？

What——顾客购买什么？

Why——顾客为何要在此处购物？

How——怎样方便顾客购物？

从中找出关键要素：Who、Where、When。

2. 分析关键要素，找出原因。

Who，究竟谁是顾客？是出入境的旅客，还是接送客人的人？显然，在二楼流连徘徊的接客者并不热衷于在此购物，因为他们有的是时间到市内各大商场去"挑肥拣瘦"。因此，机场小卖部应当把出入境的旅客当主顾才对。

Where，小卖部设在何处才好？出入境旅客经海关检查后，都会从一楼通道离去，根本不需要走二楼。因此，应将小卖部设在出入境旅客的必经之路上。

When，出入境的旅客何时购物？只有当他们的行李到海关检查交付航空公司之后，他们才有心情去逛逛小卖部，看看有何纪念品和生活必需品值得购买。原来机场要在临上机前才能将行李交付航空公司，因此自然就挤掉了旅客买东西的时间。

3. 提出改进措施。

把出入境旅客当主顾，充实旅行用品和纪念品，以满足旅客的消费需要；将出入境乘客的海关检验路线改为必经小卖部，增加乘客光顾小卖部的机会；让乘客可以随时把行李交给航空公司，使之"无箱一身轻"，便有了购物的时间和心情。机场经理根据开发部门的建议进行了改进，果然取得了很好的效果。

▶ 第二节　问题列举法

问题列举法是一种借助对一个具体事物的特定对象（如特点、优缺点等）从逻辑上进行分析，并将其本质内容全面地一一罗列出来的手段，是一种用以启发创造设想，进而找到发明创造主题的创新技法。

问题列举法的好处不在于一般性的列举，而在于从所列举的项目中，挖掘发明创造的主题和启发创造性的设想。如缺点列举法，就是把缺点列举出来，加以改进，其实有时候，"发扬缺点"反而会有意想不到的收获。

问题列举法可分为缺点列举法、希望点列举法、特性列举法等。

一、缺点列举法

缺点列举法是一种通过发散思维，发现和挖掘事物的缺点，并把缺点一个一个列举出来，然后通过分析，找出其主要缺点，再据此提出克服缺点的课题或方案的创造性思维方法。

例如，穿着普通的鞋在泥泞的地上行走容易滑倒，这是因为鞋底的花纹太浅，烂泥嵌入花纹缝内，使鞋底变得光滑，容易滑倒。针对花纹浅的缺点，可以将鞋底花纹改成一个个突出的小圆柱，就创造了一种新的防滑靴。

运用缺点列举法时可以采用发散思维的方法，比如以钢笔为主题，列出它的不足之处，如易漏水、不能写出几种颜色、出水不流畅、灌墨水不方便等。然后挑出其中主要的缺点逐个研究，考虑切合实际的改革方案。

缺点列举法是一种简单有效的创造发明方法，因为现实世界中的每一件技术成果都是未完成的发明，只要你仔细地看、认真地想，总能找出它不完善的地方。只要时时留意自己日常使用和接触的物品的不足之处，多听听别人对某种物品的反映，那么发明课题就是无穷无尽的。

运用缺点列举法，第一步要先找出事物的缺点；第二步分析缺点产生的原因；第三步针对缺点产生的原因，有的放矢地提出解决的方法。例如，对一双普通的长筒雨靴，可以列出如下缺点。

材料方面：鞋面弯折易开裂、鞋后跟易磨损……

美观方面：颜色单调、样式千篇一律……

功能方面：春寒有雨时穿冻脚，夏天有雨时穿闷脚，潮气重、易患脚气，走路不跟脚，袜子容易掉下来……

只要针对上述某一个缺点着手进行改进，就可能创造新产品，使之独占鳌头。日本有一个叫荒井的人，针对雨靴"夏天穿闷脚、易患脚气"这一点，对制造方法加以改进，制成了前后有透气孔的雨靴；还有一个叫野口文雄的人，针对雨靴"脚后跟容易磨损"，研制了一种浇模时就在脚后跟部位埋进一种鞋钉的新式雨靴，大大减少了磨损。现在市场上各种颜色的雨鞋，也是在克服了"颜色单调"这一缺点之后创新出来的产品。缺点列举法简单易行，且容易收到效果。

辅助阅读

汽车电器厂的故事

某汽车电器厂原是一家只有几十个人的校办厂，生产汽车喇叭继电器。该厂负责人为改变产品销路不畅的问题，开始学习创新技法。

缺点列举法使他开了窍，通过走访各地、收集用户意见，该负责人发现他们过去一味模仿大厂生产的继电器主要有三大缺点。

(1)使用寿命不长。

(2)产品外表镀锌面易变暗。

(3)接线图易丢失，于检修不利。

随后，他分别找出了产生这些缺点的原因。

(1)线圈接头直接夹在铜夹板上，容易接触不良，使用寿命短。

(2)包装只用一个纸盒，无防潮措施，造成镀锌面氧化、发暗。

(3)接线图印在包装盒上容易丢失，不便于检修。

针对以上三条缺点，厂里采取了相应的三项措施，使该厂的产品摆脱了销路不畅的局面，结果当年的销售量就增加了一倍，利润也翻了番。

二、希望点列举法

古往今来，许多发明创造往往寓于希望之中。从人们的需要和愿望出发提出构想，进而产生发明创造，这是一种有效的发明创造技法，叫"希望点列举法"。如有了电影后，人们又希望在家能看电影，于是产生了黑白电视，后来产生了彩色电视，再以后又产生了高清晰度的立体声电视等，这就是不断满足人们需求或希望的过程，是促使科技产品不断更新换代的过程。希望点列举法的原则是："如果能这样该多好！"

辅助 阅读

计算器的发明

数学知识不断产生与发展的过程，往往也是不断实现人们希望的过程。如相同数连加，当加数很多时，书写冗长，于是就希望有个简明记法，从而产生了乘法及乘法口诀。再如数字较多的四则运算，用笔算很不方便，于是后来逐渐产生了珠算、图算、尺算等。但随着社会的发展，计算量越来越大，人们就希望有速度更快的计算工具。在 20 世纪中叶，终于产生了电子计算器。

三、特性列举法

特性列举法（AL 法）由美国克劳福德创立。该法简单，既适用于个人，也适用于群体。特性列举法的主要手段为——列举创意对象的特征进行联想，提出解决方案。在运用该法时，对创意对象的特性分析得越详细越好，并尽量从多角度提出问题和解决问题。

辅助 阅读

有一种鸣笛水壶就是按这一思路创意成功的：蒸汽口设在壶口，水烧开后自动鸣笛；盖上无孔，提壶时不烫手；水壶外壳是倒过来冲压成型，焊上壶底，外形美观，还可以节省能源。气动保温瓶也是运用该法发明的。原保温瓶只有装水、倒水两种功能，新保温瓶则有气动出水的功能（动词特性）。此外，新保温瓶不仅有实用价值，而且造型、色彩美，是美化家庭的装饰品（形容词特性）。

特性列举法的运用一般分两步进行。

第一步，选择目标较明确的创意课题，宜小不宜大。再列举创意对象的特征：名词特性、形容词特性和动词特性。

第二步，从各个课题的特性出发，提问或自问，启发广泛联想，产生各种设想，再经评价分析，优选出经济效益高、美观实用的方案。

以杯子为例，说明如下。

（1）名词特性（整体、部分、材料、制法）。

整体：杯子。

部分：杯体、杯盖、杯耳、杯底。

材料：搪瓷、金属、玻璃、塑料。

制法：冲压、模压、焊接。

(2)形容词特性（轻、重、大、小、方、圆、高、矮）。

(3)动词特性（功能），如装水、装固体、量水、保温、保健、测温等。

用扩散思维的方式，尽可能多地列举特性后，接下来就是从各个特性出发，通过提问诱发创造性的设想。比如，从形容词特性"高、矮"出发，我们在喝水时希望杯子高些、容量大些；而在携带时又希望它矮些、体积小些，于是就发明了"拉伸杯""缩折杯"。从动词特性出发，加上保健、测温、加热功能，可以在杯壁装个温度计、杯底装电热丝；可以设计成带磁铁的磁化杯。从材料特性出发，有人设想用面包做成杯子，喝完牛奶后，可以连"杯子"一起吃下去。

思考与训练

拿一支橡皮头铅笔，尽可能在纸上写出铅笔的各种功能，限时十分钟。绞尽脑汁地去想，答案数量越来越多，统计第一次列举的铅笔的用途的数量。然后列举铅笔的名词、形容词和动词这三大词类特性。

比如铅笔的名词特性，它的整体叫什么？部分叫什么？采用什么材料命名的？是用什么方法、工艺制成而命名的？还是利用功能用来命名的？

可以列举的有关铅笔的名词有：橡皮头、橡皮沫、铅笔芯、铅沫、木杆、木屑、漆皮、印字、铅笔头等。

同样，再列举出铅笔的形容词特性：铅笔的性质、状态是什么？

铅笔的动词特性：铅笔的动作、行为、变化的词是什么？

把这些词和词素整理出来，最后就可以以这些词和词素为线索来列举铅笔的用途。比如，铅笔的形容词方圆的"圆"字，根据"圆"，联想铅笔可以有什么用途：用笔杆顶部拓出圆、蘸颜色印出圆，在馒头上印出红圆点、在眉宇间点红点，梅花图案等，做圆柱体模型、做滚动摩擦实验等，切割一段圆笔杆做小车的转轴等。这样一来，列举的铅笔的用途就不仅仅局限于写字。

▶ 第三节 组合法

一、组合法的定义

组合法是指把多项貌似不相关的事物通过联想加以连接，从而使之变成彼此不可分割的新的整体的一种创新技法。组合法是非常重要的一种创新方法，总的来说，组合是任意的，各种各样的事物、要素都可以进行组合。

一部分创造学研究者甚至认为，所谓创新就是人们把原本认为不能组合在一起的东西组合到一起。日本创造学家菊池诚博士说过："我认为搞发明有两条路，第一条是全新的发现，第二条是把已知其原理的事实进行组合。"

辅助 阅读

律蒲曼的铅笔头革命

律蒲曼是美国佛罗里达州的一位画家，他一度穷得除了画具和一支短短的铅笔之外一无所有。由于绘画时需要用橡皮擦，往往要花费很长的时间才能找到，待把画面擦好后又找不到铅笔了。如果把橡皮擦用丝线扎在铅笔的另一端上，不就解决了吗？实验之下，律蒲曼发现这种方法仅仅能够凑合使用，没多久，橡皮擦就又从笔端掉落下来了。

几经思考，他终于想出了一个好办法。他剪下一块薄铁皮片，把橡皮擦绕在笔端再包起来，这样一来果然管用了。"说不定这玩意还能赚钱呢！"律蒲曼有了申请专利的念头，于是就找亲戚借钱申办了专利手续。果不其然，当他将这项专利卖给 RABAR 铅笔公司时，他得到了 55 万美金。

二、组合法的特征

1. 创新性

运用组合法搞发明创造时，最富有创造性之处就在于组合要素的选择和新颖的组合方式的提出。为提高组合要素的性能而提高整体功能，是组合创新的基本目的。

不同的功能或目的可以进行组合；不同的组织或系统可以进行组合；不同的机构或结构可以进行组合；不同的物品可以进行组合；不同的材料可以进行组合；不同的技术或原理可以进行组合；不同的方法或步骤可以进行组合；不同的颜色、形状、声音或味道可以进行组合；不同的状态可以进行组合；不同领域、不同性能的东西也可以进行组合；两种事物可以进行组合，多种事物也可以进行组合；可以是简单地联合、结合或混合，也可以是综合或化合等。

辅助 阅读

鸡尾酒的制作

在一次盛大的宴会上，中国人、俄国人、法国人、德国人、意大利人都争相夸耀自己的酒，只有美国人笑而不语。中国人首先拿出古色古香、做工精细的茅台，打开瓶盖，香气四溢，众人为之称道。紧接着，俄国人拿出伏特加，法国人拿出大香槟，意大利人亮出了葡萄酒，德国人则取出了威士忌，宴会一时异彩纷呈。最后，大家都把目光投向了美国人，想看看他到底能拿出什么来。另见美国人不慌不忙地站起来，把大家先前拿出来的各种美酒分别倒了一点在一只酒杯里，将他们兑在一起，说："这叫鸡尾酒，它体现了我们美国人的精神——博采众长、综合创造……"的确，这酒既有茅台的醇，又有伏特加的烈；既有葡萄酒的酸甜，又有威士忌的后劲……

每个人都各有所长，但如果我们能博采众长，充分吸取别人的优点，集中大家的力量，认真倾听别人的意见，那么我们的人生何愁不丰盈圆满呢？

2. 广泛性

有人对 1900 年至 2000 年的 480 项重大创新成果进行分析，发现技术创新的性质和方式，自 20 世纪 50 年代开始发生了重大变化：原理突破型成果的比例明显下降，而组合型发明开始变成技术创新的主要方式。据统计，在现代技术中，组合型成果已占全部发明的 60％至 70％，甚至更多。

三、组合法的作用

（1）可以运用已有技术实现技术突破。

（2）有利于为新技术、新工艺、新材料的推广应用寻找途径。

（3）在开展群体创新活动中，获取群体创新成果，在实践人人都是创新者的过程中发挥独特作用。

四、常用的组合形式

1. 重组组合

重组组合即组合各组成部分的相互关系。重组作为手段，可以更有效地挖掘和发挥现有技术的潜力。如汉字重组："木"＋"对"→"树"。如积木、组合拆装模型等，都有利于儿童建立重组意识、培养重组能力。如早期的电话是由送话器和听筒两个部分分别安装组成，现在的电话座机则将送话器与听筒连为一体。

2. 功能组合

功能组合即将具有不同功能的产品组合到一起，使之形成一个技术性能更优或具有多功能的技术实体的方法。

例如，将收音机和录音机组合在一起制成的收录机，兼具二者功能，更方便实用；在马路上常见到的混凝土搅拌车，不但把搅拌和运输组织放在一起，而且是在运输路上进行搅拌，到达工地后即可立即使用拌好的混凝土。

3. 材料组合

有些应用场合要求材料具有多种特征，但实际上很难找到一种同时具备这些特征的材料。通过某些特殊工艺，可以将多种不同材料加以适当组合，从而制造出满足特殊需要的材料。

例如，建筑施工中需要一种抗拉、抗压、抗弯、易施工且价格便宜的材料，钢筋、水泥和沙石的组合就很好地满足了这种要求。

4. 异类组合

人们在从事某些活动时经常同时会有多种需求，如果将能够满足这些需求的功能组合在一起，形成一种新的商品，将会更方便人们使用。如沙发床的存在是为了满足人们白天需要用沙发，晚上睡觉需要用床的需求。沙发床的设计将这两种功能合二为一，节省了家具对室内空间的占用。

异类组合就是指来自不同领域的两种或两种以上的不同类的事物所进行的组合。在异类组合中，被组合的因子来自不同的方面，各因子彼此间一般没有明显的主、次之分，参与组合的因子可以从意义、原则、构造、成分、功能等任何一方面或多方面进行互相渗透，从而使组合后的整体发生变化。异类组合实际上是一种异类求同，而绝不是简单凑合。

世界上到处都有组合，生活中处处充满着组合。八宝粥、大烩菜、土豆烧牛肉、西红柿炒鸡蛋是组合，红花绿叶、蓝天白云、高山流水、大漠孤烟也是组合；领导与群众、教师与学生、俊男与靓女、丈夫与妻子是组合，家庭影院、人造卫星、航空母舰、信息化立体战争也是组合。铁人三项既不属于游泳类，也不属于自行车类，当然也不能属于跑步类。事物因差异而存在，世界因组合而精彩。因为事物的差异，我们得以了解和认识如此众多的物种品类；也因为事物的组合，我们才能领略和体验世界的丰富与变幻之美。

5. 同类组合

将同一种功能或结构在一种产品上进行重复组合，以满足人们更高的要求，这也是一种常用的创新方法。如多插孔的电源插座、双人自行车、有多个 CPU 的计算机等。

具体来说，同类组合就是指两个或两个以上相同或近乎相同的事物的简单组合。在同类组合中，参与组合的对象与组合前相比，其基本性能和基本结构一般没有什么根本性的变化。因而同类组合是在保持事物原有的功能或原有意义的前提下，通过数量的增加弥补功能上的不足或求取新的功能。

有一部分物理学家认为，运用火箭发射人造卫星，火箭的运行不可能达到第一宇宙速度，因此不可能运用火箭成功发射卫星。但这只能说明单级火箭不能发射卫星，并不能说明多级火箭不能发射卫星。一些科学家通过运用创造原理，大胆探索，采用多级火箭发送卫星。其原理是几枚火箭的同类组合，在第一枚火箭达到一定速度脱落后，第二枚火箭随即启动，在原有的速度基础上再加速，然后第三枚火箭再启动、再加速，终于使速度达到或超过第一宇宙速度，从而成功发射人造卫星。

五、常用的组合方法

1. 主体附加法

引入案例

某知名运动鞋品牌推出了一种附加隐藏式电池和串灯发光装置的运动鞋。行走时，鞋跟触地便变幻发光闪亮，能在夜间远距离引起过往车辆司机和行人的注意，适合青年学生特别是晚间慢跑者穿着。

类似的情况在我国也有。以生产皮鞋而闻名的某皮鞋厂与当地医院的专家们，共同研制出了嵌有磁片的保健型"磁疗"鞋，令消费者耳目一新。新发明的保健型"磁疗"鞋，在鞋底内侧针对脚底主要穴位开孔，并嵌上专用磁片，使其对准脚底的穴位点，经常穿着可抑制腿部退磁，有助于消炎、镇痛、降压和消除疲劳。

从上面的案例中可以看出，所谓主体附加，就是在某种产品上附加一种新的成分，使主体产品的功能或性能略有拓宽，能使消费者在购买主体产品的同时，获得锦上添花式的附加利益。即以某一特定的对象为主体，通过置换或插入其他技术，或增加新的附件而使发明或创造诞生的方法，就叫主体附加法，也被称为"内插式组合"。

在市场上，我们见到过的带温度计的奶瓶、带秤的菜篮、带橡皮头的铅笔等，都反映了主体附加法产生的发明创造成果。

运用主体附加法，不仅能搞出"小发明"，也可以获得技术上较为复杂的"大发明"。许多重要的优质合金材料，就是在"添加实验"中崭露头角的。在机械传动中，有人在普通滑动丝杆传动中添加滚珠，结果发明出了性能更优的滚珠丝杆。

运用主体附加法时，通常会采用两种变化方式。

一是不改变主体的任何结构，只是在主体上连接某种附加要素。例如，在一般卡车上附加简易起吊装置，在奶瓶上附加温度计，在铅笔上附加橡皮头等。

二是对主体的内部结构做适当的改变，使主体与附加物能协调运作，实现整体功能。例如，在彩色电视机上附加遥控器，就得对电视机内的电路稍加改动，否则遥控器就无法控制电视机。再如，为了减少照相机的体积，有人创造性地将闪光灯移至照相机腔体内。这种组合不是将闪光灯与照相机主体简单地连在一起，而是给两种功能赋予了一种新的结构形式。

在运用主体附加法时，首先要有目的、有选择地确定主体；然后分析主体在功能上的不足和尚需补充完善的地方；最后，根据实际需要确定附加物及组合的方案。

主体附加既能产生有用的辅助功能，也可能带来无用的多余功能。在洗衣机上附加定时器，增加的定时功能是有必要的；而在洗衣机上附加一个洗脸盆，对于绝大多数家庭来说则是多余的东西。因此，采用主体附加法进行新品策划时，一定要考虑有无必要进行功能附加。当然，有时为了提高商品的竞争实力，也可以通过附加某种并不十分必要的功能来形成产品与众不同的特色。

2. 二元坐标法（信息交合法）

概念：二元坐标法借用平面直角坐标系在两条数轴上标点（元素），按序轮番进行两两组合，然后选出有意义的组合物的创新方法。

实施步骤：列出联想元素→把联想元素绘制成二元坐标图→进行联想和判断→选出有意义的联想→可行性分析。

价值和应用：学习研究、掌握运用信息交合法，可以改变人的思维习惯，提高人的思维能力和扩展思维层次。掌握这种方法的人，能自觉地调整智能结构，拓宽视野，开拓智慧资源，更新思维方式，培养多系统、多方位、多功能、高效率的思维素质。这是最具系统性、实用性的创新方法。

3. 焦点法

焦点法是由美国的 C. H. 赫瓦德创造的方法，是组合技法的典型代表。焦点法是以一个预定事物为中心、为焦点，依次与罗列的各元素一一构成联想点，从而寻求新产品、新技术、新思想的推广应用和对某一问题的解决途径（如图 4 - 4 所示）。其特点是其可以与扩散思维、收敛思维、联想思维中的强制联想融会在一起。

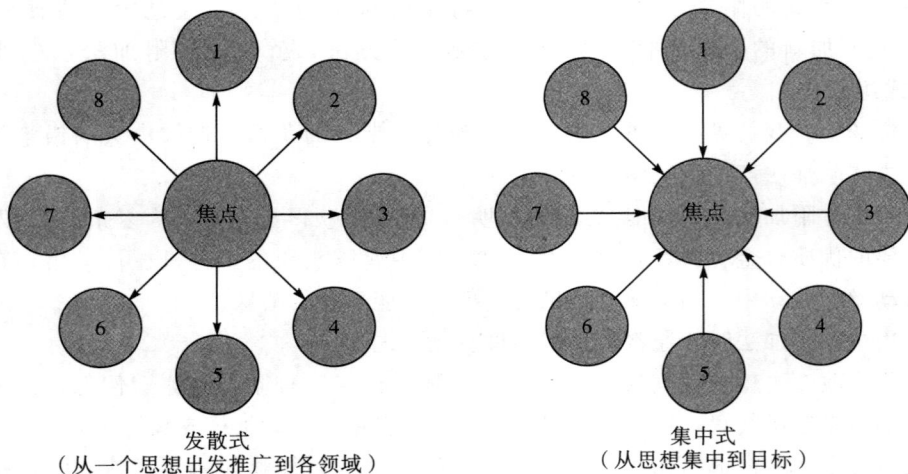

发散式
（从一个思想出发推广到各领域）

集中式
（从思想集中到目标）

图 4 - 4　焦点法示意图

如玻璃纤维和塑料结合，可以制成耐高温、高强度的玻璃钢。很多复合材料都是利用这种技法制成的。如以"廉价"为出发点，在日常生活中，我们可以看到"大众餐厅""便民超市""一次性打火机"等，都是以薄利多销为焦点的。

焦点法的操作程序：

（1）选择研究对象，并以此作为研究焦点；

（2）选择任一个物体为参考物；

（3）列出参考物的各种特征，再由这些特征出发，进行发散联想；

（4）把由这一事物引起的联想与焦点联系，进行组合联想，并列出设想方案；

（5）对设想方案进行评价、选优。

案例分析

"新式办公桌"的设计方案

以"新式办公桌"作为焦点、以"兔子"为参考物，应用焦点组合法，提出新式办公桌的设想方案。

1. 操作流程

（1）焦点：新式办公桌。

（2）参考物：兔子（参照物可起一个触发物的作用）。

（3）列出兔子的各种特征，再由这些特征出发进行发散联想。

A：爱吃胡萝卜和红萝卜——眼睛里的血丝（毛细血管）反射了外界光线，透明的眼睛就显出红色——红宝石似的眼睛（红红的眼睛）——是夜行动物，它的眼睛能聚很多光（聚光）——眼睛长在脸的两侧，因此视野宽阔。

B：喜欢蹦蹦跳跳（活泼、好动）——竖着的大耳朵（听到声音，耳朵就前后摇摆起来）——反应敏捷。

C：喜欢干净——前腿较短——后腿较长——适于跳跃、奔跑。

D：喜欢干净——嘴巴是三瓣嘴——领域性强，会在自己的地盘上做记号——有一定的连锁反应。

E：圆圆的、短短的尾巴——会发出声音——会咕咕叫。

（4）将列出的各种启发性特征与焦点——新式办公桌进行联系，并由此进行组合性联想，可以得到以下方案。

选A：红颜色的；带"眼睛"（带车灯的）的新式办公桌；带车轮；带"后备箱"的新式办公桌（可折叠的；材质轻巧＋折叠设计，是一个很好的储物柜）；配置也很丰富（可以带一些孔）。

选B：有立体感；高低错位的；层次分明的；具有视觉上一致性效果；营造空间层次感。

选C：具有轻巧的线条和曲线感，让空间在视觉上更有层次感，防尘又美观。

选D：使用了人机工程学原理，使用了一体化设计，可以最大限度地利用空间，利用了隔断兼容。

选E：圆形的办公桌；球形的办公桌；能移动的；便于清洁的；带隔音设备（可以隔音、隔热）。

（5）再次进行联想发散，并再次将结果与办公桌进行强制组合。

流线型——造型严谨的流线型，既给整个造型增添了不俗的气质，又给人一种稳重的感觉。

多功能——方便拆装的元素，帮助改变对空间的运用。

一体化——形成多种形式、多重变换的工作组，以其完善的功能，适合不同空间，满足现代办公的不同需求。

灵活性——可以灵活移动；可调的；高度、倾斜度可调的办公桌。

人性化——集和谐、均衡之美；简洁轻快，整体更加完美融洽。

多样性——组合的多样性成就灵活的思维。

合理层次化——合理规划，层次分明，空间化、层次化的办公桌。

2. 可行方案的分析

将列出的各种启发性特征与新式办公桌相联系，并由此进行组合性联想，可以得到以下方案。

方案A：流线型＋灵活的＋办公桌

外形漂亮、空间宽敞，配置也很丰富的新式的"汽车"办公桌。它可以变成一个移动的办公室，其外观将灵活性与舒适性更加完美地融合在一起。带有可折叠的"后备箱"的新式办公桌，可以放一些资料和文件，是个很好的储物柜。

方案B：高度、倾斜度可调＋一体化＋合理层次化的多功能的办公桌

金属钢脚设计，刚柔并济且不失可视性。时代智能办公空间的典型代表，大大提高了办公空间的灵活及实用性。将具体功能进行局部细分，做成局部可调高度、角度。具有视觉上的一致性效果，营造空间层次感。

方案C：流线型＋空间化＋多功能＋合理层次化＋人性化的办公桌

造型简洁、现代、大气的外观设计，与金属的直线装饰线条浑然一体，将人性化办公生活的概念导入产品的设计中。此外，在侧面、上方设置可旋转、隐藏的装置，

以增加功能、增加层次感。

　　方案 D：可自由组合＋一体化＋多样性＋人机组件的办公桌

　　形成多种形式、多重变换的工作组，以其完善的功能，适合不同空间，满足现代办公的不同需求。简洁轻快的和谐、均衡之美。

　　方案 E：人性化＋灵活性＋多功能＋节约空间的办公桌

　　将办公桌的外形改变，突破以往有棱角的常规，可以做成节约空间的圆球形状和箱子形，展开以后又能变成办公桌。

　　经过方案筛选，最终选择以多功能、可以自由组合、模块化、高度和倾斜度可调、一体化、人机组件、节约空间、层次感作为设计的要点，进行办公桌的造型设计。有诸如汽车型的办公桌、可调节高度和倾斜度的人机型办公桌、节约空间的圆球形和箱子形办公桌等许多种可能的创新发明目标。

　　4. 形态分析法

　　形态分析法是组合法中的一种经典方法，是一种利用系统观念来网罗组合设想的创造发明方法。简单来说，就是每一个事物（技术装置）都可以分解成若干子系统，直至分解成不能再分的要素，将这些要素重新排列组合，就会产生很多新的功能、方法或装置。

辅助 阅读

　　形态分析法是由美国加州理工学院的 F. 兹维基教授在 1924 年提出的一种解决问题和创造发明的方法。在第二次世界大战中，他参加了美国火箭研制小组。通过运用排列组合的原理，他在一周之内交出了 576 种不同的火箭设计方案，这些方案几乎包括了当时所有可能制出的火箭的设计方案。兹维基教授对美国火箭事业的发展做出了很大的贡献。后来，这种方法被广泛应用于设计领域，对设计创新方案的形成产生了积极的推进作用。

序号	组成要素——形态	1	2	3	4	状态个数
1	使发动机工作的媒介物	真空	大气	水	地内部	4
2	推进燃料的工作方式	静止	移动	推动	旋转	4
3	推进燃料的物理状态	气体	液体	固体		3
4	推进的动力装置的类型	没有	内藏	外装		3
5	点火的类型	自己点火	外部点火			2
6	做功的连续性	持续的	断续的			2
可能方案数 $4 \times 4 \times 3 \times 3 \times 2 \times 2 = 576$						

　　在形态分析法中有两个基本的概念，即"要素"和"形态"。要素是指构成某种事物特性的因素，如产品的特定用途、特定功能、特定结构等；形态在此特指为了实现某种特定功能而采取的技术手段，以及这种手段所表现的外在形式。

　　由于设计在多数情况下并不是全新的创造，而是对旧事物的重新组合，因而从现有产品中收集一定数量的品种，再通过分解从中提取关键要素，最后将获取的要素进行重新排列组合，便可以形成多种设计创意。

辅助阅读

设计太阳能热水器

有一种太阳能热水器是有玻璃盖的矩形箱子，把它放在屋顶上，让阳光照进玻璃，照在箱底上，由箱底反射、吸收或散热。抽水时，让水流流过箱子变热，然后流进室内的暖气片进行循环。

专家们的研究已经表明，最重要的一些变量是箱底的颜色、质地和箱子的深度。

那么我们该怎样设计太阳能热水器呢？我们列出了箱底颜色、质地和箱子深度三个因素，然后找出每个因素的可能方案，列出形态表。

太阳能热水器形态表

要素	可能		
箱底颜色	白色	银白色	黑色
箱底质地	有光泽	粗糙	
箱子深度	深	浅	

根据上面的形态表，我们可以得到多种设计方案，然后对这些方案进行试验，从中选出最优的方案。

用形态分析法进行新品策划，具有系统求解的特点。只要能把现有的科技成果提供的技术手段全部罗列，就可以把现存的可能方案"一网打尽"，这是形态分析方法的突出优点。但同时也为此法的应用带来了操作上的困难，其突出表现在如何在数目庞大的组合中筛选可行的新品方案。如果选择不当，就可能使组合过程的辛苦付诸东流。

因此，在运用形态分析的过程中，要注意把好技术要素分析和技术手段的确定这两关。比如在对洗衣机的技术要素进行分析时，应着重从其应具备的基本功能入手，对次要的辅助功能暂可忽视。在寻找实现功能要求的技术手段时，要按照先进、可行的原则进行考虑，不必将那些根本不可能采用的技术手段填入形态分析表中，以避免组合表过于庞大。当然，一旦形态分析法能结合电子计算机应用，从庞大的组合表中进行对最佳方案的探索也是可以办得到的。

实施步骤

1）选择和确定创造对象

形态分析法适用的对象十分广泛，可以是有形的机器设备或其内部的工作系统、部件，甚至剧本、乐曲等。

2）要素分析

需要确定创造对象的主要组成部分，即组成要素，也就是独立变量。独立变量的变化会直接影响对象的变化。

组成要素要尽可能全面，关键因素不应被遗漏。

组成要素在功能上或逻辑上应相互独立，即仅仅改变其中某一要素时，仍会产生一个具有可行性的独立方案。

数量不宜太多，也不宜太少，一般 3～7 个为宜。

3）确定形态

列出每一要素所包括的所有可能的形态（方法、技术手段或工具）。这需要分析者认真仔细地工作、具有丰富的行业经验，以及较强的发散思维能力。分析者要尽可能列出每一要素在自然界或各行业中所具有的形态，列出的形态越多、范围越广越好。

4）形态组合

按照创造对象的总体功能要求，对各要素的各种组成形态进行排列组合，获得所有可能的方案。每种方案的组成为 P1、P2、P3……PN，组合数目 N＝要素的形态数的乘积。

5）评价筛选、组合方案

以新颖性、价值性、可行性三者为标准，对照产生的方案，制定评价标准。通过分析比较，选出少数较好的设想，然后通过把方案进一步具体化，最终选出最优方案。

注意问题

第一，上述的步骤不是必须遵循的，确定要素的数量后可直接列出形态表，并进行组合选择。

第二，在选取要素时要准确，无关紧要的要素可以不予考虑。为了提高工作效率，分析时最好要有一个主要思想。

第三，对于复杂的技术课题，可以运用系统方法将其划分成几个层次，然后逐项展开、不断深入，最后再进行整体组合。

第四，当要素和形态数目过多时，形态分析法往往会形成大量的问题方案，使人在选择时无从下手，因而影响应用效果。

▶ 第四节　TRIZ（发明问题解决理论）

一、概述

TRIZ 英文全称是 theory of the solution of inventive problems，即发明问题解决理论。国内将其翻译为"萃智"，意为萃取智慧，简单理解就是从已经解决的发明问题和答案中"萃取"未知问题的解决方法和理论。1946 年，苏联工程师兼发明家阿奇舒勒和他的同事们通过分析归纳全世界 250 多万份高水平专利成果，总结出了这一理论。

相对于传统的创新方法，TRIZ 理论具有鲜明的特点和优势。它成功地揭示了创造发明的内在规律和原理，快速确认和解决了系统中存在的矛盾，而且它是在技术的发展进化规律及整个产品发展过程的基础上运行的。因此，运用 TRIZ 理论可大大加快发明创造的进程，提高产品的创新速度。具体来说，TRIZ 可以帮助我们对问题情境进行系统的分析，快速发现问题本质，准确定义创新性问题和矛盾；对创新性问题或者矛盾提供更合理的解决方案和更好的创意；打破思维定势，激发创新思维，从更广的视角看待问题；基于技术系统进化规律，准确确定探索方向，预测未来的发展趋势，开发新产品；打破知识领域界限，实现技术突破。

TRIZ 理论将其所面临的不同问题根据所要创新的级别加以分类，然后从 TRIZ 理论中找出适合的工具和模型系统化地解决问题（如图 4－5 所示）。用一整套方法来处理创新问题也是 TRIZ 理论的精髓所在。

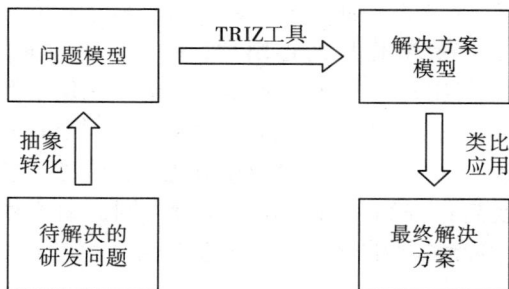

图 4－5　TRIZ 分析图

二、核心思想

现代 TRIZ 理论的核心思想主要体现在三个方面。

（1）无论是一个简单产品还是复杂的技术系统，其核心技术的发展都遵循着客观的规律发展演变，即具有客观的进化规律和模式。

（2）各种技术难题、冲突和矛盾的不断解决是推动这种进化过程的动力。

（3）技术系统发展的理想状态是用尽量少的资源实现尽量多的功能。

三、主要内容

TRIZ 理论包含许多系统、科学，而又富有可操作性的创造性思维方法和发明问题的分析方法。自创立以来，TRIZ 理论历经三个阶段、半个多世纪的发展，已经成为一套解决新产品开发实际问题的、成熟的九大经典理论体系。

（1）TRIZ 的技术系统八大进化法则。阿奇舒勒的技术系统进化论可以与自然科学中的达尔文生物进化论，以及斯宾塞的社会达尔文主义比肩，被称为"三大进化论"。TRIZ 的技术系统八大进化法则分别是：①技术系统的 S 曲线进化法则；②提高理想度法则；③子系统的不均衡进化法则；④动态性和可控性进化法则；⑤增加集成度再进行简化法则；⑥子系统协调性进化法则；⑦向微观级和场的应用进化法则；⑧减少人工进入的进化法则。

技术系统的这八大进化法则可以应用于产生市场需求、定性技术预测、产生新技术、专利布局和选择企业战略制定的时机等。这些法则可以用来解决难题、预测技术系统、产生并加强创造性问题的解决工具。

（2）最终理想解（ideal final result，IFR）。TRIZ 理论在解决问题之初，首先抛开各种客观限制条件，通过理想化来定义问题的最终理想解（IFR），以明确理想解所在的方向和位置，保证在问题解决过程中沿着此目标前进，并获得最终理想解，从而避免了传统创新涉及方法中缺乏目标的弊端，提升了创新设计的效率。如果将创造性解决问题的方法比作通向胜利的桥梁，那么最终理想解(IFR)就是这座桥梁的桥墩。

最终理想解(IFR)有四个特点：①保持了原系统的优点；②消除了原系统的不足；③没有使系统变得更复杂；④没有引入新的缺陷等。

(3)40个发明原理。分别是：①分割；②抽取；③局部质量；④非对称；⑤合并；⑥普遍性；⑦嵌套；⑧配重；⑨预先反作用；⑩预先作用；⑪预先应急措施；⑫等势原则；⑬逆向思维；⑭曲面化；⑮动态化；⑯不足或超额行动；⑰一维变多维；⑱机械振动；⑲周期性动作；⑳有效作用的连续性；㉑紧急行动；㉒变害为利；㉓反馈；㉔中介物；㉕自服务；㉖复制；㉗一次性用品；㉘机械系统的替代；㉙气体与液压结构；㉚柔性外壳和薄膜；㉛多孔材料；㉜改变颜色；㉝同质性；㉞抛弃与再生；㉟物理/化学状态变化；㊱相变；㊲热膨胀；㊳加速氧化；㊴惰性环境；㊵复合材料等。

(4)39个工程参数及阿奇舒勒矛盾矩阵。在对专利的研究中，阿奇舒勒发现仅有39项工程参数在彼此相对改善和恶化，而这些专利都是在不同的领域上解决这些工程参数的冲突与矛盾。这些矛盾不断地出现，又不断地被解决。由此，他总结出了解决冲突和矛盾的40个发明原理。之后，他将这些冲突与冲突解决原理组成了一个由39个改善参数与39个恶化参数构成的矩阵，矩阵的横轴表示希望得到改善的参数，纵轴表示某技术特性改善引起恶化的参数，横纵轴各参数交叉处的数字表示用来解决系统矛盾时所使用创新原理的编号。这就是著名的技术矛盾矩阵。阿奇舒勒矛盾矩阵为问题解决者提供了一个可以根据系统中产生矛盾的两个工程参数，可以从矩阵表中直接查找化解该矛盾的发明原理来解决问题。

(5)物理矛盾和四大分离原理。当一个技术系统的工程参数具有相反的需求时，就出现了物理矛盾。比如说，要求系统的某个参数既要出现又不存在，或既要高又要低，或既要大又要小等等。相对于技术矛盾，物理矛盾是一种更尖锐的矛盾，在创新中需要加以解决。物理矛盾所存在的子系统就是系统的关键子系统，系统或关键子系统应该具有为满足某个需求的参数特性，但另一个需求要求系统或关键子系统又不能具有这样的参数特性。分离原理是阿奇舒勒针对物理矛盾的解决而提出的，分离方法共有11种，可归纳概括为四大分离原理，分别是空间分离、时间分离、基于条件的分离和系统级别分离。

(6)物—场模型分析。阿奇舒勒认为，每一个技术系统都可由许多功能不同的子系统组成，因此每一个系统都有它的子系统，而每个子系统都可以再进一步地细分，直到细分为分子、原子、质子与电子等微观层次。无论大系统、子系统、还是微观层次，都具有功能，所有的功能都可分解为两种物质和一种场(即二元素组成)。在物质—场模型的定义中，物质是指某种物体或过程，既可以是整个系统，也可以是系统内的子系统或单个的物体，甚至可以是环境，这取决于实际情况。场是指完成某种功能所需的手法或手段，通常是一些能量形式，如磁场、重力场、电能、热能、化学能、机械能、声能、光能等等。物—场分析是TRIZ理论中的一种分析工具，用于建立与已存在的系统或新技术系统问题相联系的功能模型。

(7)发明问题的标准解法。标准解法是阿奇舒勒于1985年创立的，共有76个，分成5级，各级中解法的先后顺序也反映了技术系统必然的进化过程和进化方向。标准解法可以将标准问题在一两步中快速地解决，标准解法是阿奇舒勒后期进行TRIZ理论研究最重要的课题，同时也是 TRIZ 高级理论的精华。标准解法也是解决非标准问题的基础，非标准问题主要应用 ARIZ 来进行解决，而 ARIZ 的主要思路是将非标准问题通过各种方法进行变化，从而转化为标准问题，然后应用标准解法来获得解决方案。

（8）发明问题解决算法（ARIZ）。ARIZ 是发明问题解决过程中应遵循的理论方法和步骤，ARIZ 是基于技术系统进化法则的一套完整的问题解决的程序，是针对非标准问题提出的一套解决算法。ARIZ 的理论基础由以下 3 条原则构成：①ARIZ 是通过确定和解决引起问题的技术矛盾；②问题解决者一旦采用了 ARIZ 来解决问题，其惯性思维因素必须加以控制；③ARIZ 也不断地获得广泛的最新的知识基础的支持。ARIZ 最初由阿奇舒勒于 1977 年提出，随后经过多次完善才形成比较完善的理论体系，ARIZ 包括九大步骤：①分析问题；②分析问题模型；③陈述 IFR 和物理矛盾；④动用物—场资源；⑤应用知识库；⑥转化或替代问题；⑦分析解决物理矛盾的方法；⑧利用解法概念；⑨分析问题解决的过程等等。

（9）科学效应和现象知识库。科学原理，尤其是科学效应和现象的应用，对发明问题的解决具有超乎想象的、强有力的帮助。应用科学效应和现象应遵循 5 个步骤。解决发明问题时会经常遇到需要实现的 30 种功能，这些功能的实现经常要用到 100 个科学现象。

TRIZ 理论利用功能分析、因果链分析等工具，对技术问题进行在时间、空间、因果逻辑、功能联系等不同维度的关系的分析，找出关键问题；利用技术矛盾、物理矛盾、标准解等工具，对技术问题的解决方案进行全方位查找，找出所有可能的技术概念；利用科学效应库、专利库，寻找其他行业值得借鉴的技术，帮助企业将技术更好地落地，以更加务实的视角，构建企业的核心技术竞争力。

四、主要应用

TRIZ 让企业提高开发效率、增加专利数量、提高专利质量、缩短产品上市时间，从而提高企业的自主创新能力和市场竞争优势。

到现在为止，TRIZ 已经形成了一套较为完整的理论体系和工具，并且在学者们的不断研究中，开拓了 TRIZ 的应用领域。TRIZ 理论的应用已经在实践中取得了显著的成果。

在美国的福特和波音、德国的西门子等 500 多家知名企业中，对 TRIZ 理论的应用不仅帮助他们取得了明显的经济效益，而且极大地提高了企业的自主创新能力。

（1）通过学习和应用 TRIZ 理论，福特汽车公司的技术人员发现利用小热膨胀系数的材料制造轴承，可以更好地解决推力轴承在大负荷时出现偏移的问题。

（2）某通信有限公司应用 TRIZ 理论，在计算机辅助创新平台 Pro/Innovator 对机顶盒天线连接问题和电磁兼容问题进行了创新性的解决，不仅缩短了新产品的研发周期，还节省了大量的研发经费。

在国内，无线集团、美的电器、格力电器、TCL 等四十余家试点企业，通过对 TRIZ 理论的推广，促进了本土企业创新团队的培育。据不完全统计，通过企业试点工作，试点企业应用创新方法解决了实际技术难题，为企业创造了直接或间接经济效益，取得了有一定影响力的经济和社会效益，同时也涌现了一批有示范作用的优秀企业。

以上实践证明，企业应用 TRIZ 理论进行技术创新，能够提高 60%～70% 的新产品开发效率，增加 80%～100% 的专利数量并提高专利质量，缩短 50% 的产品上市时间，从而达到提高企业自主创新能力和取得市场竞争优势的目的。

五、解决问题的流程

TRIZ 作为一套方法体系，为企业提供了统一的解决问题的步骤和思路，即将特殊的问题转化为 TRIZ 的标准问题模型，然后运用相应的工具去求解，得到解决方案模型，在此基础上形成问题的具体方案。对于问题模型的构建，同样的问题可以被描述成不同的问题模型。一个复杂的问题，可以尝试各种问题模型和工具。

1. 问题分析

对于解决一个工程技术问题，分析问题往往非常关键。通过层层分析，可以透过问题现象找到问题产生的根本原因，也就是解决问题的着手点。在运用 TRIZ 来解决问题时：

(1)要对问题进行描述与定义，说明问题所在系统的组成、工作原理、问题发生的条件。

(2)建立功能模型，分析工程系统和超系统组件的功能、组件间的作用关系，分析哪些作用是有害的、不足的，找出造成系统问题的关键因素。

(3)根据前两步分析造成系统的关键因素，选择进行组件价值分析、因果分析或资源分析。组件价值分析，根据理想度公式计算出系统中各个组件的功能价值，对于理想度低的组件，采用裁剪的方法对其进行系统有用功能的重新分配，同时将问题转化为关键问题。因果分析，可以通过对问题的层层深入，找到问题产生的根本原因，寻找解决问题的着手点。资源指的是问题所处环境中存在的物体、信息、能源或材料的属性。资源分析，帮助我们找出解决问题所缺乏的资源，可以将其转化为待解决的问题点。资源分析还可以帮助我们找出系统内外各种可用的资源，在后续解决问题的过程中，往往可以起到至关重要的作用。

案例分析

金鱼法的应用

埃及神话故事中会飞的魔毯曾经引起我们无数遐想，现在我们一步步分析一下这个会飞的魔毯。

现实生活中虽然有毯子，但毯子都不会飞的，原因是地球引力——毯子具有重量，而毯子比空气重。那么在什么条件下毯子可以飞翔？我们可以施加向上的力，或者让毯子的重量小于空气的重量，或者希望来自地球的重力不存在。如果我们分析一下毯子及其周围的环境，会发现有这样一些可以利用的资源，如空气中的中微子流、空气流、地球磁场、地球重力场、阳光等，而毯子本身也包括纤维材料、形状、质量等。那么利用这些资源，就可以找到一些让毯子飞起来的办法，比如毯子的纤维与中微子相互作用可使毯子飞翔，在毯子上安装提供反向作用力的发动机，毯子在没有来自地球重力的宇宙空间，毯子由于下面的压力增加而悬在空中(气垫毯)，利用磁悬浮原理，或者毯子比空气轻。这些办法有的比较现实，有的仍然看似不可能。比如毯子即使很轻，也比空气重，对这一点我们还可以继续分析。比如毯子之所以重是因为其材料比空气重，解决的办法就是采用比空气轻的材料制作毯子，或者毯子像空中的尘埃微粒一样大小等等。

通过上面一个简单的分析过程，我们会发现，神话传说中会飞的毯子逐渐走向现实，或许从中我们可以得到很多有趣甚至十分有用的创意。这个简单的应用展示了金鱼法的创造性问题分析原理：即它首先从幻想式构想中分离现实部分，对于不现实的部分，通过引入其他资源，一些想法由不现实变为现实，然后继续对不现实部分进行分析，直到全部变为现实。因此，通过这种反复迭代的办法，常常会给看似不可能的问题带来一种现实的解决方案。

2. 问题解决

TRIZ 解决问题的模式是将初始问题转化为标准问题模型，再通过对标准问题运用TRIZ 工具得到解决方案模型，然后将其转化为工程方案。

TRIZ 提供了四种问题模型以及相应工具和方案模型。

（1）技术矛盾，将待解决的具体问题转化为用 39 个通用工程参数描述的技术矛盾，通过查找矛盾矩阵，找到针对问题的创新原理，即解决方案模型。

（2）物理矛盾，将待解决的问题准确地描述和定义为物理矛盾，解决物理矛盾的核心思想是实现矛盾双方的分离，运用分离原理作为工具来解决物理矛盾，得到解决方案模型。

（3）功能模型，通过分析待解决问题系统中的组件及组件间的相互作用关系，建立功能模型，运用知识效应库，产生解决方案模型。

（4）物场模型，将待解决的具体问题转化为利用物质和场来描述的标准物场模型，分析物场模型中不足、过度、有害的作用，查找对应的 76 种标准解法，得到解决方案模型。

3. 方案验证

运用 TRIZ 对问题进行分析、求解，得到的通常是解决方案模型。此外，工程技术人员还需要运用自身的专业知识、工程经验等将解决方案模型转化为实际的工程方案，并进行评估、验证，形成最终的解决方案。

TRIZ 理论并不针对某个特定的创新问题，而是一套解决问题的方法理论。TRIZ 并不直接解决问题，而是通过将一般问题转化为标准问题，建立问题的模型，再运用相对应的工具进行求解。TRIZ 的原理和工具不局限于任何特定的应用领域，而是对所有创新问题的解决都有指导作用，并且可以和其他方法如六西格玛设计、QFD 集成应用相互补充，共同促进技术创新、企业发展和社会进步。

随着 TRIZ 进入中国以及科技部对其的重视，国内已有一批高校和企业开展了TRIZ 的研究和培训工作。尤其是在创新方法试点省项目实施以后，更是给 TRIZ 在中国提供了新的发展机遇，TRIZ 在部分省市得到了普及，很多企业引入 TRIZ，将 TRIZ 应用到解决企业实际问题中去，带来了显著的社会经济效益。

思考与训练

根据给定的条件和要求，运用形态分析法，完成某厂饮料包装容器的创造方案。

(1)创造对象：饮料包装容器。

(2)要求：携带方便、外观透明、成本低廉。

(3)组成要素：材料、容量、形状、开启方式。

形态分析表

序号	组成要素/状态	1	2	3	4	5
1	材料	纸	金属	玻璃	塑料	
2	容量	125 ml	250 ml	500 ml	1000 ml	2000 ml
3	形状	方形	圆柱	球形	圆锥形	
4	开启方式	拉环式	插管式	按压式	旋盖式	

第五章

提升创新能力

从创新思维训练到提升创新能力，并把创新想法付诸实施，对目标对象越了解，就越有可能提出有效的创新思路，因此我们要在确定创新想法之前做很多准备，如观察、研究、学习等。一个需要解决的难题，能激发我们从不同角度进行思考，从而创造更多的可能性，发挥创新思维，运用创新能力解决问题。本章知识要点如图 5 - 1 所示。

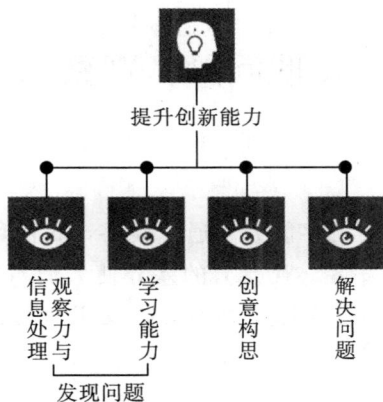

图 5 - 1　第五章知识要点

学习目标

1. 了解如何发现问题，掌握提高观察力、信息处理能力和学习能力的方式方法。

2. 了解创意的多种表现形式，掌握创意产生的过程和步骤，提升创新能力。

3. 掌握解决问题的步骤和方法，提高对问题的分析处理能力，并能在实践中加以运用。

引入案例

广告大师奥格威谈广告创意

大卫·奥格威是现代广告业的传奇人物，他创立了奥美广告公司，并形成了新的广告文化。广告业是"创意行业"的代表之一，奥格威在《奥格威谈广告》一书中写道：

做你该做的功课，不从做好该做的功课开始，你就没有一丁点儿机会做出成功的广告。我知道这么说极其令人生厌，但做功课无可替代。

首先，你要研究广告所服务的产品。对产品的了解越多，你就越可能提出一个有销售力的大创意。在得到劳斯莱斯的广告业务时，我花了 3 个星期阅读关于这辆车的资料，偶然发现了"时速 60 英里时，最大的噪声来自电动机械钟"这句表述，后来它就成了广告的标题，后面跟着包含 607 个单词、全部陈述事实的文案。

后来，接到梅赛德斯的广告业务时，我派了一个小组去斯图加特的奔驰总部戴姆勒。小组成员们花了 3 个星期对工程师们进行录音访谈，梅赛德斯在美国的销量从一年 1 万辆提升到 4 万辆的事实型长文案广告由此产生。

分析：奥格威把成熟的"创意"结论产生前的准备工作称为"做功课"，包括观察、阅读、调查、学习和分析等，这些细致的"功课"是创意产生的关键因素。

在末尾，奥格威这样写道："写出这个史上最著名的汽车广告之前，我做了功课。它只在两份报纸和两份杂志上刊登，一共花了 25000 美元。第二年，福特做了一个花费数百万美元的广告活动，宣称他们的汽车比劳斯莱斯还安静。"

▶ 第一节 发现问题：观察力与信息处理

一、培养观察力

观察力是指大脑对事物的观察能力，通过观察，我们可以对事物的颜色、形状产生意识，认识事件的产生和发展。观察力的差异使人们对同一事物产生不同的认识，进而产生不同的认知反应。具备良好的观察力是发明和创造的前提，那么提高观察力的要领和关键有哪些呢？

（一）确定明确的观察目标

在看到要观察的事物和进行观察动作前，观察者需要确定明确的观察目标，带着目去进行观察——看点是什么，重点找什么，最后得到什么结论。清晰的观察方向能够对整个观察过程起到指引作用，是产生有效观察的前提。

引入案例

齐白石老先生的虾图

《齐白石虾图》是齐白石老先生晚年的得意之笔。作为国画大师，齐白石老先生画的虾生动传神，将 16 只虾的形态表现得淋漓尽致、栩栩如生。齐白石老先生以淡墨着色，使虾体有晶莹剔透的质感，浓墨点睛，细笔勾须，生动传神，体现了齐老先生深厚的国画功底。齐老先生在虾图上取得的成就，是经过了几十年细致的观察和苦练。他在年少时便开始对虾产生浓厚的绘画兴趣，经过几十年的勤学苦练，画的虾栩栩如生。但是他在绘画中发现，自己画出的虾虽然看上去很好，但是还不够逼真、透明度不足，与真实的虾存在一定的差距。后来，齐老先生的院子里便出现了几只长臂虾，它们被放在画案上抬头便可看见。齐老先生仔细观察它们在水里的生活习性、动作姿态，并用笔杆触动它们，捕捉长臂虾跳跃和翻滚的姿态、弓腰和直腰的动作，观察虾须在水中的漂浮状态，把经过观察和思考的虾的形象通过画笔呈现在纸上，使画出来的虾更加灵动和传神，最终成为画坛一绝。

分析：齐白石老先生通过细致地观察虾的姿态和动作，画出了传神的虾图。明确观察目标，细心地观察，掌握事物的发展规律和变化轨迹，捕捉外界传递的各种信息，是发现问题的前提。

(二)制订有效的观察计划

明确观察对象，把注意力放到主要的观察对象上。同时，需要制定合理高效的观察计划，确定观察的时间、地点和观察顺序，并对观察对象进行有效的分析，根据前期拟定的观察目标，按部就班、有步骤有条理地进行观察，这是提高观察力的重要一步。随着观察的展开，观察的计划也可以在获取了一定信息后逐步调整，从而使观察计划的实施更加有效。想要解决问题，还应对周围意外发生的状况加以关注。

(三)运用合理的观察方法

根据观察对象的不同性质，需要选取不同的观察方法。常见的观察方法有全面观察、重点观察、直接观察、侧面观察、比较观察、解剖观察、顺序观察、实验观察、自然观察、时间推移观察等。在观察同一事物时，我们通常会同时应用几种观察方法，例如在植物学课程中，观察自然界各类植物的生长规律就需要用到自然观察、直接观察和时间推移观察等方法。

创新是企业家精神的体现，是创业者必备的条件之一。观察是创新的第一步，需要站在他人的角度思考问题，事无巨细地观察既是提出问题的开始，也是企业策划的前期调研部分，对解决问题有着极其重要的作用。

辅助阅读

科学家们的观察方法

玻尔是丹麦的物理学家，曾获丹麦皇家科学文学院金质奖章，是诺贝尔物理学奖的获得者。早在哥本哈根读大学时，玻尔就以实验观察的细心和思维的缜密而崭露头角。1906年，他通过细心的实验和严密的观察、推理，精确地利用振动射流测定了水的表面张力，从而获得丹麦皇家科学院颁发的金质奖章。细致的观察是玻尔成功的基础。1912年，他拜师物理学大师卢瑟福，经过不断地钻研和分析，玻尔提出了原子结构理论，对量子力学的形成起到了巨大的推动作用。20世纪20年代，玻尔成为物理研究所的领军人物，物理研究所聚集了一支强大的科学研究队伍，形成了世界上力量最雄厚的理论物理学派——哥本哈根学派。对量子力学的创立和发展做出了杰出贡献。

细致的观察、合理的观察方法，在创新创造中具有积极的作用。

思考与训练

测试自己的观察力

1. 静止物观察训练法

选一种静止物，比如一幢楼房、一池水塘或一棵树，对它进行观察。按照观察步骤，对观察物的形、色、味进行说明或描述。这种观察可以进行多次，直到自己能抓住其特征为止。

2. 运动物观察训练法

以运动的机器、变化的云或物理、化学实验为观察对象，按照观察步骤进行观察。这种观察特别强调知识的准备，要能说明运动变化着的形、声、色、味的特点及其变化原因。

3. 生活观察训练法

抓住生活中的一件事，比如班里有位同学身体不适，马上注意全班同学的各种反应。经常有意识地培养自己的观察能力，久而久之，自己各方面素质都将会得到有效的提高。

4. 画图训练法

选一个目标，如电话、收音机、简单机械等，仔细看几分钟，然后等大约一个钟头，不看原物画一张图。把你的图与原物进行比较，注意画错了的地方，最后再画一张图，把画错的地方订正过来。

5. 复图训练法

随便在书里或杂志里找一幅图，看几分钟，尽可能地多观察一些细节然后凭记忆把它们画出来。如果有人帮助，你可以不必画图，只要回答朋友提出的有关图片细节的问题就可以了。问题可能会是这样的：有多少人？他们是什么样子？穿什么衣服？衣服是什么颜色？有多少房子、多少窗户？图片里有钟吗？钟上几点了？等等。

6. 房间训练法

把练习空间扩展到一间房子。开始是你熟悉的房间，然后是你只看过几次的房间，最后是你只看过一次的房间。不过每次都要描述细节，不要只满足于知道在西北角有一个书架，还要回忆一下有多少层，每层估计有多少书，以及是哪种书，等等。

7. 地图训练法

画一张中国地图，标出以下地方：你所在省的省界、省会城市，以及北京、上海、深圳、香港等。标完之后与地图进行比较，注意有哪些地方搞错了。地图在眼前时不要订正，先把错处及如何订正都记在脑子里，然后丢开地图再画一张。错误越多，就越需要重复做这个练习。在你有把握画出整个中国地图之后，可以画整个亚洲，然后画非洲、欧洲，以及其他的洲的地图。要画得多么详细，由你自己决定。

8. 计数训练法

训练你估计距离和数量的能力。散步时，估计一下到达远方某一房屋、树木、游乐园或其他东西有多少步远。然后数一下你走了多少步，自己核对一下。如果你估得不对，多练习几次。望着一所大房子，估计一下窗户的数目；看一下商店的橱窗，估计一下陈列商品的数目，然后自己进行核对。

9. 听声训练法

辨别各种声音。当坐在家里或办公室里时，你可以听到数不清的、各种各样的声音，有的是家里的，有的是邻居家的，还有街上的、河里的声音。大多数噪音你是熟悉的，但要把一种声音和另外一种声音区别开来并不是件容易的事。如果你从来没有做过这类练习的话，请先辨别一下这些声音。

10. 辨人声训练法

要区别家里人或朋友的声音当然没有问题，但对那些只听过几次甚至一次的声音，辨别起来可能就有些困难了。你可能注意到，电话里的声音变了，其变化程度因人而异。要注意音调的高低和变化，注意说话时的模式和速度，下次再听到时，设法把它们辨别出来。

11. 听声识人训练法

另一个好的训练方法是听收音机。随便选一个台，听收音机里的声音。如果觉得声音很熟悉，想办法辨别讲话的人，随后再核对一下是对是错。如果你记得说话的人的面孔，但想不起名字，可以查节目预告或等到节目结束时再注意听。一般说来，节目结束时会重提一下他们的名字。这些练习要反复做，直到你比较熟练为止。

12. 号码训练法

在有条件时，可以经常做一做如下的练习：在看到一辆汽车时，用两秒钟的时间看完它的车牌号，然后马上闭上眼睛回忆这个号码。开始时可能不习惯或回忆不起来，但经过一段时间的训练，你的观察能力就会越来越敏捷，六七位的数字只要扫一眼，马上就能回忆出来。

13. 外貌训练法

回忆自己比较熟悉的一个人的相貌，回答下列问题。

(1)他的脸型与肤色；

(2)他头发的颜色和发型；

(3)他鼻子的形状；

(4)他眼睛的特点；

(5)他眉毛的形状及浓淡；

(6)他牙齿的情况；

(7)他下巴的形状；

(8)他耳朵的特征。

要求：回答完问题后，下次见到他时再仔细观察，就会发现自己尽管很熟悉他，但对他观察得还是不够。

尝试应用上述的一种或几种方法测试自己的观察力吧！

二、信息处理能力

全方位的、丰富的信息是产生好的想法的基础，信息不断在人们周围产生和被利用，作为一种传播媒介，又成为一种极具价值的商品。人们对信息收集利用的准确性和时间性等成为其社会价值的主要体现。创新需要找到良好的信息收集途径，对有效信息进行剥离整合，从而提高信息处理能力。从发现信息入手，掌握常见的信息收集方法和途径。同时，大数据时代也为信息收集提供了更便利的条件，使信息的分析和挖掘更具有及时性、准确性和多面性。

（一）从纸质媒介中收集信息

纸质媒介主要包括书籍、报纸、杂志等。从纸质媒介中收集信息需要一定的信息检索能力，书籍中的信息较为完整和系统，通过对书籍的阅读，可以增加信息的深度和广度，从中筛选有效信息。但因为出版年份不同，书籍中的信息与现实存在一定的差异，需要读者对信息进行整合，找重点、取精华。除了经典书目外，观点类书籍可以从较近的年份开始搜索，获得新观点并了解发展趋势，锁定行业专家的专著或日期较近的调研报告类、论文类书籍，这类书籍提供的数据更系统、更准确。相比书籍，报刊中的信息具有一定的时效性，里面大量的新闻时事和创业故事有助于读者掌握社会和经济的发展方向，政府的扶持政策和社会的舆论走向等。

（二）从广播电视和网络媒体中收集信息

互联网和手机媒介已成为人们在生活中获取信息的主要途径。人们在家中通过电视和手机等就可以了解国内外的新闻故事，通过互联网可以方便快捷地查询自己需要的信息，搜索来自不同领域、不同跨度的信息。电视通过声和光传播，因而使信息缺乏一定的保存渠道，不能像纸质媒介一样长期保存，需要随时进行记录。由于网络媒体上信息较多，所以需要对信息的准确度进行甄别，从而快速地找到所需要的信息和知识，这就要求读者具有较高的信息素养，能检索到深层有效的信息。公众号与订阅号是机构推出新信息的主要媒体，几乎各类组织、企业等都有各自的官方订阅号，定期推送各种信息，如发展趋势、实事动态、重大事件、相关规则、活动推广等。在权威的订阅号中，读者可以确切掌握某个行业及专业的发展趋势。通过期刊网站阅读关于目标项目的文章，或者对立方的文章，是快速掌握专业知识和前沿资讯的有效途径，这些都有利于读者得到解决问题的好方法。

（三）从调查研究中收集信息

调查研究是社会科学研究中经常使用的一种研究方式。调查是指通过各种途径，运用各种方式方法，有计划、有目的地了解事物的真实情况，是一种常见的信息收集途径，具有信息准确、针对性强等特点。调查研究要多围绕探索的项目，贴近实际，撰写有价值的调研报告，提出更有针对性、实用性、时效性的创意提案。

在我们的生活、学习和工作中，每天都会产生和积累大量的信息资源，这些信息资源需要我们留心辨别和采集，从而筛选出我们所需的信息。常见的调查方法包括问卷调查法、文献调查法、实地观察法、集体访谈法等。

案例分析

建筑师创造的奇迹

一位著名的建筑师设计建造了一组现代化的办公大楼。这三幢大楼建设在一大片空地上遥遥相望，十分漂亮，建筑师过人的艺术素养得到了淋漓尽致的体现。在大楼初现轮廓的时候，看到的人们已经赞叹不已了。等大楼快要竣工时，工人们问三栋大楼之间的人行道如何铺设，建筑师回答道："在大楼之间的空地上全种上草。"虽然工人们很纳闷，但没有人提出异议。一个星期之后，工人们在这片空地全部种上了草。

一个夏天过后，三栋大楼之间和通往外面的草地上，已经被来来往往的行人踩出了若干条小路。有些小路因为走的人多，就宽一些，有的小路因为走的人少，就窄一些。它们蜿蜒伸展，错落有致。到了秋天，建筑师带着工人们来了，他让工人沿着人们踩出的路痕铺就了大楼之间和通向外面的人行道，然后在道路两旁种上了树木和花草。每一个走在这些道路上的人对此都惊叹不已，直呼建筑师创造了奇迹。

分析： 建筑师真的创造了奇迹吗？显然是的。那么这种奇迹是从哪里来的呢？来源于思考和信息反馈。实际上，在小路的设计阶段，建筑师通过种植草坪，以草地为载体做了一个居民通行需求的社会调研，通过调研结果修建了最有利于通行的小路。

(四)从海量信息中解脱，整合碎片信息

如今，可以说我们是被信息淹没了，微博、微信、App 平台、公众号和订阅号等各种形式的信息推送，还有手机里大大小小的群信息……我们每天需要处理的信息太多了，手机里的信息好像每时每刻都在闪烁更新。看不过来怎么办？错过有价值的信息怎么办？一方面，平时重点关注一些公众号和人物，把不需要的删掉；随时接收碎片信息，重视碎片信息的组成，逐步积累，把有用的知识及时进行记录、分类和整理，做成属于自己的知识系统文件。另一方面，培养自己长时间阅读信息的能力，延长集中注意力的时间。

辅助阅读

掌握信息整理和传递的有效方法

用图片传递信息比文字更快更易懂，在如今的"读图"时代，有些方法可以整合信息知识，比如思维导图、信息数据可视化等。尤其是将种类多、获取形式多的知识混合在一起，化繁为简，帮助我们理清思路，促进全方位思考。

将有效信息进行归纳和整理，按照需求整理成思维导图。思维导图是目前应用在很多领域的信息整理方法，被广泛应用在工作生活的各个领域。通过思维导图，可以展示事件的主从关系、事物细节等，不仅能帮助梳理信息脉络，还能加深记忆，很多人运用它提高工作效率和加强自我管理等。从激发创新的角度来看，用思维导图记录信息能建立"立体"的思维结构，从点出发，既可以横向也可以纵向。放射性思考有助于联想不同的方向，每一个联想后的结论点又可以成为创新思维发展的基础点。这种可视化思考促进知识创造，不仅提升了创新思考能力和解决问题的能力，还很适合处理复杂且信息量大的工作内容，而绘制思维导图的过程本身就是一个思考与分析的过程。

在物联网的背景下，大数据的自我量化是一个趋势。信息数据可视化的功能是解释数据。在生活中，数据可视化的典型例子是城市地铁线路图，它用不同颜色区别线路，用彩色线条间的层叠和象征性的拐弯标示轨道的路线形状，使人们一目了然，而不是在实际地图上精确地标出，因为那样人们将无法迅速地阅读理解。尤其是数据信息，为了达到更快更好地传播的目的，已经不限于信息图表、柱状图、饼图，以及曲线图了，一张优秀的信息数据可视化的图表能准确表现正确数据之间的关系，并通过适合的形式展示出来。

数据可视化图表制作步骤：

(1)分析原始数据，提取数据元素，分析数据关系，定位可视化因素。

(2)确定运用工具及图标类型，根据需求合理选择可视化手段。例如，智慧医疗可以通过可视化大屏，充分应用物联网技术打造健康档案。

(3)导入数据，形成可视化模板。

(4)检验效果。

▶ 第二节　发现问题：学习能力

所谓学习能力，通俗地讲就是指获取知识、增长才干的本事，即能够通过简单便捷的方式对知识和信息进行有效的分解并学以致用。学习能力是所有能力的基础。在创新领域，能够有良好的学习能力是非常重要的。在日常生活中，每个人都会遇到困难与挑战，会不可避免地去学习一些自己不擅长或从未接触过的新领域。

一、如何提高学习能力

首先，要培养学习意识。学习意识是学习的前提，人们对知识和信息的需求不断提高，不断地学习新知识、积累能力。学习意识的前提是化被动学习为主动求知探索，在发现问题中解决问题，有利于对创造精神和创新能力的培养。学海无涯，我们要本着持续学习、终身学习的态度进行学习，才能不断进步，从积累"点"到构成"体系"。

其次，要掌握有效的学习方法。优秀的学习方法能提高学习效率。常见的学习方法包括目标学习法、问题学习法、矛盾学习法、联系学习法、归纳学习法等。学习者有时也可以在学习过程中总结适合自己的学习方法。通过持续学习，可以提高思考力、理解力，学习就会变成熟悉的事情，"熟练"可以促进学习习惯的养成和潜在能力的提高。

最后，要注重知识的积累和更新。基于记忆曲线的影响，我们对知识的积累会产生一定的遗忘，因此需要不断地温故知新，无论是对专业知识还是其他知识。随着知识产业化的不断发展，需要我们不断地对已掌握的知识进行更新，不拘泥于已经学习的内容，不断地学习新知识、汲取新的养分，培养良好的学习精神和创新能力。比如，在互联网大潮中，创造了很多财富神话，要使营销模式快速革新就要关注现代营销的新内容。

二、学习的有效途径

(一)多读书，增加阅读量

广博的知识是创意的基础，庞大的阅读量能增加知识储备、拓宽视野、提高思维品质和创新能力。书店是一个大"图书馆"，有包罗万象的知识财富，在校大学生要经常去书店看看那些在图书馆查不到的新书，才能让自己跟上专业发展的步伐。利用好书店这个资源，加强自己的学习能力和信息收集整合能力。新知识、新书籍总是层出不穷的，怎样选择合适自己的书？既可以根据自己喜欢、感兴趣的书向外拓展，以专业书籍为原点，按照兴趣逐步延伸，也可以上网找到专家推荐的权威书单，有选择地阅读，阅读容易激发新想法。

（二）多听讲座，提升认知水平

多听线上或线下的知识讲座，如果留意，就会发现有很多青年创业指导、大学生就业心理及改善学习效率方面的免费讲座，以及各领域的专业知识讲座。深入甄别、聚焦著名学者的课堂，可以在专业方面逐渐成长。讲座涉及面广，包括行业名人、企业发展、成长故事等，可以根据自身的需要持续寻找各类优质讲座。

（三）多参加培训，增强业务能力

参加系统的长、短期培训也是有效途径之一。通过系统的培训可以获取丰富的知识和经验，这些都是想象的基石，并且会伴随着我们搜集的资料，长出"花朵"。培训的形式多种多样，有游学类、工坊类、参与类等，可以通过传授知识和动手实践等方式提升能力。大学毕业不等于具备了社会所需的专业技能，只有将理论转化为实践，才能在人才济济的竞争中脱颖而出。进行专业的技能培训是加快成长和提升核心竞争力的关键。

辅助阅读

几种提高学习能力的方法

1. 学习金字塔

学习金字塔是美国缅因州国家训练实验室研究成果，最早是由美国学者、著名的学习专家埃德加·戴尔于1946年提出的，它用数字形象地呈现了采用不同的学习方式，学习者在两周后还能记住的内容有多少。

第一种，通过听讲"方式"，两周以后学习的内容只能留下5%。

第二种，通过"阅读"方式，学习内容可以保留10%。

第三种，通过"声音、图片"等媒介学习，学习内容可以保留20%。

第四种，通过"演示"学习，学习内容可以保留30%。

第五种，通过"群组讨论"，学习内容可以保留50%。

第六种，通过"实际演练"，学习内容可以保留75%。

第七种，通过"教授他人"，学习内容可以保留90%。

通过学习金字塔可以看出，被动学习或自己学习所达到的学习效果远不如团队学习和实践学习，因此在学习新技能、新知识时，如果能够有互动、有探索、有联想，可以使学习达到事半功倍的效果。

2. 费曼技巧

费曼技巧，简而言之即用对方听得懂的语言将自己理解的概念告诉对方。通过教与学，检验自己知识掌握的完整程度，通过第一视角描述和理解知识，记忆明显会更深刻。

3. 刻意学习法

刻意学习是一种锻炼学习能力和学习意识的方法，来源于安德斯·艾利克森的《刻意练习》一书。人的大脑中有"学习区""舒适区""恐慌区"；一直在"舒适区"学习会产生自负心理，没有挑战难度，陷入成长瓶颈；一直在"恐慌区"学习会超越自己所能承受的学习极限，产生消极的挫败感，甚至会导致产生放弃学习的想法；我们只有在"学习区"学习，不断重复练习，掌握学习方法，才能找到适合自己的学习方式。

4. RIA 阅读法

赵周在《这样读书就够了》中提出了 RIA 便签阅读法，主张将知识进行逐层分解。其中，介绍了三个 RIA 环节，可以提高学习效率。

R 即 Read，阅读原文，并进行拆解。

I 即 Interpretation，引导促进，用自己的话重述知识，构建知识体系。

A 即 Appropriation，学习者拆为已用，理论联系实际，制订具体的可实施计划。

5. 二八定律

二八定律是 19 世纪末 20 世纪初意大利经济学家帕累托提出的，在一种东西中，最重要的只占约 20%，是很小的一部分，剩余的 80% 是次要的。将二八定律应用在学习领域，可以理解为在学习过程中其需要先找到重要的 20%，将这 20% 融会贯通，用以解决 80% 的问题，有利于提高学习效率。

中国笔头的诞生——由"和面"产生的技术联想

《中国制造——笔头的创新之路》节目中提到，中国是公认的圆珠笔制造大国，但中国笔头的高精尖技术却只能依赖于进口。宁波贝发集团品质部经理徐君道说："我进入制笔行业以来，笔头不锈钢材料都是从日本进来的，不仅是国内，国外的制笔材料不锈钢材料也是日本的。"中国每年要生产 380 亿支笔，需要用一吨 12 万元的价格进口 1000 多吨生产笔尖的钢材，付出外汇 1500 万美元。来自瑞士公司的笔头一体化生产设备，仅生产一个小小的圆珠笔头就需要二十多道工序。笔头里面有不同高度的台阶和五条引导墨水的沟槽，加工精度都要达到千分之一毫米。

太钢集团技术中心的高级工程师王辉绵认为，钢材要制造笔头，就必须用很多特殊的微量元素，把钢材调整到最佳性能，微量元素配比的细微变化都会影响钢材质量，这个配比找不到，中国的制笔行业永远都需要进口笔尖钢。由于笔头产品的生产工艺是国外企业的核心机密，因此王辉绵他们必须自主开发一套前所未有的炼钢工艺。突破的灵感来自家常的"和面"——面要想活得软硬适中，就要加入新"料"；相对应的，钢水里就要加入工业"添加剂"。普通的添加剂都是块状，如果能把块状添加剂变细变薄，钢水和添加剂就会融合得更加均匀，这样就可以增强切削性。经过五年时间里数不清的失败，在电子显微镜下，太钢集团终于看到了"添加剂"分布均匀的笔尖钢，试验最终取得成功。在大规模炼钢十多次后，第一批切削性好的钢材终于出炉了。这批直径 2.3 毫米的不锈钢钢丝，终于可以骄傲地写上"中国制造"的标志。

——来自 CCTV－10《走近科学》

第三节 创意构思

引入案例

海澜之家

在十几年前，叶茂中策划机构在服务一家服装企业时洞察到一个机会：我们完全不用讲服装面料、加工工艺等，一样可以占领市场。而其中的冲突，具体表现在哪里？很简单，男人是不喜欢逛街的，但是需要日常的着装，这就是一个冲突。所以我们就会发现，在购物中心买一条裤子，男人只要花十分钟，但女人买裤子则花了三小时。为了解决这个冲突，我们另需提出广告诉求"一年逛两次海澜之家"就可以了。

正是因为洞察到了男性购物的"冲突"，海澜之家在别的男装品牌拼定位、拼细分、拼专业的时候，走了一条完全不同的道路，提出了"男人的衣柜"，真正将渠道打造成一站式的男性服装购物终端。

正是凭借对渠道的牢牢把握，海澜之家提前占领了阵地，解决了男性消费者购物时的冲突。海澜之家2014年专卖店3348家，销售额123.38亿元；2015年销售额158亿元，增长率28.3%；2016年实现营业收入170亿元，较上年同期增长7.39%，归属于上市公司股东的净利润31.23亿元，较上年同期增长5.74%。海澜之家是中国服装业最赚钱的一家企业之一，现在它在全世界的服装公司里市值排名为第14位。

——来自叶茂中的《冲突》

一、创意准备

创意过程需要经过足够的准备期，进行相关资料收集和背景调查，从而确定创意目标，并进行一定的可行性研究，找到新要素，充分发掘创新思维，确认创意具有一定的新颖度。创意的"创"在于产生和发现新要素，可以是新技术、新材料、新设计、新品牌，或者是新应用、新的技术手段和新的解决方案。创意可以不具有价值增量或商业化应用，但是必须是创造性的。

好创意是令人意想不到的好主意。首先，我们需要准备充沛的脑力与体力，放松的身体是产生灵感的必要条件，缺乏休息会导致思维能力退化。只有怀揣希望和愉悦的精神状态，以饱满的精神投入思考创新，才能不断地产生新想法、焕发新活力。其次，找一个轻松愉悦的环境，当你全力投入思考的时候，如果是在充满咖啡香味的咖啡厅里，或是在露天满是鲜花的院子里，那你的心情一定跟在教室或办公室里不一样，这时你才能放松自己。最后，可以结合一张思维导图展开想象，挣脱思想束缚，把一切想到的内容都记录下来，不通过大脑用以往的经验过滤，甩开理性分析，充分展开思维。

二、创意产生

(一)充分吸收素材

创意首先要挖掘合适的素材，通过素材，由点向面进行扩散。素材可以是来自生活中的引人思考的小事，也可是关系民生社稷的大事；可以是古籍名著中的历史事件，也可以是社会调查的实际数据；还可以是一个人、一句话，或者是一种场景。只要是可以带给人灵感、想法的创意点，我们都需要充分地吸收进来，再转变为自己的创意释放出去。对素材进行整合、补充和推演，开动脑筋，利用自己的创新思维和创新意识，寻找素材之间的自主性和差异性，收集整理素材中可以挖掘的特征点，将初具雏形或尚不完整的、有趣新奇的想法都记录下来，直到对每一个素材都充分咀嚼，并有了一些奇思妙想，这时素材就被充分吸收了。

辅助 阅读

创意广告——活得精简些

"活得精简些"是京东旗下一款叫"精简"的购物小程序的广告语。京东最近几年一直在平台端强调和引导"理性消费"。随着网络购物的普及和发展，各购物平台推出的购物机制和政策五花八门，满减凑单和多件折扣机制可能使购物者超预期或超需求消费，因此这个时候提出"活得精简些"的主题十分必要，而且能让消费者眼前一亮。在创意的宣传上，京东的创意海报也将这句话进行了阐述和延伸：在一条十分繁华、霓虹闪烁的街道上，消费者病态地疯狂购物，这个时候"精简"就成了一剂颇有效果的"退烧药"。

(二)灵感与直觉

《科学研究方法论》一书中提到：所谓灵感，或者称为直觉或灵机一动，就是偶尔在头脑中闪过的对问题的某种特别具有独创性的设想。灵感是突然发生的，没有预兆、不期而至、时间极短、稍纵即逝。灵感往往来自周围生活，因此平时需要随身携带可以记录的用品，如笔记本，或者记在手机备忘录里。如果是有关图像的灵感，就需要随手画出来得以记载。

直觉是创造潜力的积累，直觉可以告诉我们当前想法的对错，貌似一种不经过深入思考的洞察。想要捕捉到灵感，就要对问题一直执着地追求，经常想着它们，而且要有解决问题的强烈愿望。

辅助 阅读

盘尼西林的产生

弗莱明在做实验时，培养了一个实验皿的细菌。但是实验没有成功，因为实验皿中的细菌被别的细菌侵入后，长成了绿霉。经过他的仔细观察和研究，发现这种新产生的绿霉竟能有效杀死培养皿中原有的细菌。发现这个现象后，弗莱明产生了灵感，认为这种新产生的绿霉是值得研究的新方向，于是不断地研究和分析，最终得出了这个绿色的霉菌可以杀死葡萄球菌的结论，盘尼西林由此诞生。其实早在弗莱明进行研究以前，就有多位科学家曾报告过霉菌杀死细菌的这个事实。但是这些科学家并没有形成创新意识，没有进行细致的研究和实验分析，所以他们并没有发现盘尼西林。盘尼西林的发现使人类因细菌感染的死亡率降低了一半。

（三）两种方式产生创意

经常看到一些关于商业的成功案例，那些案例看起来闪闪发光。随之而来的，我们会想：为什么那些人会构思出来那样复杂的东西，我为什么想不到有创意的点子？

在收集咀嚼素材后，创意的产生通常有两种方式：一是直觉式创意，二是逻辑式创意。直觉式创意是建立在个人或集体整合创新的基础上，把问题交给自己的潜意识，把由素材引发的思考从简单的固化思维驱赶到潜意识层面，打破常规的想法约束，通过感知重新构建各要素之间的关联和对应关系，使创意极具创造性和新颖性。逻辑式创意是通过系统的、有步骤的逻辑推理，通过一定的框架结构或思维导图逐步产生联想，进而产生合适的创意。

（四）创意验证复核

已经产生的创意可能是不成熟或不全面的，因此我们需要进一步对创意进行检验和复核，从而确定创意是否具有现实意义。检验复核的方法有很多，可以是结合实际背景进行创意模拟，了解创意在实施过程中可能会遇到的具体问题，通过问题返回创意进行修正；也可以是组成小组或创意团体进行头脑风暴，对创意提出具有可行性和建设性的指导意见，并根据意见对创意进行调整。好的创意都需要不断地进行修改和完善，通过扩充可以产生更多新奇的、不同凡响的想法，创造更多的可能性。

（五）创意流程

一个优秀的创意构思或创意产品，一般会经过如下几个阶段。

准备孵化期：收集素材，观察现象，整理资料，放飞意识，提高认识，解放思维，产生创意。

验证复核期：将所有产生的创意进行整合，通过实际推演或头脑风暴修正创意中的不足，根据结论或意见对创意进行具体调整。

形成发展期：经过反复补充和修改，创意已经在此阶段形成了一个较为完整可行的创意实施方案。在实施的过程中，还需要根据在实际中遇到的问题对创意进行完善和优化，形成可持续发展的创意构思。

辅助阅读

蛋卷冰淇淋的诞生

1904 年，在美国圣路易斯举办世博会后，组织评选了本届世博会的"明星产品"。评选结果让人十分惊讶，获得"明星产品"称号的既不是高精尖的科技产品，也不是引领时尚的潮流产物，而是小商贩所售卖的一款创意冰淇淋。

原来，一位名叫哈姆威的小商贩在会场外出售甜脆薄饼，另外一位小贩出售冰淇淋。由于夏天温度较高，所以冰淇淋十分畅销，用于盛放冰淇淋的小碟很快被用完了。于是哈姆威突发奇想，把自己做的甜脆薄饼卷成锥形，给旁边的小贩当作盛冰淇淋的器物使用。令人意外的是，冰淇淋和甜脆薄饼的结合使冰淇淋受到了更多的关注和欢迎，人们觉得这个新型冰淇淋十分美味，纷纷购买。世博会后，"甜脆薄饼冰淇淋"被市民评选为"真正的世博明星产品"，这就是我们今天吃到的蛋卷冰淇淋的由来。

▶ 第四节 解决问题

引入案例

关注公众号即可获得超值优惠

有一位游乐园的经营者由于营业额过低而愁眉不展。为了吸引更多游客，常规的办法是在网络或杂志等媒体平台上投放广告，相信大家都见过类似的宣传广告。然而想要提升营业额，真的只有"吸引更多的游客"这一种办法吗？

现如今，媒体广告方面的投资回报率正在逐渐降低，如果这家游乐园想提升知名度、吸引更多的游客，不仅需要投入大量的广告，还需要对广告做很多艺术加工，来吸引儿童的注意力。这是一项难度很大的工作。

在对园内游客进行的问卷调查中，游客们提出了很多建议，比如"希望能够提高园内的餐饮水平""希望增加纪念品的种类""希望增加可付费的优先搭乘系统"等。由此我们可以看出，这些游客都很愿意通过消费获取更加优质的服务。也就是说，在我们面前还有许多更加现实并且迫切的问题需要解决。

一般来说，提到"提升营业额"，大多数人会立刻想到设法吸引新的游客。然而吸引新游客的难度其实很大，且需要花费巨额的成本。有时，经营者眼中优秀的产品和宣传广告不过是路人眼中的无趣之作，不会给他们留下丝毫印象。

因此，现在的企业通常会使用微信公众号等各种手段，来努力留住那些对自己的产品感兴趣的人。

很多人对"关注公众号即可获得超值优惠"这件事感到十分不解。这是因为他们并不知道，如果企业想吸引新的顾客，需要投入的成本比这还要多。那些已经对自己的产品表现出兴趣并愿意花钱购买的现有顾客对一家公司很重要。我们可以通过对光临本店的顾客进行问卷调查获取类似的信息，针对现有顾客的需求来进行产品优化，显然是非常高效的市场策略。

分析：在这个案例中，我们需要在现有顾客和新顾客之间选择合适的目标群体。不同的目标设定会导致两者付出的成本和最终效果产生巨大的差别。当问题出现后，我们需要把问题找出来，并找出问题出现的原因，通过分析和敏锐的洞察力等，解决最关键的问题。

一、描述问题

巴尔扎克说:"打开一切科学的钥匙毫无异议是问号,我们大部分的伟大发现应归功于'如何',而生活的智慧大概就在于逢事都问个'为什么'。"问题是事物的矛盾,描述问题就是描述事件背景互相对峙的矛盾点,需要摒弃凭直觉的主观意愿,从实际出发,要有强烈的问题意识,注意事实和依据,全方位地对问题进行分析。

(一)清晰描述问题的特点

(1)一个主导性的问题,矛盾点突出。

(2)事实具体、问题详尽,不盲目堆列事实。

(3)具有一定的行动性,以决策者的行动意识为出发点。

(二)准备描述问题的要素

(1)问题发生的时间:准确描述问题发生的时间有利于分析影响问题产生的时间背景,时间对问题的产生究竟有哪些影响,以及通过解决时间问题是否可以从本质上解决问题等。

(2)问题发生的地点:描述问题发生的地点可以分析问题产生的具体环境。

(3)关联人物:可能是一类人或者一个人,可能产生群体效应也可能是个体差异。

(4)阐述问题起因:问题是通过什么样的社会背景或者大环境产生并被发现的。

(5)分析问题经过:问题的经过需要重点分析,既可以阐述事件也可以罗列数据,直观深入地分析问题是如何产生的。

(6)处理问题后需要得到的结果:描述问题处理的各个阶段性成果。

二、分析问题、提出解决方案并实施

(一)分析问题

何谓问题分析?通俗来说,问题分析是对已经产生的问题进行影响因素分解,并找到成因,以求解决。问题分析中有两个较为重要的环节,第一是对既定问题的分解和因素细化,第二是对问题进行诊断排序,以确定优先级。

案例分析

我的车不喜欢香草冰淇淋

美国通用汽车庞蒂亚克部门收到一封顾客的抱怨信:"我们家有一个传统的习惯,就是每天吃完饭后会以冰淇淋作为我们的饭后甜点。由于冰淇淋有很多口味,所以我们家每天在饭后才投票决定吃哪种冰淇淋,等大家决定后我就会开车去买。但是自从购买了一部新的庞帝亚克后,我买冰淇淋的这段路程就出问题了。你知道吗?每当我买的冰淇淋是香草味时,我从店里出来后车子就发动不了。但如果我买的是其他口味,车子发动就很顺利。我要让你知道我对这件事是非常认真的,尽管这个问题听起来很匪夷所思。"

这个不可思议的投诉信立即引来了技术服务人员的调侃:"汽车对冰淇淋过敏?那

我的游艇可能对可乐也要过敏了。""这信应该是从疯人院寄来的吧。"虽然对这封信的真实性存有怀疑，但庞蒂雅克的总经理没有马虎地对待这近乎天方夜谭的投诉，他派了一位办事严谨的工程师调查这件不可思议的投诉案！

当工程师去找这位顾客时，发现他是一位事业成功、乐观且接受过高等教育的人。工程师与这位顾客见面，刚好在晚上用完餐，当天他们一致决定要吃香草味冰淇淋，当买好冰淇淋回到车上，车子又出问题了。这位工程师又连续来了三个晚上：第一晚买巧克力冰淇淋，车子没事；第二晚买草莓冰淇淋，车子没事；第三晚买香草冰淇淋，车子又出问题。看来投诉者反映的问题一点都不荒唐，庞蒂亚克的这款汽车确实对香草冰淇淋过敏。

这位思考有逻辑的工程师仍然不放弃，继续安排相同行程，希望能够将这个问题解决。工程师开始记下从头到尾的详细经过，如车子使用油、开出及开回时间……根据资料显示，他有个结论：这位顾客买香草冰淇淋所花时间比其他口味要短。为什么？因为香草冰淇淋是所有口味中最畅销的，店家为了让顾客每次都能快速拿取，将香草口味的冰淇淋特别放置在店前端，其他口味则放置在后端。

——《中小企业管理与科技》

分析：为什么这部车会因为从熄火到重新激活时间较短而发动不了？接下来，原因就很清楚了，具有深厚专业知识的工程师很快找到了答案，原来问题就出在发动机的散热装置上，答案应该是"蒸气锁的锁死"。因为当这位顾客买其他口味冰淇淋时，由于时间较久引擎有足够时间散热，重新发动时就没有大问题，但买香草口味冰淇淋时，由于花费时间较短，引擎太热，以至于无法让"蒸气锁"有足够的散热时间，所以发动机不能正常工作。汽车当然不会对香草冰淇淋过敏了，这都是发动机散热惹的祸。

一个问题的产生，通常与期望目标存在一定的差距，无法完成既定的任务。问题分解的本质既是对问题产生的各影响因素的分解，也是对目标的分解。在分解过程中，通常会用到 WBS、树状图、思维导图、鱼骨图等进行辅助分析。在对多个因素进行逐一分析后，需要对相关因素进行排序，确定影响因素的优先级，为解决后续问题提供一定的思路和决策。可以通过层次分析法拆解优先级，同层级的指标相互比较，列出重要性矩阵，判断指标权重。通常，通过前期信息的搜集、整理和分析，可能就会发现项目有很多问题，解决问题其实就是设定目标。目标错了，问题就解决不了，也就没有效果。选出"对"的问题需要我们勤于思考，最终改善工作效率，获得竞争优势，并对问题的解决顺序进行主次排列。客观存在的现象是表面问题，需探寻原因、深入思考，找出本质问题。

案例分析

图书馆利用率低的原因

某城市大型图书馆落成，硬件设施齐备，阅读环境优越，藏书数量颇丰，可自开放以来，人员稀少、利用率很低，原因可能有以下几点：市民不愿意来图书馆，市民阅读积极性不高或者借不到专业书籍。

下面逐条对原因进行分析。

1. 市民不愿意来图书馆

图书馆坐落在城市一端，离市中心很远，几十千米的距离阻碍了人们的脚步，更适合开车前往，可附近没有大型停车场，停车困难，因此市民经常把车停到很远的地方。乘车前往的话，附近没有地铁站，虽然有公交车可以在半路换乘地铁，可是每两小时一辆。午餐没地方解决，周边设施不完善。图书馆有小型餐饮区，质量较低，自带午餐又没有供市民用餐的地方。

2. 市民阅读积极性不高

市民阅读积极性不高是整体阅读兴趣与阅读习惯的问题，并不是所有人都有阅读习惯和喜欢读书，而且当下手机媒体能提供电子图书和书籍读播等功能。加之各种娱乐型 App 进入生活，人们就算有空余时间，也不会首选图书馆，除非真的有需求。

3. 借不到专业书籍

优秀专业书籍经常是高知读者写作或者参考的主要来源，很多书籍只可以阅览，不可以借出，只能在馆内阅览，且阅览室周末不开放，中午还要还书，在午休时间后才能继续借阅，时间短，不足以完成对专业知识的研究和写作；并且阅览时间和阅览书籍经常有变化，在公众平台上没有明显通知，虽然需要阅览的书籍可以搜索到，但在到达后无法正常阅览，市民会白跑一趟，浪费了大量时间，问题却没有解决。

分析：针对图书馆利用率低的原因逐条进行分析，要从实际情况出发找到问题源头，才能提出合理的解决方案。

(二)提出解决方案

通俗地讲，解决方案就是针对上述已经分析的目标和问题所提出的一个整体的解决方法，使问题的解决效率提高，目标可以快速达成。如果遇到的问题比较复杂或影响因素较多，就需要考虑事物和事件的多面性，寻找多种解决方法或制定备选的解决方案，跳出"惯性思维"和"思维定势"的限制，编制合理的解决方案。充分分析问题后，需要对已知问题进行拆解，考虑各要素之间的关系，对直接关系和间接关系进行区分，筛选对应的因果关系序列，排除并列和相互关系，建立解决方案模型或者方案大纲。然后在时间和空间的维度上，分析和预测模型的成长变化曲线，根据预估的成长曲线，完善解决方案，最终找到最优解。

辅助阅读

UGOHOUS 白十黑方案

现在，就传统超市而言，存在渠道成本过高、场地限制商品种类和人流范围、经营效率低下、利润低、客户行为数据稀少、无法提供出色的购物体验、无法让顾客感受到商品和服务等痛点和弊端。针对这些问题，杭州翼时科技有限公司提出了"UGOHOUS 白加黑无人店"方案。

"UGOHOUS 白加黑无人店"方案是一套用于升级线下传统便利店为无人超市的一体化解决方案。它采用 UGOHOUS 白十黑方案核心技术和 AI 一体化模块，具有科技创新、动态采集、精确识别、防尾随、防盗等功能，充分强化了"无人"特点，可以说实现了真正意义上的"24 小时白加黑无人超市"模式，同时也进一步巩固了产品"全程无接触购物"的特点和特性。为了让在校师生感受到更便捷高效的购物体验，杭州师范大学与 UGOHOUS 达成合作，师生只需一部手机即可完成扫码关注、刷脸进门、自助购物、自助结算、扫码出门等五个步骤，轻松实现全流程自助模式，让购物更加轻松、快捷、简单，完美地解决了校区人流量大、排队时间长等客观因素导致的问题。

好的解决方案通常包括以下几个特点。

表达直观：文字描述清晰、图文结合，有可以直观反映数据和结论的树状图、线路图、甘特图、拓扑图等。

框架清晰：解决方案不缺项漏项，包含实施对象、方法、可行性、结论等。

符合逻辑：方案思路明确、分层解析、汇总综述。

切实解决问题：针对产生的问题、受众人群、产生环境进行分析，提出的方案能在根本上解决实际问题，具有一定的专业性和可信度。切忌千篇一律，照抄照搬。

鼓励创新思维：在解决问题的基础上有一定的概念创新、方式创新、思维创新或技术创新。

案例分析

吉列发明剃须刀的故事

对于男士而言，每隔几天就需要刮一次胡子，这在以前并不是件容易的事。1895年，40 岁的吉列是一家公司的推销员，注重仪表的他在一天早上刮胡子的时候，脸上划破了口子，由于老式剃须刀要经常磨，磨得不好刮起来就费劲，笨重又不锋利，稍不留神刮破脸是常有的事。吉列盯着剃须刀，突然产生了创意新型剃须刀的灵感，于是他辞去了推销员的工作，专心研制新型剃须刀。他想要发明安装着极薄刀片的剃刀，安全保险、使用方便、刀片随时可更换。在发明与改进的过程中，尽管他一次又一次地改进设计，结果却不能令他满意。一天，他望向一片刚收割完的田地，农民正在用耙子修整，吉列看到农民轻松自如地挥动着耙子，灵感来了，一个新思路出现了，新剃须刀的基本构造应该同这个耙子一样，简单、方便、运用自如。最终，吉列成功了，因为剃刀架和刀片分离，新刀片瞬间就可装上，省时省力，刮时不会伤皮肤，而且舒适、价格低廉，所以得到广大消费者的认可。这款安全剃须刀最终为吉列公司赚了一大笔钱，也解决了每刮几次胡子就得把刀片取下来磨一磨的麻烦。

分析：吉列在生活中发现了问题，清晰准确地提出了自己需要解决的问题，通过分析问题，留心地辨别和采集所需要的信息，通过生活中的联想和想象，靠创意和灵感成功地创造了新型剃须刀。

辅助阅读

如何制定一份好的解决方案？

1. 分析问题，对发现的问题进行剖析，需要直击痛点。

2. 挖掘问题、深挖需求、延伸思路，运用创新思维，找到解决框架。

3. 解决方法，包括解决问题的技术手段、参与人员、实施计划。

4. 后期规划，解决方案形成后的后期发展要求。

第一步：分析需求阶段。解决方案就是要在已知的问题和需要得到的最终结果之间建立一个有效的逻辑桥梁，需要在已知的问题上找到所有的信息点，并将问题解决的重点体现在方案中。

第二步：资料收集阶段。资料收集既包括信息收集又包括意见收集，信息收集可以采取网站搜索、关键词搜索、文献搜索、政策文件搜索、行业白皮书、实地数据调查等方式；意见收集可以集思广益、头脑风暴，也可以请教前辈和专业人士，然后将收集的资料整理成大框架，组建解决方案的结构。

第三步：方案编制阶段。在方案编制阶段需要对前期所有的工作进行梳理，形成结构化方案。

(三)实施解决方案

解决方案该如何落地实施，并有效地解决问题呢？

设定目标。根据目标形成方案实施计划书或网络图和团队人员分工表，具体到每个人的工作安排和每一步的工作流程，相关联和有交叉的工作需要做重点注明。

规范流程。形成完整的实施计划链，形成闭环，应符合逻辑，避免出现断点和漏项，提高解决方案的可操作性。

结果导向。建立解决方案的实施节点，提交详细的完成情况汇报，必要时形成日报、周报和个人总结。

持续改进。解决方案在执行过程中会出现前期未能预料的困难，并影响最终结果的生成，因此需要对既定的解决方案进行持续改进和迭代升级。

辅助阅读

茑屋书店都解决了哪些问题？

茑屋书店在书店业急剧下滑的今天，成为了世界著名的网红打卡地，创始人增田宗昭在他的《茑屋经营哲学》中写道：企划的精髓，在于制作出能够获得顾客喜爱的事物。我并没有什么特殊才能，只是一心站在顾客的角度，努力理解顾客的心情，寻找顾客真正想要的东西，然后把它制作出来而已。我曾多次以客户的身份观察店铺。即使是同一家店铺，我也会细心体会顾客在早上、中午、晚上的不同心情……在二子玉川项目中，为了弄清楚工作日的早晨，什么样的顾客会来，还有工作日的早上、上午、下午、晚上的情况，我会一大早来到二子玉川观察，在它周边的住宅街道转了一圈又一圈。比起开车我更喜欢一步一步地走在街道上，与来来往往的行人擦肩而过，观察生意兴隆店铺内顾客的神情，思索某家生意惨淡的店铺不受顾客喜爱的原因。我深入参与了每一个细微之处，无论如何，也要看到树叶上的灰尘。在开代官山店的时候，我一直在ASO餐厅观察来来往往的人流，无论是休息日、下雨天、炎炎酷暑，还是早晨、中午、傍晚。为了准确把握上班族客人的心情，我多次来往车站与店铺之间，细心体会。

　　增田宗昭经营茑屋书店，从细心的观察开始，时时刻刻都在观察、思考、反思，提出解决方案。书中用到了"为了""考虑到""特意"这些词汇，在解决问题之前以观察的方式收集了大量的信息，从细致入微的观察中准确地分析了消费者的需求，并事无巨细地解决了问题，就是我们今天看到的茑屋书店的样子。（总结如下表所示）

观察分析后得出的问题（为了……）	解决问题的做法	结果
日本处于老龄化不断加速的过程中，60岁以上的老人将越来越多，如果不能吸引这部分人群，客流量会越来越少	决定开一家对老年人有吸引力的茑屋书店	
代官山的地段不好，地处偏远	打造一座像美术馆一样的"标志性建筑"。策划了一场"建筑设计大赛"，让杰出设计师进行了精心设计	
为了加强对顾客生活进行提案的能力（引导人们的生活方式）	按照生活类型划分书籍，丰富外文书、二手书品种，实现令老年顾客满意的具有层次感的品类呈现	
考虑到最具生活提案力的出版物是杂志	打造了"世界第一"的杂志卖场	
作为一家旨在为老年人服务的茑屋书店，最重要的是老年人关心的问题	深度挖掘"健康主题"，打造了日本最全的烹饪（医食同源）书籍卖场	
考虑到老年人比起活法更在意"死亡"的问题	专门设置了宗教、哲学及讲述不同人活法的传记等类型书籍的专区	
为了让60岁以上的人的余生能够活得快乐充实些	特意准备了关于旅行、住宅、汽车等方面的书籍	
老年人喜欢早起	将书店与咖啡厅的开业时间定为早7点	
老年人孩子们多已结婚成家，为了减轻他们的孤独感	专门引入了带宠物医院的宠物店	
为了照顾腿脚不便的老年人，以便他们轻松出行	打造售卖电动助力自行车的专卖店	
为了让老年女性活得更加美丽	在店内开了美容院	
为了方便有钱的老年顾客给儿孙买礼物	引入国外环保玩具专卖店	
为了方便喜欢摄影的老年人	设置了相机专卖店	那些帅气时髦的老年人把这里当作"自己的店铺"来使用
考虑到随着年龄的增长，无法开车而乘坐出租车的老年顾客会越来越多，为了便于他们来时下车、去时乘车	专门设置了出租车专区	
为了便于喝酒的顾客了解出租车是否在乘车专区等候	在咖啡厅设置了通知系统	

续表

观察分析后得出的问题（为了……）	解决问题的做法	结果
代官山周边有许多独立的创意工作室，为了便于他们搜集企划所需的杂志、书籍、电影、音乐或是生活类杂志等	设置了集合这些旧书等沙龙	所有角落都成了创意工作者们使用苹果电脑工作的地方
为了便于这些创意工作者使用	将闭店时间定为凌晨两点，允许把书带到星巴克，一边读书一边工作	
为了便于这些创意工作者生活和工作	引入了 24 小时营业的便利店	
有意回避当今时代店铺过剩之感	摒弃了一切店铺要素，打造一个以"家"为概念的舒适生活空间	
为了弱化店铺内分类促销广告及导视指示的存在感	特意使用了金属冲压的方法	
代官山附近坐落了许多使馆，为了吸引外国人进店	将店内所有文字都用日文、英文、中文三种语言来表示	
为了让至店的顾客看起来更美丽，也为了让任何员工穿上都能展现良好的姿态	选择了能够凸显顾客的黑白色制服，演绎出整洁感	

辅助阅读

创造性问题解决法——CPS 模型

创造性问题解决法让整个解决问题的过程变得更有趣、更协作，它能帮助界定问题和机会，产生创新的解决方案，并且激发行动。创造性问题解决法的流程包括以下四个环节。

界定问题（clarify）：探索目标、收集数据、清晰挑战。

产生想法（ideate）：产生尽可能多的解决问题的想法。

生成解决方案（develop）：整理、评估在上个环节产生的想法。

提出解决方案实施（imprement）：了解有什么资源和行动能够支持解决方案的实施。

这套模型涉及两个核心的思维方式——发散性思维和集中思维。

发散性思维（divergent thinking）：要求没有限制地想象、生成尽可能多的点子。

集中思维（convergent thinking）：要求聚焦与评估，做出有效的选择。

第六章 识别创业机会

创业是创业者对自己拥有的资源或通过努力对能够拥有的资源进行优化整合，从而创造更大的经济或社会价值的过程。从这个角度看，中华民族历史悠久、中华文化源远流长、中华科技璀璨夺目，从著称于世的古代四大发明开始，我们不停地在生活中有新发现、新认知、新尝试，中华民族一直是具有创新精神、创新能力，并不断开创新事业、新局面的顽强奋斗的民族。大到国家，小到个人，在日新月异发展的新时代，保持创新的热情，激发创业的能力，永远是前进道路上的核心竞争力。

本章主要介绍创业应具备的能力，并通过创业环境分析、市场评估及项目选择等提升识别创业机会的能力和方法。

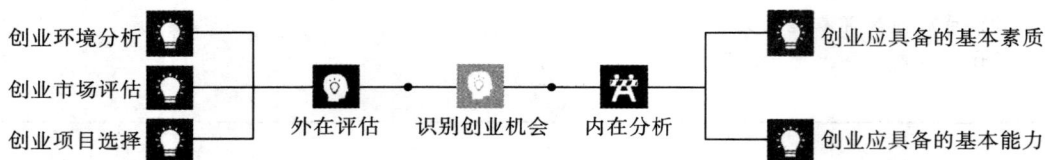

创业环境分析　创业市场评估　创业项目选择　外在评估　识别创业机会　内在分析　创业应具备的基本素质　创业应具备的基本能力

图6-1　第六章知识要点

学习目标

（1）了解创业基本内涵及创业应具备的条件和能力。

（2）了解创业环境的概念、分类等，能用PEST分析法分析创业环境。

（3）能用市场调研的步骤和方法对市场进行评估。

（4）了解创业项目的类型及影响因素，能判断创业项目的价值。

▶ 第一节　创业概述

引入案例

亚马逊与当当网

时间1：1994年

这一年，30岁的杰夫贝索斯有了一个令他惊讶的发现，那就是尚未成熟的互联网络的使用情况正以每年高达 2300％ 的速度暴增。正如你现在看到的，一般人是使用网络，杰夫贝索斯却注意了网络的使用。那时候的他正坐在曼哈顿一栋办公大楼的 39 层的一张计算机桌前，对网络进行探索。这个发现让他很兴奋，他预感到了什么！他开始思考：既然有这样的一种趋势，流连于网络的人越来越多，那么能否在网络空间中创造一些商机呢？他毅然辞职了——为了这个不成形的预感！但到底要在网络中做什么，卖什么东西，办一家什么样的公司，他对此还无清晰的思路。于是他就跑到大街上寻找灵感。终于，在那天他看到一家书店时，一个主意浮上了他的脑海：为什么不在网上开办一家书店呢？"亚马逊"网上书店就这样诞生了！他用世界上流量、流域最大的一条河流来给它取了名字。杰夫贝索斯率先开启了电子商务的大门，开启了世界商业模式的革命，也诠释了到底什么叫电子商务。

现在的亚马逊是个什么样子呢？

咱们设想一下：有这样一家书店，有十几个平方千米的面积，备有 310 万种以上的图书，可以接待 500 多万人次的顾客，这该是多大的书店啊！这样的设想可能让你感到吃惊，因为如此大的书店根本无法在现实中实现，然而，互联网能做到这一切，这就是亚马逊网上书店。当然，亚马逊现在不仅仅卖书，它已经名副其实地成为了一家"百货公司"。

时间 2：1999 年

这一年的 11 月，当当网开通了。这也是一家从网上书店开始的电子商务公司，而现在则号称全球最大的中文网上图书音像商城。换句话说，它现在的商品不仅仅是图书了，其商品种类繁多，至少也有数十类吧。现在很多人都愿意从当当网上购物，打折、货到付款、足不出户，而且等待时间并不算长。当当网也很成功。

分析：亚马逊网站作为第一个真正意义上开启电子商务大门的商业模式，无疑可以称为创新，当当网在其基础上具有一定借鉴性质的创新，但最终无疑亚马逊和当当网的创业都很成功。那么从创意的产生到创业的实现，需要考虑哪些内容，还需要做好哪些准备，这中间的路有多远呢？

一、创业概述

(一)创新与创业的关系

创新是创业的基础，是对人的发展总体的把握；创业是创新的载体和表现形式，着重的是对人的价值具体体现。二者相互促进又相互制约，是密不可分的辩证统一体。

创新的本质不是技术，不是工具，也不是操作，创新对创业者来说是一种概念，是一种意识，更是一种行为方式。创新的前提是创意，创新的延续是创业。比尔·盖茨曾经这样阐述创意："创意犹如原子裂变一样，只需一盎司，便可带来无以计数的商业效益。"爱因斯坦说："我们所面对的重要问题，是无法在我们思考和创意的相同层次上获得解决的。"所以创意和创新不能从根本上解决问题，唯有通过创业的途径才能使创意和创新落到实处。

创新是创业的灵魂，企业失去了创新将难以长期生存，难以产生自己的核心竞争力，很快就会被市场所淘汰。创业者都很重视创新，他们也很欣赏能为企业带来创新的人才。实际上，创业者并不一定要靠开拓创新来获得成功，当他们自己不是创新来源时，也可以在其他地方寻找创新，将之转换并用于自己的公司。因此，对于创业者来说抓住创新本质、促进创新的产生和加强对创新的管理是很重要的。

(二)创业的概念

何谓创业，在学界至今尚无一个大家均认同的、统一的、标准的定义。"创业"一词在《新华词典》里的定义是"开创事业"；在《现代汉语词典》中的解释为"创办事业"。而"事业"是指人所从事的，具有一定目标、规模和系统并对社会发展有影响的活动。《辞海》中对"创业"的解释是"创立基业"。"基业"可谓是事业的基础。诚然，创业的实质是创办事业，这是从广义上理解的创业。

狭义的创业通常指自行承担风险的个人或团队不拘泥于当前资源条件的限制，寻求机会，进行创造价值的系列行动或过程。本书中所讲的创业作狭义理解。创业既是一种精神，也是一种行动，更是一个过程，是一个从无到有，或说从 0 到 1 的创造过程。

创业的概念包括四层含义：一是，创业是一个创造的过程，即创业者要付出努力和代价；二是，创业的本质在于对机会的商业价值的发掘与利用，即要创造或认识到事物的一个商业用途；三是，创业的潜在价值需要通过市场来体现，即市场是实现财富的渠道；四是，创业以追求回报为目的，包括个人价值的满足与实现、知识与财富的积累等。

(三)创业的本质

创业的本质是什么？创业的本质是创造出新的价值，也就是说将各种社会零散的资源有效地结合在一起，创造出新的东西、新的服务，创造出对社会有用的价值，举个开饭馆的例子，创业就是将各种食材、厨师、服务员、场地全部组织在一起，最后能给过路的人们提供美味佳肴。

创业是否成功，标准在于是否给社会创造了有用的价值，且创造的这些价值是否符合社会的需要。有很多人认为自己创造的东西是独特的，但其实可能没有给社会创造任何的价值。那么这些行业早晚也是存在不下去的或者很难长久发展传承的。

有些创业是创造了价值，但是不符合社会现在的需要那么也会被淘汰。在创业的过程中需要多种资源，但是创业者们要掌握核心资源。例如，创业开餐馆，创业者一般要么自己是懂厨艺的，要么自己的合伙人是懂厨艺的。餐馆中厨师的水平和菜的风味就是创业成功的核心资源之一。

(四)创业的要素

1. 创业的关键要素

创业的关键要素包括创业机会、创业团队和创业资源。

创业机会就是创业者可以利用的商业机会。从创业过程的角度来说，创业机会是创业的起点，创业过程就是围绕着创业机会进行识别、开发、利用的过程。

创业团队是指在创业初期(包括企业成立前和成立早期)，由一群才能互补、责任共担、愿为共同的创业目标奋斗的人所组成的特殊群体。

创业资源是指创业企业在创造价值的过程中需要的特定资产，包括有形资产与无形资产。它是企业创立和运营的必要条件，主要表现为创业人才、创业资本、创业技术和创业管理等。

2. 创业各要素之间的关系

我们可以从以下几个方面认识创业各要素之间的关系。

第一，创业机会是创业过程的重要驱动力，创业团队是创业过程的主导者，创业资源是创业成功的必要保证。开始创业时，创业机会比资金、团队的才干和能力及合适的资源重要。在创业过程中，创业机会与创业资源之间经历着一个适应—差距—适应的动态过程。

第二，创业过程是创业机会、创业团队与创业资源三个要素匹配和平衡的结果。创业团队要善于配置和平衡，借此推进创业过程，包括对创业机会的理性分析和把握，对创业风险的认识和应对，对创业资源的合理配置和利用，对工作团队适应性的认识和分析等。

第三，创业是一个连续不断地寻求平衡的行为组合，但三个要素的绝对平衡是不存在的。创业过程要保持发展，就必须追求一个动态的平衡。在这期间，创业团队必须思考的问题包括：目前的团队能否领导组织未来的成长？组织面临怎样的资源状况？下一阶段的运作与成功面临哪些困难与陷阱？这些问题在组织发展的不同阶段会以不同的形式出现，它们都牵涉组织的可持续发展。

(五)创业的过程

创业的过程包括从产生创业想法到创建新企业并获取回报的整个过程，通常可分为以下六个主要环节。

1. 产生创业动机

创业动机是指创业者由于个体内在或外在的需要，而在创业时所表现出的目标或愿景。创业动机是创业的原动力，它推动着创业者去发现和识别市场机会。创业动机常常决定着创业者的行业选择、目标定位等具体取向，内源于个体的心智与教育成长环境，是个体在综合自我、环境、价值、目标、期望等诸多因素之后所形成的内在的、个人的初始动力，是创业的开始和最基本的驱动力。

2. 识别创业机会

识别创业机会是对可能成为创业机会的诸多事件的分析和对创业预期结果的判断。创业机会一般分为两种：一种是意外发现的，一种是经过深思熟虑才发现的。国家产业政策的调整、新技术的出现、人口和家庭结构的变化、人们的物质和精神需求的变化、流行时尚等都可能形成创业机会。创业者应该具有敏锐的嗅觉，能够及时、准确地识别创业机会，识别之后，还要对创业机会进行评价和提炼。这需要创业者将知识、经验、技能和其他市场所需的资源进行整合。

3. 整合有效资源

资源是创业的基础性条件，整合有效资源是创业者开发创业机会的重要手段。之所以强调整合有效资源，是因为创业者可以直接控制的可用资源往往很少，许多成功的创业者都有白手起家的经历。创业者需要整合的有效资源包括基本信息(有关市场、环境和法律的信息)、人力资源(合作者、最初的雇员)、财务资源等。

4. 创建新企业

创建新企业需要进行大量的准备工作，其中创业计划、创业融资和注册登记尤为关键。创意能否变成行动，关键看其能否形成一个周密的创业计划。资金往往成为创业企业的"瓶颈"，创业融资在企业的创建过程中至关重要。当创业者完成创业计划并获得融资之后，就可以按照法定程序进行注册登记，包括确定企业的组织形式、设计企业名称、向工商行政管理机关提出企业登记注册申请、领取营业执照等。

5. 实现机会价值

创业者整合资源、创建新企业的目的是实现机会价值，并通过实现机会价值来实现创业价值，这是创业过程中的重要环节。确保新创建的企业能够得以生存是创业者必须面对的挑战，但创业者不能仅仅考虑生存，同时还要考虑成长。不成长的企业就无法生存得更好，在激烈的竞争环境中尤其如此。创业者需要了解企业成长的一般规律，预见企业在不同成长阶段可能面临的问题，采取有效的措施予以防范和解决，使机会价值得到充分的实现。同时，创业者要不断地开发新的机会，把企业做活、做大、做强、做长。

6. 收获创业回报

对回报的正当追求是创业活动的目的，有助于强化创业者对创业的执着追求。对创业者来说，创业是获取回报的手段和途径，是一种载体。回报可能是多种多样的，创业者对回报的满意程度大多取决于其创业动机。有调查发现，多数创业者的创业动机首先是自己当老板，然后才是追求利润和财富，对这些人来说，当老板的感受就是回报。

二、创业应具备的条件和能力

（一）创业应具备的条件

首先我们在创业之前一定要准备充足的资金，因为一个创业的公司或是一些店铺很多时候不能够正常运转就是由于资金方面出现了问题，所以资金方面一定要准备充足，并且要有一定的资金来源，才能够使公司或店铺正常运转。

其次就是我们的人脉资源，我们在从事任何一个行业的时候都需要看一下我们是否能跟周边人达成一致，并且我们是否能跟周边的人员拥有良好的合作关系。这就取决于我们平常的人脉资源，这个是比较重要的。而且越来越多的人在创业的时候都会根据自己朋友圈的情况来选择自己创业的行业，这样是一个比较正确的选择，因为一个比较成熟的朋友圈能够帮助我们进行产品的推广以及销售。

再次就是我们在销售产品的时候，一定要有一定的产品推广计划，这样才能够使我们的工作正常运行，并且我们在整个的推广计划过程当中一定要进行及时修正，这样才能够全方面落实我们的产品计划，从而达到销售的目的。

最后一点比较重要的，就是要有一个出色的产品销售能力。任何一个产品要想销售出去跟人员是有很大关系的，所以我们在产品销售的过程当中一定要找优秀的销售人员来帮助我们进行销售。

（二）创业应具备的能力

引入案例

哈啰单车的成功创业

哈啰单车是一家致力于为用户提供轻活、自由出行工具的共享单车公司，解决用户出行最后一千米问题。2018年8月8日，哈啰单车获金运奖运营新势力奖。2018年12月，创始人杨磊带领哈啰单车完成新一轮融资，由春华资本和蚂蚁金服领投，融资规模近40亿元人民币。

然而，2016年9月1日，当杨磊和团队决定放弃"车钥匙"项目，转做共享单车时，当时的摩拜和ofo已相继完成了数千万美元的B轮融资，而杨磊和他的哈啰单车更像是资本的"弃儿"。杨磊找到GGV管理合伙人符绩勋表明来意，符绩勋的内心仍有很多疑问。他把问题丢给杨磊："ofo和摩拜已经融了一大笔钱，具备先发优势，你凭什么超越或代替他们？"杨磊用一年时间回答了这个问题。2017年10月，哈啰和阿里系的永安行合并。2017年12月，蚂蚁金服成为哈啰D轮领投方。2018年6月1日，蚂蚁金服全资子公司上海云鑫对哈啰单车增资18.93亿人民币。本轮融资结束后，哈啰估值达23亿美元。某种程度上讲，哈啰打了一场非常漂亮的反击战。至于哈啰到底做对了什么，杨磊总结，其成功反超的关键在于：效率、团队、中小城市。

为了争夺用户，2017年上半年ofo和摩拜开始了补贴大战和恶性竞争。这直接导致了两家现金流恶化，盈利难期。相较而言，哈啰从未大力补贴。杨磊表示哈啰收费比较便宜，5块钱、2块钱的月卡已经足够支持哈啰盈亏平衡了。"ofo和摩拜因为过度关注竞争和对手的节奏等，才导致了今天的状况。我们更关注自己定几块钱、定价的道理是什么。"杨磊清楚，要干掉对手，首先得他们自己犯错。

共享单车的项目管的是车，对产品和技术要求较高：如何让车不被乱扔、如何有效提高车的使用率、管控它的行驶位置等。因此，如何管理车对共享单车企业来说是一个关键问题。哈啰单车将运营模式落地到一个城市，又将一个城市拆解为几百个网格，打造出网格内的运营模型，这样就降低了运营的颗粒度。运营模型的标准化流程由运营端App来控制，再将其复制到整个城市、复制到全国。业务初期，哈啰建立了"哈勃系统"和"BOS系统"，这让哈啰的运营效率更高。在发展策略上，哈啰走的是"农村包围城市"的路子，选择从二三线城市切入而不是北上广，这为哈啰日后反超打下关键基础的战略。2018年，哈啰有3000多名员工，同行数量早已是哈啰的员工的几倍之多。2018年5月，摩拜、ofo相继曝出裁员新闻，而杨磊似乎对此早有预判，"我们非常不敢招人，每招一个新人都令我们压力更大，因为人员增长往往意味着效率递减。"早期市场对ofo和摩拜的资本优势过于看重，导致哈啰这样的好团队被严重低估。

杨磊认为共享单车这个生意是否能独立生存的核心原因在于有没有用户去用，有用户去用，最终一定能走出一条好的路来，没有用户去用，那将是一个很难走通的行业。事实上，哈啰的野心不限于成为一家共享单车企业，而是成为一家用技术推动交通出行进化的公司。哈啰逐步实施"3510"战略：哈啰助力车计划解决5千米左右的骑行，10千米以上的则联合威马等合作伙伴尝试新能源汽车业务。在杨磊心中，"把长远的东西想清楚了，远比今天在做的事情重要，即使那些东西两三年后才能出现。"

分析： 创业并不是一时头脑发热，创业的过程中会遇到太多无法预见的问题。在这个过程中，不但需要创业者的"审时度势"，更需要创业者不断提升综合能力来应对市场错综复杂的变化，进而有能力抢占市场、占领市场。

所以总结下来，创业者应具备以下几方面的基本素质。

1. 心理素质

所谓心理素质是指创业者的心理条件，包括自我意识、性格、气质、情感等心理构成要素。作为创业者，自我意识特征应为自信和自主，性格应刚强、坚持、果断和开朗，情感应更富有理性色彩。成功的创业者大多是不以物喜，不以己悲。

2. 身体素质

所谓身体素质是指身体健康、体力充沛、精力旺盛、思路敏捷。现代小企业的创业与经营是艰苦而复杂的，创业者工作繁忙、时间长、压力大，如果身体不好，必然力不从心、难以承担创业重任。

3. 知识素质

创业者的知识素质对创业起着举足轻重的作用。创业者要进行创造性思维，要做出正确决策，就必须掌握广博知识，具有一专多能的知识结构。具体来说，创业者应该具有以下几方面的知识，做到用足、用活政策，依法行事，用法律维护自己的合法权益；了解科学的经营管理知识和方法，提高管理水平；掌握与本行业本企业相关的科学技术知识，依靠科技进步增强竞争能力；具备市场经济方面的知识，如财务会计、市场营销、国际贸易、国际金融等。

4. 能力素质

过去很多研究结果都指出了创业者与一般受雇员工的几点不同。从个性上看，创业者对成就满足感的追求比一般人强。例如，他们觉得工作或做事的目标应该是追求成功的乐趣，达成了一件事，就会有很大满足感，有了满足感，就会更投入，更积极地工作，希望获得更大的满足感。因此，创业者这种个性对推动企业的继续发展有极大的帮助。另一方面，创业者对待事情上的信念较他人强，他们处事坚持，有强烈的自信心，认为人定胜天，自己可以支配命运。这种坚定不移的精神对他们在创业初期面对各种困难时尤其重要。

冒险精神几乎是所有创业者必有的特性，创业实际上是一种冒险的游戏，因为把资金投进一些没有回报保证的生意上，不是一般人可以做到的事。也许具有少许赌徒性格的人更适合创业，现在很多以科技概念做生意的人，虽然其冒险程度更高，但回报也可能很高。

许多人说创业者也是机会主义者，他们对市场讯息非常敏感，能洞悉先机，快人一步掌握机会，并且取得成果。毫无疑问，很多机会是一瞬即逝的，具有捕捉机会个性的人自然就会胜人一等。创业不一定是要创造全新的生意，凡是能够满足市场需要的都是创业机会。当然，首先取得机会的人，很有可能获得最大的回报。求变也是创业者常见的一种个性。人总会喜欢安定，不变是最好的状态，因为改变使人受到威胁，既得的利益可能失去，习惯的惰性也使人安于现状。不过，要创立生意，就要面对复杂而不稳定的环境，改变是经常发生的事，如果你不习惯有变化的状态，那么做老板对你来说就变成一件苦差。

同时，创业者还需要具备以下几方面能力。

1. 创新能力

创新能力是白手起家的创业者的生命源泉。创新不仅仅是从无到有地创造某种产品或服务，更多的是在以往的基础上对原有产品和技术等方面进行改进。创业者的创新能力往往体现在技术、管理和营销上的创新。从某种意义上来讲，创新能力就是不断反思追问的能力。创业本身就是一项创新活动，很多未知的或不可预料的因素掺杂其间。有时，一个新的管理理念或是新开发的产品，会给创业者带来惊人的回报。

2. 学习能力

面对日益复杂的市场竞争与合作关系、日新月异的科学技术手段、不断更新的管理知识及各种管理手段，创业者只有不断学习才能应对时代潮流的冲击与要求。学习能力主要包括制订学习目标和计划的能力、阅读能力、分析归纳能力、信息检索能力等。创业者要想培养良好的学习能力，应注意以下几点。

(1) 心态归零，吐故纳新。不囿于已取得的成绩和能力，从零开始，保持对环境变化的敏感度，不断学习新知识。

(2) 精益求精，学有所长。对于创业者而言，学到的知识越多，其能力就越强。但是人的精力是有限的，"门门精通"往往会变成"门门不通"。创业者应该学会选择，在某些领域要精益求精，具备一技之长；在某些领域涉猎粗通即可。

(3) 开阔视野，终身学习。学习能力的表现之一就是善于发现学习的榜样，学其长处，补己短板。如果仅仅局限在一个小的范围内，视野得不到开阔，就会变成井底之蛙，丧失学习的动力和能力。只有走出去，不断地接触新事物和新观点，才能不断地找到自身的差距。社会的发展越来越看重能力，创业者必须树立终身学习的理念，通过不断学习，进一步提高自身能力。

3. 合作能力

创业者之所以需要与他人合作，首先是因为个人的能力有限，同时也因为个人的能力与他人具有互补性。创业者要想与他人合作并有所作为，首先要做到知己，认清自己的性格类型、素质特点、能力专长，选定一个适合自己的工作目标；其次要注意分析别人的特点，找到互补性和差异性，只有这样，才能真正找到合作伙伴，并与其一道为共同的创业理想携手合作。

在创业的过程中，与伙伴合作要注意以下两个方面：一是平等合作，合作伙伴在人格上是完全平等的，是为了一个共同的目标走到一起的；二是互利合作，合作者之间的互惠互助是合作者为了某些共同目标和利益追求，在一定基础上进行的物质上和精神上的相互配合。

4. 经营管理能力

经营管理能力是指对人员、资金的管理能力，既包括人员的选择、使用、组合和优化，也包括资金的聚集、核算、分配、使用、流动。经营管理能力在较高层次上决定了创业实践活动的效率和成败。创业者培养经营管理能力要在学会经营、学会管理、学会用人、学会理财等方面去努力。

创业者一旦确定了创业目标，就要组织实施。为了在激烈的市场竞争中取得优势，创业者必须学会经营，学会质量管理，坚持效益最佳原则。创业者除了要敢于对企业、员工、消费者负责，保持高度的社会责任感，还要学会用人，善于吸纳德才兼备、志同道合，以及比自己强或有专长的人共同创业。

5．分析决策能力

分析决策能力具体包括分析能力和决策能力两个方面。只有在进行深刻的科学分析的基础上，才能做出正确的创业决定。要培养良好的分析能力，应做到以下三点：一是要做有心人，平时多进行市场调查，在调查的基础上进行决策；二是要养成多思考的习惯，对可能出现的结果进行分析，同时准备好应对措施；三是要向同行学习，集思广益。决策能力是各种综合能力的体现，主要包括选择最佳方案的决策能力、风险决策能力、当机立断的决策魄力等。

6．人际交往能力

人际交往能力是创业者发展和巩固其人脉资源的重要保障，人际交往能力主要表现在表达能力和反应能力两个方面。表达能力是充分、有效地将自己的观点阐释给他人的能力，充分有效的表达能够使大家领悟企业的目标和工作对策，从而更加有效地为完成共同的目标而努力。反应能力是表达能力的有效补充，良好的反应能力能够帮助表达者随时领会和把握表达对象的需求及其对表达内容的理解，从而有针对性地调整表达的方式和内容。

辅助 阅读

抖音创始人张一鸣的创业故事

作为一名技术出身的创业者，张一鸣有过多次的创业经历，2005年毕业于南开大学软件工程专业，曾参与创建酷讯、九九房等多家互联网公司，历任酷讯技术委员会主席、九九房创始人兼CEO等。

从高中时代起，张一鸣就酷爱计算机，2001年进入南开大学先后就读于微电子和软件工程专业。他在大四时编写的电路板自动化加工软件PCBS曾获得过"挑战杯"二等奖。他直接参与了五家公司的创业，其中有两家是自己创立的。2005年大学一毕业，他就组成3人团队，开发一款面向企业的IAM协同办公系统。但产品的市场定位失误导致了创业失利，当时协同办公在中国根本还没有发展起来。2006年2月，张一鸣进入旅游搜索网站酷讯。在酷讯工作时，有件事让张一鸣感受强烈。他想订一张回家的火车票，但那时候去火车站买票很难，网上也不知道何时会出现二手票。酷讯当时已有的搜索是需要用户主动输入信息去搜，实时查询二手票信息。于是，张一鸣在午饭时段花了一个小时写出了一个小程序，把他自己的需求用程序固化、存储下来，让网站机器定时自动帮他搜索，一旦有了搜索结果就短信通知他。在写完这个程序不到半小时，张一鸣就收到了短信提示，然后买到了票。不用买黄牛票，也不用在电脑前一直守候，这个小程序对他的价值非常大。

2009年10月，张一鸣开始了第一次独立创业，创办了垂直房产搜索引擎"九九房"。在九九房，张一鸣开始涉足移动开发，6个月间推出掌上租房、掌上买房等5款移动应用，在当时的移动互联网环境下实现 150 万用户，是房产类应用的第一名。2011 年底张一鸣辞去了九九房的 CEO 职位，在 2012 年年初开始筹备"今日头条"。2012 年 12 月底，张一鸣察觉到了移动互联网的发展趋势。他辞去了九九房 CEO 的职务，开始了自己的第五次创业。他成立的这家公司有个很有趣的名字——字节跳动，顾名思义，公司产品和数据相关。随后开发出名为"今日头条"的手机应用，成为国内增速最快的新闻客户端。除了"今日头条"，字节跳动旗下还有"内涵段子""搞笑囧途""内涵漫画""好看图片""今晚必看视频"等 12 款应用，总体表现不俗，其中的"内涵段子"在娱乐类排名一度超过唱吧。

在张一鸣看来，移动互联网带来的信息爆炸，使人们面对的选择越来越多，面对信息超载，人们常常无所适从。在这种情况下，信息获取方式将不再是传统媒体采用的人工编辑模式，而是更加智能和个性的自动化推荐，推荐引擎便开始展现技术优势，发挥威力。"越是在移动互联网上，越是需要个性化的个人信息门户。我们就是为移动互联网而生的。"张一鸣说。

张一鸣创办的今日头条既没有编辑团队，不对内容进行人工干预，全靠算法学习进行个性化的机器推荐，也不进行内容的生产加工，只做内容分发渠道。今日头条的核心竞争力和优势就在于机器分发，基于大数据和算法进行个性化推荐，它不仅是一个新闻客户端，还是信息分发平台，更是一家具有媒体属性的科技公司。这家公司现在的团队有 300 多人，其中有 50% 负责技术和后台运营。他们中 90% 都有过在百度、腾讯等互联网公司的工作经验，有一半是张一鸣曾经的同事。

2012 年 7 月，今日头条获得 SIG 海纳亚洲等数百万美元 A 轮投资；2013 年 9 月获得 DST 等数千万美元 B 轮投资；2014 年 6 月 3 日，今日头条完成 C 轮融资，由红杉资本领投。张一鸣创办的"今日头条"从上线到拥有 1000 万用户只用了 90 天。

2018 年 11 月，陈林接替张一鸣担任今日头条 CEO 一职。

2019 年 2 月 26 日下午，胡润研究院发布《2019 胡润全球富豪榜》，字节跳动 CEO 张一鸣财富上涨近 3 倍，以 950 亿元进入前 100。

未来，张一鸣又将书写怎样的故事，让我们拭目以待。

思考与训练

结合创业者应具备的基本素质和能力，评估自身是否具备创业者特质？

▶ 第二节　创业环境分析

十八大以来，党和国家高度重视高校创业教育开展工作。2017 年政府工作报告指出在新旧动能转换的经济形势下，要通过完善就业政策来加强对创业就业的支持力度，坚持不懈地宣传"大众创业，万众创新"的新观念，实现社会的纵向流动和机会的公平。

近年来，随着大学毕业生人数的剧增，就业压力的增大，大学生自主创业无疑已成为社会的一大亮点。"创新是引领发展的第一动力，抓创新就是抓发展，谋创新就是谋未来"。创新驱动理念在全国上下各行各业得到充分验证，国家科技进步、经济发展也确实因创新的活力、创业的实力，注入了更多新的力量。国家和各级地方政府也结合实际情况相继推出了多项利好政策。

一、创业环境概念及分类

2014 年 9 月 10 日，夏季达沃斯论坛上，李克强总理第一次提出"大众创业、万众创新"，强调要借改革创新的"东风"，在 960 万平方千米土地上掀起"大众创业""草根创业"的浪潮，形成"万众创新""人人创新"的新态势。2015 年 1 月 14 日 国务院常务会议决定设立国家新兴产业创业投资引导基金，总规模为 400 亿元。旨在通过政府资金引导作用，多措并举，做大该基金的规模、提高资金的使用效率，更好地支持小微企业发展，让"大众创业、万众创新"不再举步维艰，带来中国经济新引擎加速启动，助力产业升级和经济结构转型早日实现。在国家以及各省市频繁出台多项创新创业扶持政策的大力推动下，我国创业环境遇到了前所未有的机遇，作为创新创业主力军的大学生更是如雨后春笋般前赴后继地涌向创业市场。

（一）创业环境的概念

所谓创业环境，是指围绕创业者的创业和发展的变化，并足以影响或制约创业行为的一切外部条件的总称。一方面指影响人们开展创业活动的所有政治、经济、社会文化诸多要素；另一方面指创业者获取创业帮助和支持的可能性。

创业环境是这些因素相互交织、相互作用、相互制约而构成的有机整体。创业者的创业过程并不依靠某一方面的推动，也不仅是某一种因素作用的结果，它的运作需要环境各方面的支持。

（二）创业环境的特征

1. 整体性

创业环境是一个由各要素相互作用、相互联系而组成的有机整体，创业环境的各要素也是相互联系、相互影响而存在的。由于创业环境具有整体性的特征，在研究创业环境的时候，应该运用系统的原则和方法，从整体的角度来考察创业环境，不能割裂各要素之间的联系，从创业环境的整体研究个体要素的表现。

2. 主导性

在创业环境的各要素中，总有一个或几个要素在某一阶段的发展中居于主导的地位，即在创业环境这个整体中规定和支配着其他的要素。因此，对主导要素的研究具有特别重要的意义。

3. 可变性

区域环境和创业环境都是不断发展变化的，包括经济结构的调整、政治制度的优化、市场需求的变化、消费水平的提高等。这些都极大地影响着创业环境，使创业环境始终处于不断变化的过程之中，并且逐步趋于完善。因此，必须用动态的观点来看待、研究创业环境，才能正确认识创业与创业环境之间的关系。

4. 差异性

差异性是指地区的差异。创业环境是个空间概念，所在的区域不同，内容也不尽相同。区域政治、经济、文化等方面的差异，决定了创业环境的地区差异。

（三）创业环境的分类

创业环境是指那些与创业活动相关联的因素的集合。创业环境可以从多个角度进行分类，其基本分类如下。

1. 按创业环境的观察角度分类

按观察角度分类，创业环境可以分为宏观环境、行业环境和微观环境。宏观环境又叫总体环境，是指那些给企业造成市场机会或环境威胁的主要社会力量，内容包括政治、经济、社会、技术、自然和法律等因素。行业环境是指提供同一类产品（或服务）或提供具有可替代性产品（或服务）的企业群。微观环境是指企业的顾客、竞争者、营销渠道和有关公众等对企业营销活动有直接影响的各种因素。

2. 按创业环境的构成要素分类

按构成要素分类，创业环境可以分为经济环境、政治法律环境、科技因素环境、商务环境、教育环境、社会文化环境以及自然环境等几个方面。

3. 按创业环境的层次分类

创业环境是有层次的，形成了一个分级系统。宏观环境指一国或一个经济区域范围内的创业环境。中观环境是指某个区域或城市、乡镇的创业环境等。微观环境是指企业的文化氛围、团队合作精神、创新精神等。

4. 按创业环境的表现形态分类

按表现形态分类，创业环境可分为硬环境和软环境。硬环境是指创业环境中有形要素的总和，如有形基础设施、自然区位和经济区位。软环境指无形的环境要素总和，如政治、法律、经济、文化环境等。硬环境是创业的物质基础，软环境在创业过程中变得越来越重要，而且在一定时期内，硬环境的变化是有限度的，而软环境的改善能够弥补硬环境的缺陷，提高硬环境的效用，最终成倍提高整体环境的竞争力。

二、创业环境的内容

创业环境应该包括以下几个方面。

（一）政府政策

政府的创业政策对创业活动的开展和创业企业的发展有重大的影响。就政策的内容讲，包括激励创业的政策、对创业活动和创业企业成长的规定、就业的规定、环境和安全的规定、企业组织形式的规定、税收的规定等，还包括政策的执行情况、落实情况和实施效率情况等。比如，我国地方政府对新成立企业优先给予扶持、对软件等技术创新企业在税收政策方面给予许多优惠政策等，这些都有利于新创企业的成长和发展。

（二）政府项目支持

提供项目支持是政府政策的具体化，是我国政府支持创业和创业者的基本形式。这种支持，既包括提供资金和项目，也包括提供服务支持和建立扶植创业企业的相关组织和机构，以及通过这些组织和机构举办和开发的大量创业项目。例如，我国的科技园和孵化器，就是我们在政府项目支持的优势。

(三)金融支持

创业企业的资金来源主要有三种途径：一是私人权益资本，包括自有资金、亲戚朋友借贷和引入私人股权筹集资金；二是创业资本融资；三是二板上市融资。

一般而言，在创业企业发展的早期阶段，主要以私人权益资本和创业资本两种形式为主。从全球范围看，创业的金融支持最主要的来源是私人权益资本。中国的民间资本还很少进入创业市场，已经实施的、给创业者提供的小额贷款的数量和范围都还有限。中国创业的金融支持最主要的来源还是以自有资金、亲戚朋友投资或其他的私人股权投资为主，创业资本的支持力度还不够。

(四)教育与培训

教育培训是创业活动得以开展的必要条件，是创业者系统学习知识技能、理清创业思路、增强创办企业能力的有效途径，也是创业者将潜在商机变为现实商机的基础。中小学的创业教育方面，我国虽启动较早，但仍存在一些"割裂"现象，大中小学创新创业教育还未形成良好的融会贯通。在提供关于市场经济知识和创业知识的整体培训方面，覆盖范围还不够广。在商业、管理教育、创业类课程的开发和项目管理能力培训方面，与国际上做得好的国家和地区相比还有差距。

(五)研究开发转移效率

研发成果的市场化转移过程是否顺利，不仅表明我们商业化的步伐，而且表明创业研发和研发后转化为生产力的效率和水平，更反映出创业者是否能抓住商业机会。

我国的研究开发成果能很好地从发源地通过创业企业向市场转化。而且，创业企业在接触新技术、新研究上与大企业具有相同的机会。这表现了我国有较完善的科技成果转化基础，具备了支持个别领域的创业企业成长为世界水平技术型企业的能力。但还有很多科研成果是先从学校、科研院所出来，再走进市场，转化过程和转化效率不是很顺畅。因此，我国研究开发成果的转移工作应有针对性地重视改进转化条件，提升转化效率。

(六)进入壁垒

中国的市场正处于双高时期：一是市场的增长率高，每年的市场都在不断扩大；二是市场的变化率高，产品更新快，产业成长和衰退快。因此，对于创业企业来说，在中国目前的市场环境下，是一个难得的机遇。市场变化大对创业者和创业企业进入壁垒而言具有一定优势，这突出的表现在创业企业的进入成本相对较低。

(七)商务环境和有形基础设施

一个良好的商务环境和充足的、有形的基础设施是创业成功的物质基础，又是创业重要的环境因素。近年来，我国在整体商务环境的构建和市场体系的建设等方面做了大量工作，整体环境正在朝着有序、规范的方向发展。诚信意识在增强、硬件环境在改善、服务意识在提高，消费者的理性消费意识和消费观念有了明显变化。这一切为创业者进行创业奠定和提供了一个比较好的基础。

(八)文化和社会规范

文化和社会规范是重要的创业环境要素。在我国的文化和社会规范中，不但鼓励创业和创业者，鼓励人们通过个人努力取得成功，也鼓励创造和创新的精神，更鼓励通过诚实劳动致富，让创业者勇敢地承担和面对创业中的各种风险，为建立崭新的创业文化奠定了坚实的基础。

三、我国创业环境特点

中国的经济环境已经发生了变化，市场竞争日益国际化，政府的管理趋向透明，法律更加健全，竞争环境更宽松、公平，这些都使创业的门槛降低，非常适合平民创业者进入。以下总结了我国创业环境的五个特点。

(一)平民化的创业时代

1. 创业主体来自社会基层具有平民色彩

平民化的创业主体格局适宜于多数创业者起步阶段的经济状况，门槛低，适宜大量平民进入成为创业主体，因此才能形成群体性创业潮。

2. 创业营销活动具有平民化定位

这些具有平民色彩的创业企业，大都能在自己创业的过程中坚持平民化的视角和营销思路，实行平民化的价格定位和发展模式，体现了平民创业的发展特点和聚财方式。

3. 平民化创业企业显示了平民聚财的旺盛生机

这些具有平民视角的企业由于市场定位科学，获得了最大的客户资源和市场空间，显示了平民化定位的渠道优势和竞争优势，展现了旺盛的生命力，因此发展迅速。以平民身份小生意做起大事业的案例比比皆是。

(二)创业培训的兴起

创业培训是一个国家创业成熟度高低的重要标志，更是一个国家和地区创业能力强的原因之一。创业培训是对具有创业意向和创业条件的人员，进行提升创业能力的一种培训。当前，在全民的创业热潮中，我国的创业培训正在兴起。

依据《中华人民共和国中小企业促进法》赋予各级政府部门的职责，已经将建立中小企业创业培训体系作为完善城市功能、实现国家长治久安的重要举措，并已确定了深圳等一批试点城市。还拨出专款设立"民营与中小企业发展专项资金"，重点支持建立各类中小企业。创业者利用好这样的平台，就能演绎出无数创业快速崛起的神话。

(三)创业孵化器的迅速发展

创业孵化器也叫企业孵化器，是一种新型的创业经济组织。它起源于20世纪50年代，是由美国的乔·曼库索于1959年首次提出的。通过提供低成本的研发、生产、经营的用地，通信、网络办公等共享设施，系统的培训和咨询、政策、融资、法律和市场推广等方面的支持系统，使创业企业的创业成本得以降低，创业风险得以规避，创业成功率得以提高。

企业孵化器在推动高新技术产业的发展，孵化和培育中小科技型企业，以及振兴区域经济，培养新的经济增长点等方面发挥了巨大作用，因此，在全世界发展很快。创业企业孵化器已经成为了培养成功的创业企业和企业家的摇篮和风险投资的理想投资场所。我国的成都、武汉、上海在创业孵化器中进行风险投资的探索均取得了成功的经验。其中较为典型的案例是迪康制药公司接受投资 20 万元，开发系列新药，总收益额达 1780 万元，收益率为 8900％。风险资本的进入已经成了加速创业企业孵化成长的重要培育手段。

(四)创业扶植力度不断加大

为加速群体性创业活动的开展，各地陆续出台了许多鼓励创业、扶植创业企业快速崛起的政策。为了缓解大学生就业的压力，各地相继出台普通高等学校毕业生从事个体经营有关收费的优惠政策。不仅如此，各地的政策正在进一步细化和配套化，这些政策对创业者的创业活动的开展起到了一定的促进作用。

(五)创业协会的普遍建立

当前，清华大学、海南大学、南京航空航天大学等多所院校已经建立了创业者协会。不仅如此，这种创业者协会还进行了横向扩展和纵向延伸，已经发展了中关村创业者学会、青年创业者学会等众多的创业协会组织。这种遍及国内外的、形式多样的创业学会对创业者的创业活动给予了多种帮助和指导，对其成长起到了重要的作用。

四、创业环境分析的方法

引入案例

中国航空运输的 PEST 分析

一、中国航空运输业的政治环境

(一)国内航空运输市场的进入管制逐步放松

多年来，严格的进入管制成为制约中国航空运输业进一步发展的瓶颈。随着经济体制改革的深化，中国民航局终于在 2004 年向非国有资本开启了航空运输市场的大门。鹰联、春秋和奥凯三家民营航空公司相继筹建，并于 2004 年发布了《公共航空运输企业经营许可规定》，2005 年发布了《国内投资民用航空业规定(试行)》，大幅度地开放从航线到航权的广泛领域。新版《公共航空运输企业经常许可规定》于 2018 年公布，《国内投资民用航空业规定》于 2017 年公布。

(二)国际航空运输市场加速开放

2004 年 7 月 24 日，中国和美国签订了具有里程碑意义的《中华人民共和国政府和美利坚合众国政府民用航空运输协定》。这是中国民航历史上首次大规模地开放航空市场，也为中国航空公司进入世界航空市场奠定了坚实基础。中国积极参与全球航空运输自由化。一方面，国外市场对中国开放，预示着中国航空运输企业可以进入国际航空运输市场；另一方面，中国市场对外资开放，以打破航油、航材、维修、订票等领域的垄断，同时，通过与国外航空公司建立战略联盟，引进国际先进的管理模式，不断提高运营效率。

(三)航空运输价格管制进一步放松

2004 年 4 月 20 日开始实施的《民航国内航空运输价格改革方案》有以下规定：

(九)省、自治区内，及直辖市与相邻省、自治区、直辖市之间的短途航线，已经与其他替代运输方式形成竞争的，实行市场调节价，不规定票价浮动幅度。具体航线目录由民航总局商国家发展改革委规定，并通过航空价格信息系统（AIRTIS. NET，下同）对外公布。

（十）除第（九）条规定航线外，民航国内航空旅客运输票价实行浮动幅度管理。

票价上浮幅度最高不得超过基准价的 25%。

票价下浮幅度，根据不同航线情况，按下列规定执行：

部分以旅游客源为主的航线票价下浮幅度不限，具体航线目录由民航总局商国家发展改革委规定，并通过航空价格信息系统对外公布。

航空运输企业独家经营的航线票价下浮幅度不限。

除上述实行市场调节价和票价下浮限度不限的航线外，其他国内航线票价下浮幅度最大不得超过基准价的 45%少数航线因特殊情况需要突破票价统一浮动下限的，由有关航空运输企业报民航总局商国家发展改革委批准后执行。

（四）机场收费改革正稳步推进

2007 年 12 月 28 日中国民航局和国家发改委联合下发《民用机场收费改革方案》和《民用机场收费改革实施方案》，统一机场收费项目、改革机场收费管理方式，调整机场收费结构，完善机场收费体系。

二、中国航空运输业的经济环境

（一）中国航空运输市场前景预测

中国经济的持续高速发展和经济全球化的不断深化，给国内航空运输市场带来了深刻的变化。

（二）中国航空运输市场结构

从规模结构来看，中国航空运输市场属于高度集中的寡头垄断市场。

三、中国航空运输业的社会文化环境

（一）时间价值观念逐渐深入人心

改革开放以来，时间价值观念不断深入人心，航空运输在中长距离运输中的优势明显导致人们对航空的需求急剧增加。

（二）追求健康、休闲旅游的理念逐步形成

随着国民经济的持续增长，人们追求健康、休闲旅游的理念逐步形成。据世界旅游组织调查结果，中国已经成为世界最大的旅游目的地国和第四大旅游客源国。

（三）节约和环保逐渐成为人们的共识，廉价航空市场前景光明

进入二十一世纪以来，随着人类社会对节约资源和保护环境逐渐形成共识，人们也越来越乐于接受"无花边服务"的廉价航空。廉价航空为我们的出行不但节省了时间，还节省了一笔钱。根据"亚太航空中心"的预测，未来廉价航空增长迅速。

四、中国航空运输业的技术环境

（一）互联网技术的发展带来航空运输业"简化商务"的兴起

"简化商务"是世界航空运输业推出的旨在通过信息技术来降低运营成本、提高服务效率的新举措，其内容包括电子机票、旅客自助值机服务系统、标准登机牌条码和行李无线射频识别技术等。据测算，实现机票电子化后，每张机票的营销成本降低约三分之二，这无疑给航空公司降低运营成本带来巨大空间。

（二）飞行技术的扩散和转移受到严格限制

飞行技术是指依附于飞行员这一特殊人力资源群体的飞机驾驶技术。随着民营航空公司的发展，航空运输市场上飞行员的供求矛盾日益突出。飞行员人力资源的激烈竞争，引发全社会对飞行员流动问题的关注。作为航空运输业主管部门的中国民用航空局，对飞行员流动也持谨慎态度。2005 年 5 月 25 日发布的《关于规范飞行人员流动管理保证民航飞行队伍稳定的意见》规定："依法规范航空运输企业用工行为，逐步建立和完善飞行人员依法有序的流动机制。"

分析：航空公司乃至任何一个行业发展，都会受到各种外部环境的影响制约。对企业可能面临的这些外部环境影响进行全面分析，有利于企业的规划决策及长远发展。

PEST 分析指宏观环境分析，是对企业潜在问题的回顾，涵盖政治、经济、社会、技术。政治方面有政治体制、政治事件、政府政策、国家的产业政策、相关法律及法规、环保制度、税收制度等。经济方面主要内容有经济发展水平、规模、经济体制、经济政策、经济结构、增长率、政府收支、通货膨胀率等。社会方面有价值观念和文化传统、人口结构、教育道德水平、劳动力和社会流动性等。技术方面有高新技术、工艺技术和基础研究的突破性进展、技术创新速度、新技术的影响、技术更新与生命周期等。在分析一个企业集团所处的背景的时候，通常是通过这四个因素来分析企业集团所面临的状况。进行 PEST 分析，需要掌握大量的、充分的相关研究资料，并且对所分析的企业有着深刻的认识，了解现在或将来可能出现的问题，可以帮助公司绕过它们并避免潜在的严重问题。这种类型的评估应该定期进行，因为每个领域的具体问题可能会随着时间的推移而发生变化。

辅助 *阅读*

2022 年 9 月 15 日，在 2022 年全国大众创业万众创新活动周合肥主会场，科技部火炬中心发布了《中国创业孵化发展报告（2022）》，报告重点介绍了 2021 年我国科技创新创业孵化发展的总体情况。

一是科技创新创业载体呈现高质量发展态势。2021 年，全国创业孵化机构数量达15253 家，其中孵化器 6227 家、国家级科技企业孵化器 1287 家、众创空间 9026 家、国家备案众创空间 2551 家。全国创业孵化机构总体运营成效良好，总收入达到 801.76亿元，同比增长 10.58%。其中，孵化器在孵企业年总收入 1.24 万亿元，同比增长 21.3%。

二是科技创新创业服务质量不断提升。创新创业服务能级进一步提升，逐步构建了"众创空间—孵化器—加速器—科技园区"全链条科技双创服务体系。2021 年，创业孵化机构共举办创新创业活动 24.9 万场，同比增长 5.9%；开展创业教育培训 10.2 万场，创业导师对接企业 22.2 万次。截至 2021 年底，国家级科技企业孵化器、地方行业协会累计开展全国创业孵化人才培训 384 期，参训学员 4.3 万人。

三是科技创新创业生态环境持续优化。2021 年，实际享受税收优惠的孵化机构数量达到 1553 家，减免税金额达到 11.1 亿元，间接惠及 16.4 万家科技创业企业和团队。全国孵化器孵化基金总额 2664.09 亿元，同比增长 40.68%。全国创业孵化机构当年获得投融资的企业及团队 3.6 万家，同比增长 15.69%。

四是科技创新创业培育了一批硬科技企业。2021年，全国创业孵化机构在孵企业及团队拥有有效知识产权141万件，其中发明专利21万件。孵化器在孵企业的 R&D 总支出831.47亿元，同比增长2.83%，在孵企业平均研发投入强度6.68%。在孵科技型中小企业同比增长28.9%，高新技术企业同比增长11.1%。毕业企业上市和挂牌累计6534家，科创板上市企业中有103家为孵化器毕业企业，占比1/4。从孵化器内走出了科大讯飞、达安基因、亿华通、天合光能等一批科技领军企业。

五是科技创新创业有力带动高质量就业。2021年，全国创业孵化机构在孵企业和创业团队接近69.8万家，共吸纳就业498.32万人，同比增长3.5%，其中应届高校毕业生50.1万人。按创业主体分类：大学生创业16.5万人、科技人员创业9.6万人、留学生1.8万人。统计显示，孵化器在孵企业大专以上人员242.91万人，占比近80%。众创空间持续发挥创业带动就业社会效应，当年服务创业团队和企业吸纳就业人数188.69万人，其中应届大学毕业生25.9万人。

当前，创业孵化载体已成为我国实施创新驱动发展战略的重要"基础设施"，为推动实体经济转型升级和经济高质量发展提供了重要支撑。

（来源：科技部火炬中心）

思考与训练

选择某一创业项目，利用 PEST 分析法对其创业环境展开分析。

第三节　市场评估

引入案例

诺基亚的跌宕起伏之路

诺基亚是一家伟大的企业，他的历史就是一个典型企业的自我救赎和转型重生之路。在他150年的历史中，保守和封闭的战略让诺基亚多次濒于破产边界，但聚焦与并购的战略也让他屡屡化险为夷，重回巅峰。

1865年芬兰 Espoo 的诺基亚河畔，采矿工程师弗雷德里克·艾德斯坦创办了诺基亚公司。到1967年，诺基亚已经成为横跨造纸、化工、橡胶、能源、通信等多领域的大型集团公司。1992年，时任总裁奥利拉作出公司历史上第一次最重要的战略转型——走出欧洲，剥离橡胶、胶鞋、造纸、家电等濒临破产的底端产业，专注于电信业。到1996年，诺基亚已经成为全球移动电话的执牛耳者，而且连续14年占领市场第一的宝座。直至2011年，由于长期坚守塞班这个封闭的智能操作系统，诺基亚手机被 iOS 和安卓系统超越，错失世界第一的宝座。2013年，微软宣布收购诺基亚手机业务。虽然在手机业务失败，诺基亚坚守的另外一块业务却没有放弃——通信设备制造和解决方案。2010年诺基亚西门子通信公司宣布全资收购了美国摩托罗拉通信公司及其全球业务，2014 年完成了对合资公司诺基亚西门子通信公司中西门子所持的 50% 股份回收，2015 年宣布以 166 亿美元收购全球主流通信设备商阿尔卡特朗讯通信公司，同年以 28 亿欧元出售非主营业务 Here 地图。

2016 年各大公司财报显示，全球通信设备及解决方案提供商中，华为收入 751 亿美元成为行业第一，诺基亚收入 249 亿美元排名第二，昔日冠军爱立信则以 3 亿美元之差排名第三。

分析： 通过以上诺基亚公司案例，我们可以了解战略选择对于一家企业具有致命性的重要作用。

1. 危机时及时聚焦战略选择

诺基亚共遇到过 2 次重大危机。第一次是在 20 世纪 90 年代初，诺基亚集团通过剥离不良资产，扩大手机市场到北美、亚洲和非洲，成功摆脱危机。第二次是在 2013 年，诺基亚出售手机业务，全面调整 20 年前的战略，聚焦通信设备。

2. 鼎盛时更需及时更新企业战略

早在 2000 年初，诺基亚就已经开发出了全触屏手机。但是诺基亚高级管理层还沉浸在世界第一的荣耀中，以及引以为傲的手机砸核桃这样的耐用性能，在最鼎盛时没有及时更新企业战略。而此时消费者已经把目光转向了手机上网、互联互通、掌上娱乐功能，最终用户把票投给了 iOS 和安卓系统。

3. 通过产业并购加速企业发展

诺基亚在企业创业之初的快速发展和卖掉手机业务后的二次复苏，除了正确的战略方向以外，更是运用了产业并购扩大了企业规模，形成市场效应，快速发展。

一、寻找创业机会

(一)什么是创业机会

创业机会指有利于创业的一组形成条件，这组条件至少包含四个方面。其一，某个细分市场存在或形成了某种持续性需求。其二，拟创业者开发了或持有着有助于满足前述市场需求的创意。其三，创业者有能力、有资源、可实施所持有的创意。其四，创业者将自己的创意转变为具体的产品或服务，不需要大规模的资金和团队（轻资产、小团队）。当这四个条件都得到满足时，才可认为客观上存在或形成了某种创业机会。基于以上，我们不难看到，创业机会的本质上是商机、创意、轻资产、小团队这四种要素的有机组合。

(二)创业机会的类型

按照创业机会的来源，创业机会可以分为问题型机会、趋势型机会和组合型机会三种类型。

问题型机会由现实中存在的未被解决的问题产生，它在人们的日常生活中和企业实践中大量存在，需要用心发掘。趋势型机会是在变化中看到未来的发展方向，预测将来的潜力和机会。这种机会一般容易产生在重要领域改革或时代变迁的时期。在这种环境下，各种新的变革不断出现，但往往不被多数人所认可和接受，一般处于萌发阶段。一旦能够及早地发现并把握，就有可能成为未来趋势的先行者和领导者。趋势型机会一般出现在经济变革、政治变革、人口变化、社会制度变革、文化习俗变革等多个方面，一旦被人们认可，它产生的影响将是持久的，带来的利益也是巨大的。组合型机会将现有的两项以上的技术、产品、服务等因素组合，实现新的用途和价值。这种机会类型好比"嫁接"，对已经存在的多种因素重新组合，往往能实现与过去功能大不相同或者效果倍增的局面。

(三)创业机会的来源

美国凯斯西储大学谢恩教授提出了产生创业机会的四种变革，分别是技术变革、政治和制度变革、社会和人口结构变革以及产业结构变革。

技术变革可以使人们去做以前不可能做到的事情，或者更有效地去做以前只能用不太有效的方法去做的事情。新技术的出现也改变了企业之间竞争的模式，使得创办新企业的机会大大增加。政治和制度变革，革除了过去的禁区和障碍，或者将价值从经济因素的一部分转移到另一部分，或者创造了更大新价值。社会和人口结构变革，就是通过改变人们的偏好和创造以前并不存在的需求来创造机会。产业结构变革，指因其他企业或者为主体顾客提供产品或服务的企业消亡，或者企业吞并或者互相合并等原因而引起的变化，进而改变行业中的竞争状态。

由此，创业机会来自于一定的市场需求和变化。创业机会本质上来源于变化和创新，变化主要是市场的变化或技术的发展，没有变化就不会有机会。

(四)影响创业机会识别的关键因素

创业机会的识别受到历史经验等多种因素的影响。创业者能否恰当地把握创业机会，主要受以下四类因素影响。

1. 创业者对于创业机会基本特征的认识，影响创业者机会识别的全面性

创业机会是适当的商机、有价值的创意、可得的资源、团队的能力四者的有机组合，当且仅当这四种要素处于匹配的状态时，对特定的创业团队而言，相应的商机才能够被称为"创业机会"。

2. 创业者的先前经验，影响创业者的机会识别能力和机会选择态度

先前经验，即创业者以往的创业实践和其他商业实践。一般而论，创业者的商业实践越丰富，则越会从四要素的匹配上理解、考察和认识创业机会。而此前创业者在商业实践中的位置高低，也会影响创业者对创业机会认识的全面程度和深刻程度。创业者此前的"成功实践"和"受挫实践"也会影响创业者的机会识别。

3. 创业者对领域知识的掌握程度，影响创业者机会识别的宽度和深度

现代经济已进入"后工业社会"，领域知识对于创业活动的推动和组织越来越重要，相应也影响创业者的创业机会识别能力。因此，创业者应该在自己更有专业领域知识的细分行业发现创业机会。

4. 创业者的悟性及灵感决定创业者机会识别的效率和准确程度

悟性即对事物理解、分析、感悟、觉悟的能力，也是指触类旁通的思维方式。灵感是指人们在探索过程中由于某种机缘的启发，而突然出现的豁然开朗、精神亢奋、取得突破的心理现象。富有悟性和灵感的创业者，通常能比他人更快地认识到其所遇到的创业机会。

（五）创业机会识别的一般过程

创业机会识别是思考和探索互动反复，并将创意进行转变的过程。

1. 创业机会识别是为了应对并化解机会的不确定性

创业机会是四类要素的有机组合，每个要素自身都有不确定性，这就使得创业机会也会有一定程度的不确定性。

第一，特定商机客观上具有不确定性，商品市场的不确定性是司空见惯的现象。典型的是，原本市场上需要某种商品，但"半路杀出个程咬金"，某种替代品的出现可能导致原本有需求的商品这时就没有需求了，于是前面出现的商机就消失了。由此可见，商机的不确定性是常见的现象。

第二，特定创意与商机的匹配关系具有不确定性。创意与商机的匹配，客观上是一个动态的过程，创业者主观上期望自己的创意与客观上存在的商机相匹配，但创意是创业者的创造性的智力成果，创意的客观效果与主观期望往往存在差异，这就可能使特定创意与商机的匹配关系处于不确定的状态。

第三，创业者是否有能力实施相应的创业，也具有一定的不确定性。创业者利用特定商机与创意的匹配关系而实施自己的创业，多数会认为自己有能力将相应的创业推向前进。但即便是经验丰富的创业者，也只有真正步入创业之后才会证实自己的能力是否真的与客观需要是一致的。

第四，创业者能否获得创业所需要的资源更具有不确定性。创业者不可能起步之初就拥有创业所需要的所有资源，而是需要从核心团队之外的个人或机构（含企业）获取相应的资源（人、财、物）。但是，资源是需要通过市场交易才可能获得的，创业者需要的某些资源，可能在创业者可触及的范围内根本就不存在相应的供给者，也可能各种资源的潜在供给者认为将相关资源提供给创业者有可能伤害自己的利益，所以他们不会将相关资源提供给创业者。

既然前述四种要素都具有不确定性，那么创业机会必然也具有不确定性，创业机会识别的动因之一，就是为了化解机会的不确定性。凡事预则立，为规避或减少创业机会的不确定性，创业者即需要进行创业机会的辨识，且理性识别机会有助于规避或化解创业的风险。

2. 创业机会识别的特殊性

创业机会的识别具有一定程度的特殊性。首先，创业机会不同于一般性商机。创业机会有四个要素：适当的商机、有价值的创意、可得的资源、团队的能力。创业机会与一般性商机有三个差别：一是创业机会要求特定商机是可持续的，蕴含着可持续增长的需求，而一般性商机可以是昙花一现的；二是创业机会要求创业者有创意，进而通过实施相应的创意为客户创造价值，而一般性商机多数要求商家有现成的产品，用既有产品满足客户的需求；三是创业机会要求商家（新创企业）拥有小团队（对应能力）、轻资产（对应资源），即可从事相应商业活动，而一般性商机往往要求商家是大团队、重资产。

其次，创业机会的识别是一个反复探索的过程。一般性商业机会多数是显在的，而创业机会多数是潜在的。创业机会的识别远难于一般性商业机会的识别，进而使得创业机会的识别成为一个需要反复探索的过程。创业者一是需要深入调研、细分市场商机，并精细构思、设计自己的创意；二是要反复考察、论证创意、商机二者的匹配程度；三是需要反复调查、分析能否在恰当的时间获得相应创意所需要的资源和能力。

最后，创业机会识别是将"创业的冲动"变为"理性的创业"的关键环节。理性的创业者如果没有发现适当的创业机会，多数绝不会茫然创业。而那些简单地将一般性商机理解为就是创业机会的人，多数会陷入无目的的创业冲动之中。因此，创业机会识别是将"创业的冲动"变为"理性的创业"的关键环节。

3. 创业机会识别过程的主要环节

环节一：商机的价值性分析——商业价值。

所谓分析商机的商业价值，就是分析特定商机所对应的市场需求规模与结构，特别是该商机刚刚形成时的需求规模与结构（简称"起始规模与结构"）、可能的客户群、客户群的人文特征，以及哪些客户有可能成为新创企业的"目标客户"、哪些客户有可能成为目标客户中的"领先客户"，领先客户是新创企业未来应该首先开发的客户，并需要借助领先客户的"示范效应"进一步开发其他目标客户。

环节二：商机的时效性分析——机会持续时间与成长性。

适合创业的商机，一定要有持续性和成长性。商机的时效性分析，也就是分析特定商机的持续时间与市场需求的成长性。所谓商机的持续时间，即特定商机所对应的市场需求有可能持续多长时间。无疑，相应的市场需求持续越久，新创企业越是值得去追逐这样的商机。所谓商机的成长性，实际上是指特定商机所对应的市场需求的成长性。仅当创业者所面对的市场需求从长期趋势上看，会持续成长的情况下，市场上才可能容纳较多的企业，从而新创企业也才会有较大的成长空间。

一般而论，新创企业在市场需求成长最快的时间段（简称"机会窗口"）向市场推出自己的产品或服务，才有可能尽快在市场中立足，进而为未来的成长奠定基础。

环节三：机会要素的匹配性分析——商机、创意、资源、能力的匹配程度。

如果商机与创意之间是匹配的，那么接下来就需要分析创业者的能力是否与自己的创意相匹配，即创业者是否有能力实施相应的创意，以及创业者是否能掌握实施该创意所需的资源。如果自己的能力、掌控的资源不足以实施相应的创意，则这时的商机也不构成创业机会。

环节四：机会的风险收益性分析——当且仅当机会的风险收益大到某种程度时，诸如创业者"满意"的程度，创业者才值得放心地冒险起步、启动创业。否则，就得回到第一个环节，以寻找有价值、更为恰当的创业机会。

(六)创业机会识别的行为技巧

创业者可以通过细分市场、系统分析、顾客建议、创新创造等几个方面发现创业机会。

1. 通过细分市场发现创业机会

创业机会首先是细分市场的商机。创业机会识别应先关注细分市场中的商机，可以从国民经济行业分类的第四级分类中寻找商机。

2. 通过系统分析发现创业机会

多数创业机会可以通过系统分析被发现。人们可以从企业的宏观环境（政治、法律、技术、人口等）和微观环境（顾客、竞争对手、供应商等）的变化中发现创业机会，借助市场调研，从环境变化中发现机会，这是机会发现的一般规律。

3. 通过顾客建议发现机会

一个新的创业机会可能会由顾客识别出来，因为他们知道自己需要什么。这样，顾客就会为创业者提供机会。顾客的建议多种多样，一个讲求实效的创业者总是期望从顾客那里征求想法。

4. 通过创新创造获得创业机会

这种方法在新技术行业中最为常见，它可能始于明确拟满足的市场需求，从而积极探索相应的新技术和新知识，也可能始于一项新技术发明，进而积极探索新技术的商业价值。通过创新创造获得创业机会比其他任何方式的难度都大，风险也更高。但如果能够成功，其回报也会更大。

二、市场调研内容

(一)市场调研概念

人们常说21世纪是知识经济的时代，其最大特征就是信息成为一种重要的社会资源，而市场调研是获取市场信息、进行市场营销和现代化管理的一种重要手段。随着我国市场经济的发展和市场营销观念的深入人心，市场调研作为一个行业、一个产品、一门科学逐步发展成熟起来。

市场调研，简单地说是指为了进行市场营销所开展的调查与研究活动。早在20世纪30年代，由于产品销售问题尖锐、市场竞争日趋激烈，许多企业为了把已经生产出来的产品卖出去，需要对市场进行经常性的分析，所以有的企业就开始设立调查部门。这时候市场调研的任务主要是了解市场供需状况和竞争情况，寻找适当的推销产品的方法。如这个时期的美国皮尔斯堡面粉公司成立商情调查部门，目的就在于分析面粉市场的供需情况、销售渠道和竞争状况，寻求更有效的推销面粉的技巧。

在现代市场营销学中，市场调研是与营销观念相适应的概念。营销观念是一种以顾客的需求和欲望为导向的经营哲学。作为企业经营的指导思想，营销管理的职能不仅仅是如何把已经生产出的产品卖出去，更重要的是以满足消费者或用户的需求为中心，参与企业生产经营全部活动的决策。市场调研就是收集、记录分析影响企业的外界因素，以及与企业购产销活动有关的情报资料，并对市场环境、营销机会，以及营销战略和策略等提出研究报告，供企业高层管理人员或决策者做出判断和决策。

理解市场调研应把握以下几个方面要点。

(1)市场调研并非对市场营销的所有问题盲目地进行调研，而是指为了某项市场营销决策所进行的调查。

(2)市场调研是服务于市场营销而又监控营销管理过程的主要手段。市场调研是具体的营销决策的重要环节和前提。

(3)市场调研是一个系统，包括对有关资料进行系统的计划、收集、记录、分析、解释和报告的过程。

综上所述，市场调研是指运用科学的方法和合适的手段，有目的有计划地收集、整理、分析和报告有关营销信息，以帮助企业、政府和其他机构及时、准确地了解市场机遇，发现存在的问题，正确制定、实施和评估市场营销策略和计划的活动。

(二)市场调研的内容

引入 案例

2021年智慧交通行业调研

智慧交通作为智慧城市的一部分，伴随着智慧城市的不断建设，行业应用逐渐走向深度化、综合化。随着我国智慧交通的市场潜力被不断挖掘，交通领域对数据可视化、信息化有着强烈的需求，视频监控系统作为智能交通产品中的重要应用，其需求也将随着智慧交通的持续发展而不断增长。

一、行业背景

1. 政策利好与新基建推动

2019年9月，中共中央、国务院颁发《交通强国建设纲要》，提出到2035年基本建成交通强国。智慧交通创新方面，要推动大数据、互联网、人工智能、区块链、超级计算等新技术与交通行业深度融合。2020年突如其来的新冠疫情让基于"新技术"的新基建启动提速，同时作为新基建一部分的智慧交通发展更是锦上添花。

2. 城市交通压力剧增

城市化进程不断推进，日益增大的城市交通压力也是促使智慧交通建设蓬勃发展的主要驱动力之一。

3. 新兴技术的赋能与场景落地

以物联网、大数据、5G、云计算等新兴技术为基础的综合监控系统加快了智慧交通行业的发展。人工智能技术在交通市场上的应用大规模落地，推动了传统交通产业化升级，进一步带动了智慧交通产业的规模化。

4. 传统交通监控模式已经落伍

二、行业需求

智慧交通已成为智慧城市建设的重要突破口，发展势在必行，智慧交通监控已在全国多个城市规划落地。通过放置在道路和路边的各种高清及超高清网络摄像机和光纤传输模块等设备，对道路路况和来往车辆进行实时监控、视频/图像回传和存储，结合AI、移动互联网、物联网、云计算、大数据等技术，实现道路、车辆、交通监管设备之间的快速通信和信息共享。

三、解决方案

道路上的监控摄像头多种多样，大致可以分为这几类：交通道路监控、治安监控、路口违章监控，以及车辆测速监控等。基于智慧交通的需求痛点，TSINGSEE青犀视频结合旗下产品EasyNVR视频边缘计算网关，提供一站式城市智慧交通视频监控解决方案。整个方案架构设计为3层：硬件设备层、视频能力层、视频应用层。

方案汇聚了EasyNVR软硬件一体的特点，通过前端摄像头采集现场音视频等资源，再由网络传输、上传、转码、分发包括RTSP、FLV、RTMP、WS-FLV、HLS格式的视频流，汇集到交通指挥监控中心，并可在多终端(大屏、手机端、Web端等)显示。监控中心采用多级架构技术，分散监控，集中管理，查看实时视频监控图像的同时，还可以对其进行录制、检索与回放。

四、实现功能

1. 快速接入监控设备。

2. 开放性强，设备兼容性极佳。

3. 实时视频监控，支持多协议视频分发。

4. 支持 H.265 编码，带宽压力小。

5. 支持控制前端监控摄像机。

6. 录像检索回放与管理。

7. 无缝对接，播放终端全兼容。

8. 实时监测前线监控设备的运行状态。

9. 云端远程运维。

10. 多用户及设备管理。

11. 支持 HTTPS。

12. 第三方平台对接。

五、方案优势

EasyNVR 针对智慧交通行业的视频安防监控需求，可提供丰富、完善、专业的平台功能，满足用户的多样化、个性化的城市交通监管需求。

1. 视频监控高清化。可以有效快速地监控城市中道路的车流情况，清楚地抓拍到人、车、物的细节，支持监控记录更大范围内的交通信息，构成纵览全局和掌控细节的全息交通监测平台，为城市交通网络化提供大量有效信息。

2. 网页客户端多屏监控画面展示。支持单画面、多画面显示，实现对城市交通监控的可视化监管。

3. 视频大数据智能分析。能够实现同路段各车之间、各路段之间、不同路段车辆的数据共享、信息共享。有利于交通部门实现智能调度、交通规划、交通行为管理以及交通安全预防等监管和决策，提高响应速度。

4. 视频智能监控技术。可以有效完成车辆减超速、车辆逆行、交通堵塞、道路烟雾和火灾等事件的自动监控，并且就车流量、车速、车型、突发事件紧急程度进行预测分析，为道路安全运行与危险情况营救提供必要的数据支持。

5. AI 人工智能识别与目标跟踪。通过 AI 人工智能算法技术，可以对几十种违法行为进行分析和取证，以便警务人员更好地处理交通违章、肇事逃逸等事故。

6. 快速解决复杂网络环境。能满足多种设备、多种终端的同步输出需求，有效解决企业/政府机构单位内的复杂网络环境。

7. 高效稳定，交互体验智能。将互联网思维、架构和技术应用到交通监管平台，不仅能够做到道路监控的高效、可靠与稳定，同时也能拥有互联网视频的极佳交互体验。

8. GPS/北斗定位。借助 GIS 和遥感技术，在地图上实时定位道路运营车辆，监控车辆的位置、行驶路径，以及发送紧急信息等。

9. 快速实现业务集成与开发。

六、总结

TSINGSEE 青犀视频基于 5G、物联网、大数据、AI、移动互联网、云计算、边缘计算等新兴技术，打造智慧交通行业视频监控可视化解决方案，让城市交通具备感知、互联、分析、预测、控制等能力，以充分保障交通安全、发挥交通基础设施效能、提升交通系统运行效率和管理水平，满足交通领域的信息化、智能化、多元化场景需求。

市场调研所涉及的内容很广泛，凡是企业市场预测、经营决策所涉及的领域，都是市场调研所要研究的对象。由于调研目的不同，市场调研的内容也各有侧重点，归纳起来市场调研的内容可分为两个方面：一是关于宏观市场环境的调研；二是为具体决策服务的专题调研。

1. 宏观市场环境调研

1) 经济环境

经济环境主要指市场所在地的经济发展水平、经济和产业分布状况、国内生产总值、个人收入、可支配个人收入、可任意支配个人收入等。经济环境对市场容量、市场分布、产品需求、消费水平等均有重要影响，有重要的调研意义。

(1) 经济的发展水平。了解一个国家或地区市场的经济发展水平，有助于企业确定该市场的需求规模和基本需求水平。经济发展水平一般可分为传统社会阶段、"起飞"前准备阶段、"起飞"阶段、成熟阶段、高额消费阶段。可以通过收集三大产业结构状况、居民收入和消费状况来分析判断当地经济发展水平。

(2) 经济和产业分布状况。由于资源分布和人文背景等原因，不同地区的经济分布各有特点，如我国的经济分布就存在由东向西递减的三个梯次。不同地区的产业分布也各有千秋，如东北的重工业、长江三角洲的纺织工业、珠江三角洲的电子工业、大庆的石油工业等。对经济分布状况的调研可以查阅当地或国家的经济统计年鉴、研究机构的研究成果等内容。

(3) 消费者收入。消费者收入决定市场的规模和消费需求层次，企业需要通过市场调研，了解消费者个人收入、可支配个人收入、可任意支配个人收入、货币收入与实际收入关系等。消费者收入的信息可通过收集当地经济资料的同时，还可以通过对消费者本人及家庭成员调查等形式验证。

(4) 消费者支出。消费者支出是指消费者收入的消费投向、支出结构（即消费结构）。了解消费者支出结构即把握了消费者需求构成、消费投向特点（即需求特点），对企业经营决策有指导意义。根据德国统计学家恩格尔提出的消费需求结构理论——恩格尔定律，消费者支出结构是不断变化的：当收入提高时，用于食品方面的支出占家庭总支出的比例会不断下降，而用于文化、教育等精神方面的支出会迅速增加。通过市场调研也可以了解消费者支出的大致变化趋势。

2) 政法环境

政法环境是指对企业营销有影响的政治、法律等因素，属于上层建筑的范畴。政治环境包括政体、政党、政策、政局等因素，这些因素是企业市场开拓、营销策划时必须考虑和适应的因素，需要深入调研、认真分析，企业从中可以找到发展机会，也可以发现潜在的危险。对政治环境的调研既可以通过公开途径，也可以通过公关、人际的途径加以了解，特别是请教一些专家、政府人士或与政府有密切关系的人士。法律环境主要是指企业或市场所在地的立法、执法状况，法治水平，法律对企业经营的具体要求等。

3）人口环境

人口是市场的主体，是企业经营最终的服务对象。收集这个对象的信息可以加强对一个市场的认识，提高企业经营的针对性。调研人口环境主要是要了解市场所在地的人口规模、人口构成、人口分布、人口的流动等方面的特征，掌握这些特征有助于企业确定正确的目标市场和营销策略。通过公开途径和政府统计资料，企业可以较方便地得到人口环境的有关信息。

4）文化环境

文化环境主要是指文化特征、风俗习惯、宗教禁忌、教育水平等。文化环境具有长期稳定性，对需求的影响一般具有刚性的特征，加强对文化环境的调研，可以使企业的产品开发、营销策略更贴近市场所在地消费者的心理和文化要求。

5）地理环境

地理环境包括地理位置、区域位置、地形地貌、气候条件、交通条件等，不同市场的地理环境千差万别，需要不同的产品、销售渠道、经营策略。因此企业必须加强对地理环境诸多因素的认识，并落实到企业的营销实践中去。

2. 专题调研

专题调研是针对企业经营中的特定课题所做的深入调查研究，一般根据企业实际需要设定，往往比较具体时效性也较强。

1）市场需求调研

企业营销活动以研究市场需求为起点，以满足市场需求为终点，对市场需求状况和趋势的研究是否准确、及时，关系到企业的生存和发展，所以市场需求可看作是企业市场调研要了解的核心内容之一。市场需求调研的内容主要包括市场需求总量及其构成，各种商品的需求数量、品种、规格、款式和包装，各种商品需求的地域分布和时间分布，市场需求的满足度及发展趋势等。

2）产品调研

产品调研侧重了解与企业产品策略有关的各种信息，包括用户对企业产品的功能、质量的评价，用户对企业产品包装、品牌、款式、规格、花色的评价，用户对企业改变产品属性价格等因素的反映，产品生命周期阶段状况，新产品的评价，本企业产品市场占有率及销售潜力等。

3）分销调研

分销调研侧重于对企业销售渠道现状的检查与分析，中间商销售情况，中间商资信与经营能力状况，用户对各类中间商（批发商、零售商、代理商）的印象及评价，各类中间商的发展变化趋势，商品的储存、运输与养护情况，销售渠道策略的实施、评估、控制与调整等。

4）促销调研

促销调研主要考察的是营销人员的业务状况、业务能力、销售业绩，营业推广措施对用户产生的影响及促销效果，用户对各种广告媒体及广告形式的反映和评价，广告的沟通效果和促销效果，公共关系活动和宣传措施对企业形象塑造和产品销售的影响等。

5）竞争者调研

任何产品、任何企业都会面对各种各样的竞争者。美国管理学家波特将与企业有利益之争的竞争者分为同行竞争者、潜在竞争者、替代品竞争者、供应方竞争者、买方竞争者五类。不同类别的竞争者会对企业的经营或利益构成威胁，因此为在竞争中占据主动，企业必须知己知彼。对竞争者的调查包括：本企业竞争者是谁？主要竞争者的市场地位和市场份额如何？主要竞争者的竞争优势和劣势分别是什么？竞争对手的竞争战略与策略是什么？本企业的市场地位如何？本企业的竞争优势和劣势分别是什么？

6）企业形象调研

企业形象已成为现代企业竞争的重要手段，及时、准确地了解企业在社会公众、消费者、合作者心目中的形象，不断提升企业的正面形象，克服负面形象，提高企业的知名度、美誉度，是现代企业的一项重要工作。而企业形象是一个多方面、多角度的形象认知，企业形象的实态究竟如何？企业形象的愿景究竟如何确定？这需要综合了解各方面的信息。企业形象调研主要是了解企业总体形象、企业正面形象、企业负面形象、企业领导人形象、企业员工形象、企业理念形象、企业视觉形象等等。

三、市场调研的步骤

（一）研究企业背景和重点工作

市场调研要为企业经营服务，因此企业市场调研规划的起点应该是企业的各项经营工作，特别是企业经营中的重点和难点工作。要通过了解企业经营的市场背景、企业自身的经营状况，了解和确定企业经营工作的重点和难点，并以此作为企业市场调研工作服务的中心和工作重点。

（1）要掌握与企业和所属行业相关的各种历史资料和发展趋势。这些资料包括销售额、市场份额、盈利性、技术、人口、生活方式等，对历史和发展趋势的分析应分别在行业层面和企业层面进行。当一个企业的销售额与整个行业的销售额同时下降，比之企业的销售额下降而行业的销售额上升的情况，所反映的情况是完全不同的，反之亦然。

（2）要掌握企业的资源状况和面临的制约因素。例如：资金、市场调研能力、时间等。了解这些情况有助于对下一步调研工作的目标和主题做出适当的界定。

（3）要分析决策者的目标，包括决策者的组织目标和决策者的个人目标。要使一个市场调研项目获得成功，同时满足上述两个目标是很重要的，但要做到这一点往往并不容易。决策者对组织目标的阐述通常并不十分清楚，且过于原则，如改善公司的形象、提高经营效益等。市场调研人员应注意并善于使组织目标具体化和清晰化。

（二）提出市场调研工作目标和主题

在了解企业以上各方面情况的基础上，还要进行一定的调查工作，并提出调研工作目标和主题。

（1）与决策者交谈和讨论。这是一个非常重要的步骤。市场调研是为经营管理决策提供依据的，决策者需要了解市场调研的功能和作用，市场调研人员需要了解决策者所面临的问题，了解决策者和组织的目标、此外，决策者也是全面情况的掌握者。所有这些都决定了市场调研人员在确定调研目标和主题时接触决策人员并与他们交谈、讨论的重要性和必要性。

（2）访问专家。选择一些熟悉市场调研与企业、行业背景的专家，并与之交流讨论，也有助于确认企业调研工作的目标和主题。有时，寻找那些既了解情况又愿意合作的专家并非易事，调研人员应通过多种渠道，从企业内部和外部选择合适的专家。会见专家之前应做好准备，但通常并不以正规的询问表形式进行，灵活、轻松的会见形式和气氛有助于专家充分发表自己的见解。

（3）分析有关的二手资料。在确定市场调研与预测问题的过程中，对二手资料的分析是必要和有益的。事实上，尽管正式的调研并未开始，但调研人员都或多或少积累一定的二手资料，而且在一定范围内收集一些二手资料并非难事，这里要特别注意收集企业内部的有关报告和资料。对二手资料的分析，对确定企业市场调研工作的目标和主题大有裨益。

（4）开展定性调查。有时从决策者、专家、二手资料获得的信息仍不足以确定调研目标和主题。此时，有必要开展一些定性调查工作，补充信息来源。这种定性调查通常只在不大的样本中进行。具体调查方法包括专家访谈、小组座谈等。

（三）确定工作任务和调研课题

在了解企业经营管理工作的重点和难点、决策者个人和组织目标，确定调研工作目标和主题后，调研人员就需要把经营管理工作的重点特别是难点转换为具体的工作任务和调研课题。确定市场调研工作任务和调研课题必须遵循两条原则：一是能使决策者获得经营管理决策所需的全部信息；二是能指导调研人员开展调研活动。在实践中，既要防止确定的市场调研问题过于宽泛，也要防止其反面即确定的问题过于狭窄。

（四）确定调研工作日程

确定调研工作日程是将调研过程每一阶段需完成的任务做出具体的时间规定，以避免拖延时间。确定调研日程，一方面可以指导和把握计划的完成进度；另一方面可以控制调研成本，以达到用有限的经费获得最佳效果的目的。调研工作日程一般通过调研工作日程表的形式确定，一般分为若干阶段并说明各阶段应完成的任务、时间，以及人员安排等。市场调研的进度一般可分为以下几个阶段：确定调研的具体内容，查找文字资料，制定调研问卷，进行实地调研，资料汇总、核对、整理、分析，完成市场调研报告初稿并征求意见，修改、确定市场调研报告，提交调研报告并交流。

（五）确定调研所需费用

调研费用因调研任务和种类的不同而异，应遵循节约的原则，在有限的预算条件下达到最大目标，或在某一目标之下求得最小消费的费用消耗。在实际中，有关市场调研费用的预算大都是提交经费报价单，包括花费的项目、数量、单价、金额及备注说明等。根据一般市场调研案例的经验，市场调研的经费预算一般比例是：策划费占30%、访问费占40%、统计费占10%、报告费占20%。若是委托企业外部的调研机构，则还需要增加全部预算的30%左右作为税款及利润。

（六）形成市场调研规划

在完成上述步骤后，企业就可以制定其市场调研规划了，这个规划是在较长时期内的企业市场调研工作计划。需要列出企业背景，企业目标和工作重点，市场调研的工作目标、工作任务、工作日程、所需费用等，并以计划书的形式予以确认。

四、市场调查方法

市场调查一般有四种方法：文献法、访问调查法、观察调查法、实验调查法。

（一）文献法

文献法也称历史文献法，是通过阅读、分析、整理有关文献材料，全面、正确地研究某一问题的方法，是一种古老而又富有生命力的科学研究方法。

文献法的一般过程包括五个基本环节，分别是：提出课题或假设、研究设计、搜集文献、整理文献和进行文献综述。文献法的提出课题或假设是指依据现有的理论、事实和需要，对有关文献进行分析整理或重新归类研究的构思。

1）文献法优点

（1）研究者可以选择他们不能亲自接触研究对象的课题进行研究。

（2）不会引起研究对象的情绪反应。

（3）抽样容量大、费用低。

2）文献法缺点

常来自文献本身的一些缺陷，如：许多文献的作者往往带有一定的思想倾向。

（二）访问调查法

访问法是通过访员与调查对象接触，收集有关资料的社会调查方法。访问调查法又称询问法，是指调查人员将所要调查的事项，以当面、电话或者书面等不同的形式，采用访谈询问的形式向被调查者了解情况，获得所需要的资料的一种调查方式，也是在市场调查中收集第一手资料最常用、最基本的方法。从接触方式而言，分为面访和电话采访；从访问类型而言，分为结构型访问（问卷式）和非结构型访问（交谈式）；从访问的人数而言，分为个别访问和集中访问，后者又可分为座谈和集中填答问卷两种。

采用访问法，可以对某一主题或某一方面情况进行调查、搜集资料，还可以在访前不做具体限定，而在与被访者的晤谈过程中捕捉有用的信息，从而确定访问的具体内容。

1）访问法的优点

搜集资料的完成率较高、提问方式较灵活，可以对一些问题作深度调查。

2）访问法的缺点

面访实施费用较高，时间和人力花费也较大，无法使被访者完全匿名，因而对其答题结果会有所影响，且访问成功与否几乎完全取决于采访者的水平和能力。

（三）观察调查法

观察调查法是指调查者利用自身的感官或借助仪器设备观察被调查者的行为活动，从而获取市场信息资料的调查方法。观察调查法最大特点是，被调查者是处在自然状态下接受调查的，即当被调查者被调查时，并未感觉到自己正在被调查。与在被访问者面谈调查不同的是，观察调查法主要观察人们的行为、态度和情感。观察调查法是不通过提问或者交流而系统地记录人、物体或者事件的行为模式的过程。当事件发生时，运用观察技巧的市场研究员应见证并记录信息，或者根据以前的记录编辑整理证据。

使用观察法作为市场调查中数据收集的工具，需要如下条件：首先，所需要的信息必须是能观察到并能够从观察的行为中推断出来的；其次，所观察的行为必须是重复的、频繁的或者是可预测的；最后，被调查的行为是短期的，并且可获得结果的。

1. 观察调查法记录技术

记录技术的好坏直接影响着调查结果，观察调查法记录技术主要包括观察卡片、符号、速记、记忆和机械记录五种。

1）观察卡片

观察卡片或观察表的结构与调查问卷基本相同。制作观察卡片的程序是：首先，根据观察内容，列出所有观察项目；其次，去掉那些非重点的、无关紧要的项目，保留一些重要的能说明问题的项目；再次，列出每个项目中可能出现的各种情况，合理编排；最后，通过小规模的观察来检验卡片的针对性、合理性和有效性，然后制成卡片。

2）符号

符号是指用符号代表在观察中出现的各种情况。在记录时，只需根据所出现的情况记下相应的符号，或在事先写好的符号上打钩即可，不需要再用文字叙述。这样不仅加快了记录速度，避免因忙乱而出错，而且还便于资料的整理。

3）速记

速记是用一套简便易写的线段、圈点等符号系统来代表文字进行记录的方法。

4）记忆

记忆是指在观察调查中，采取事后追忆的方式进行记录的方法，通常在调查时紧迫或缺乏记录工具的情况下使用。由于人的大脑不可能准确无误地储存很多信息，因此，必须抓住要点进行记忆，提纲挈领，事后及时进行整理。采用记忆的方法虽然可以避免被调查者的顾虑，但常容易遗忘一些重要的信息。

5）机械记录

机械记录是指在观察调查中运用录音、录像、照相、各种专用仪器等手段进行的记录。这种记录方法能详尽地记录所要观察的事实，免去观察者的负担，但容易引起被调查者的顾虑，使调查结果失去真实性。

2. 观察调查法的优点和缺点

1）观察调查法的优点

（1）观察调查法的最大优点是它的直观性和可靠性，它可以比较客观地搜集第一手资料，直接记录调查的事实和被调查者在现场的行为，调查结果更接近于实际。这是文献法等间接调查方法所不可比拟的，也是访问法所不及的。

（2）观察调查法基本上是调查者的单方面活动，特别是非参与观察，它一般不依赖语言交流，不与被调查者进行人际交往。因此，观察调查法有利于对无法、无须或无意进行语言交流的现象进行调查，有利于排除语言交流或人际交往中可能发生的种种误会和干扰。

（3）观察调查法简便、易行，灵活性强，可随时随地进行调查。

2）观察调查法的缺点

（1）观察调查法虽可提供较为客观和正确的资料，但它只能反映客观事实的发生经过，而不能说明发生的原因和动机。

（2）观察调查法常需要大量观察员到现场进行长时间的观察，调查时间较长、调查费用支出较大。因此，这种方法在实施时常会受到时间、空间和经费的限制。

（3）对调查人员的业务技术水平要求较高，如要求调查人员应具有敏锐的观察力，良好的记忆力，必要的心理学、社会学知识，以及对现代化设备的操作技能等。否则，调查人员将无法胜任此项工作。

3. 运用观察调查法的注意事项

（1）为了使观察结果具有代表性，能够反映某类事物的一般情况，应选择具有代表性的典型对象，在最适当的时间内进行观察。

（2）在进行实际观察时，不能让被调查者有所察觉，否则，就无法了解被调查者的自然反应、行为和感受。

（3）在实际观察时，必须实事求是、客观公正，不得带有主观偏见，更不能歪曲事实真相。因此，要求调查人员遵守有关法律和道德准则，不能对涉及国家机密和个人隐私的内容进行观察，除非得到有关部门和人员的允许。

（4）调查人员的记录用纸和观察项目最好有一定的格式，便于尽可能详细地记录调查内容的有关事项。

（5）为了观察客观事物的发展变化过程，进行动态对比研究，需要调查人员做长期反复的观察。

（四）实验调查法

实验调查法是指从影响调查问题的许多因素中选出一个或两个因素，将它们置于一定条件下进行小规模的实验，然后对实验结果做出分析，研究实验结果是否值得大规模推广的一种实地调查法。

1. 实验调查法的特点

1）在人为的操纵下，使被调查研究的对象以较纯净的状态出现

无论是社会现象，还是人际关系或人的潜能，往往是错综复杂、瞬息万变的，要揭示它们之间的本质联系，难度比较大，但是在实验调查中，可以通过对实验刺激变量的控制和操纵，使一些现象发生，另一些现象不发生，使假设影响条件非常明显地体现出来。这样，不仅能够验证事先假设的正确与否，而且能够使实验对象的发展变化过程以纯粹的形式出现，以便认识在自然状态下难以观察到特征和因果联系，这是其他调查方法所不具备的。

2）鲜明的对照性

实验调查法与其他调查法相比较，一个突出的特点是鲜明的对照性——实验调查"参照物"。这种"参照物"可以以实验对象自身作为对照。实验调查的结论，也就是说在人为地、有目的地、有意识地对调查对象进行实验——即条件变化对事物发展变化的影响，均是通过对照得出来的。人们通过设立可以控制的对照组或通过自身实验前后比较和鉴别，从而认识事物的发展变化及其规律性，这是实验调查法的显著特点之一。

3）可重复性

由于实验的规模有一定的限度，时间相对来说比较短，投入的财力也不多，因而

有可能在不同的时间内重复实验。而重复实验的结果与前面的实验结果相同或差距不大，就增强了实验调查的可信性。

4）方法上的综合性

在实验调查的过程中，必然要使用现场观察法、访问调查法或问卷调查法等多种方式方法，以便更全面地搜集资料。实验调查法不同于其他调查方法，其中很重要的一点在于它有计划地、能动地在改变调查对象所处的环境条件中寻找事物的因果联系，而要"寻求事物的因果联系"，必然要动用其他的方式方法进行观察分析研究，以便更真切地把握本质和规律。

2. 实验调查法的步骤

应用实验调查法的一般步骤如下。

（1）根据市场调查项目和课题要求，提出研究假设。

（2）进行实验方案设计，确定实验方法。

（3）选择实验对象。实验对象的选择一定要在同类事物中具有较高的代表性。对于复杂的事物来说，选择的实验对象还应该具有不同类型。

（4）进行正式实验。严格按照实验设计规定的进程进行实验，对实验结果进行认真的观测和记录。

（5）整理、分析实验资料，并做实验检测，得出实验结论，写出调查报告。

3. 实验调查法的优缺点

1）实验调查法的优点

（1）调查结果比较客观、实用，具有较强的说服力。实验调查法采用科学的实验方法在真实的市场活动中进行实验，可以排除人们主观估计的偏差，所获得的调查资料比较客观、可靠，具有一定的可信度和实用性。可通过对实验进行合理设计及有效地控制实验环境，使实验反复进行，提高其实验结果的精确性，从而使实验结果具有较强的说服力。

（2）调查方法的运用具有可控性和主动性。在实验调查法中，调查人员可通过主动改变这些可控的实验因素来观察其对调查对象的影响大小，从而达到实验的目的，而不是被动、消极地等待这些影响因素的变化对调查对象的影响。

（3）可以探明某些现象之间的因果关系。实验调查法通过改变自变量来研究其对因变量的影响程度，从而可以探明自变量与因变量之间的因果关系。

2）实验调查法的缺点

（1）实验中管理控制较难。由于在实验中，各种非实验因素在不断发生变化，且很难进行人为控制，如节假日、季节性等这些非实验因素的变化等，都会影响实验结果，这会加大实验过程中管理控制的难度。

（2）保密性差。由于是在现实的市场环境中进行实验，实验计划容易暴露，因此很难避免竞争对手对实验现场环境进行有意破坏，这也会影响实验结果的准确性。

（3）实验费用较高。

（4）实验花费的时间较长。

辅助阅读·

速溶咖啡的市场调研

如果你的客户不说实话怎么办?

20 世纪 40 年代,雀巢公司率先研制出速溶咖啡。当时,速溶咖啡的口味接近豆制咖啡,且更为便利,然而投入市场后,消费者却并"不买账"。为了搞清缘由,雀巢聘请专家进行一系列调研,得到的结果是:很多被访的家庭主妇不愿选购是因为不喜欢速溶咖啡的味道。那么,速溶咖啡无法打入市场真的是因为口味差吗?随后,专家实施了口味测试,结果却是主妇们大多辨认不出速溶咖啡和豆制咖啡的味道有什么不同。显然,在第一次调研中被访的家庭主妇说了谎。为了进一步寻找消费者"说谎"的真相,专家编制了两种购物单,请两组被访主妇描绘按购物单采购的家庭主妇的形象。

结果显示:

她们认为购买速溶咖啡家庭主妇是个懒惰的、邋遢的、生活没有计划的女人;

购买新鲜咖啡的则是勤俭的、讲究生活的、有经验的和喜欢烹调的主妇。

原来,速溶咖啡并不是输在了口味,而是主妇们的个人动机:成为一名勤劳的、称职的家庭主妇。由于"说谎"不可避免,因此要从多个角度,充分做好市场调研。市场调研对决策者来说就像是侦察兵,是一个聆听、分析、解读的过程,是一个走近用户、走出"自我"的途径。

思考与训练

运用本小节知识内容,对你想创业的项目开展一次充分的市场调研,并形成一份调研报告。

第四节 选择项目

一、创业项目的分类

创业项目指创业者为了达到商业目的具体实施和操作的工作。创业项目的分类很广,一般可以从以下几个方向来看。

从观念上来看,创业项目分为传统创业、新兴创业,以及最新兴起的微创业。

从方法上来看,创业项目分为实业创业和网络创业。

从投资上来看,创业项目分为无本创业、小本创业、微创业等。

从方式上来看,创业项目分为自主创业、加盟创业、体验式培训创业和创业方案指导创业。

二、选择创业项目应考虑的因素

确定创业项目后是否就可以开始创业了呢，还有哪些需要考虑的因素呢？这里总结以下几点。

1. 个人兴趣和特长

一个人只有选择了自己喜欢做又有能力做的事情，才会自觉地全身心投入到工作中去，才有可能在遇到困难和挫折时，百折不挠、勇往直前，千方百计克服困难，实现创业目标。创业者应根据自身的优势，选择与自己的专业、兴趣、特长相匹配的项目。

2. 对拟选行业的熟悉度

创业者只有在自己熟悉的行业里选择创业项目，才能提高创业成功的把握度。

3. 充分的市场调研

创业者应认真地分析拟选的项目是否有市场机会，以及是否有能力利用这个市场机会。

4. 能够承受风险

创业者要正确对待风险，既要勇于进取，又不能盲目冒险，把创业的成本控制在能够承受的范围内。

5. 符合相关的国家政策

如果拟选定的项目是国家法律禁止的，那么无论利润多高都必须放弃。如果是限制的项目，一般也应该放弃。如果是被鼓励的项目，即使短期内预期利润较低，只要项目前景好，也可选定。

6. 资金的准备量

创业者选择的项目时还要考虑投资的资金能否使这个项目正常运转。有多大能量，就干多大的事，不要太过贪婪，使得所选择的项目运作不起来，最后造成畸形发展。

每个时代都有每个时代创业的趋势，例如，二十世纪八九十年代是个体户和乡镇企业的年代，那时对于创业者来说，生产型的实业是一个大方向，开办个体户、成立乡镇企业如火如荼。2000年以后是互联网的时代，年轻人有着活跃的思维，加上敢闯敢拼的精神，在新兴起的互联网领域里最容易闯出一片天地。如今，是移动互联网和物联网的时代，在智能手机如此普及的当下，消费者很多事情都可以通过手机完成。各类移动互联网和物联网的项目井喷式地呈现，例如，当下吸引了众多眼球的共享经济，围绕共享经济产生的项目犹如雨后春笋般地出现，共享单车、共享汽车、共享按摩椅、共享充电宝、共享洗衣机，等等，这些都是利用移动互联网和物联网技术创新出来的项目，是年轻人施展才华的地方。把握住时代趋势，创业会更容易成功。

三、选择项目的步骤

创业的第一步是认识自己。当你通过科学评估，认为自己具备了创业者特质后，接下来要做的就是选择创业项目。选择的创业项目不但要与自身的资源相匹配，同时还要考虑市场需求。

选择项目的步骤一般有以下几个方面。

第一步，评估个人资源，厘清自身创业的优势，列出优势项目，即 A 类项目。

第二步，开展市场调查，了解市场实际需求，列出符合市场需求的项目，即 B 类项目。

第三步，通过对 A 类项目和 B 类项目的分析比较，最终确定创业首选项目。

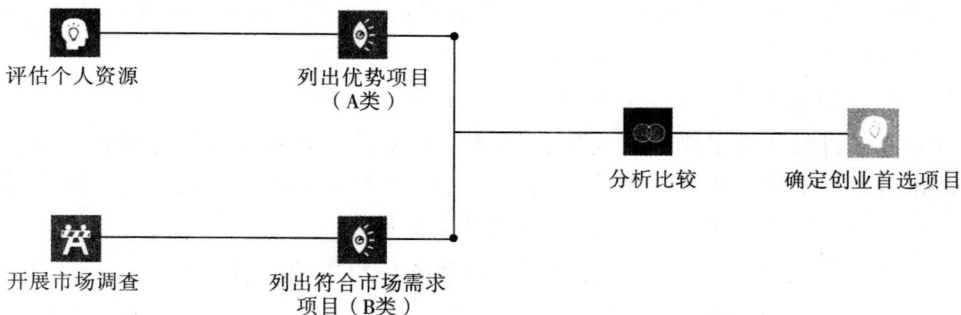

图 6 - 2 选择项目的步骤

四、选择项目的思路

(一)了解自己

在选择创业项目之前，先要对自己进行一个评估，自己有多少投资能力，有什么兴趣爱好，有没有准备好，因为创业的过程不是一帆风顺的，所以需要足够的心理准备，这是在创业前需要考虑好的。

(二)分析行业前景

如果你看好了一个项目，要先分析一下它的发展前景，这个项目是不是属于朝阳行业，是不是有潜力，未来整个大行业的发展趋势是怎样的，这些都需要去了解，不然，选错行业，可能会满盘皆输。

(三)分析行业是否符合国家政策

一个项目是否值得投入，需要看这个项目符不符合国家政策，违不违反法律，这是对这个项目最基本的要求。

(四)有没有独特的优势

现在不管什么行业，都存在不同程度的竞争。一个项目有独特的自身优势，是在未来取得成功的重要因素。因此，在选择一个项目之前，要看一下它有没有独特的优势。

(五)符不符合当地市场

有的项目具有地域性，比如一些消费高的项目，在乡村开展肯定不合适。因此，对于意向的创业项目，要先在目标市场做一些调查，看看是否符合当地市场、消费习惯、风俗人情等。

(六)看项目公司的实力

如果不是自创的项目，那么在和项目公司合作前，对公司进行考察也是很重要的一项工作，背靠大树好乘凉，项目公司的实力是保障项目能够成功的前提之一，去公司考察之后，再考虑这个项目是否适合自己，是否要选择合作。

五、判断项目的价值

判断一个项目是否具有价值，可以从三个方面来判断。一是这个项目解决一个实际的问题；二是这个项目能自动吸引客户与用户；三是有可持续的商业模式。具体来说，表现为以下几点。

(一)看项目能不能长期操作，至少是半年或者一年以上

创业的项目就是为了赚钱，而能长期操作的项目，会随着时间的推移越做越大，收入越来越高。不然三天两头地换项目，又从头开始，你就始终是在创业边缘徘徊。因此，找项目，要尽量选择成长性高、天花板高的项目。

(二)做项目的过程中，要看能不能为其他项目积累资源或人脉

简单来讲，互联网时代流量为王，如果一个项目避开流量，不和人打交道都是空谈。

(三)看这个项目是否需要跟人打交道

和上面的类似，如果你在做下一个项目时仍可以用，且不存在信任问题，这样无论你做什么项目都能够迅速地做好。比如做快递的店家，他建立了一个自己的快递群，都是周边的居民，现在加盟做社区团长，那么他的起点就比别人高了很多。

(四)看是否有市场需求

有一些项目需要前期布局、多年经营，才能看到一些机会的曙光。如果经受不起煎熬，那这些创业项目就不适合作为初始创业的了。如果不太懂怎么判断市场需求，可以借助一些网站工具进行关键词查询，查看关键词的曲线趋势变化、变化幅度等指标。

(五)看公司背景

在考察一个项目时，公司背景是非常重要的一个参考点。比方说现在大家接触到的新项目，基本上都是借助互联网工具运作的，创业者在考察公司背景时，也可以通过该公司的平台比如公众号、网站、小程序等来考察。也可以在国家企业信用信息公示系统进行官方查询：商标信息、抽检检查、经营风险、对外投资等负面信息越少，公司的可靠度越高。

(六)看是否迎合了趋势——是否能以更高效的方式满足消费者需求

这个项目是否真正地为消费者着想，让消费者能以更低的成本获取更多的利益。一个项目能不能长期做、可不可以做，人心是最重要的，人心的背后就是用户、是消费者，所有项目的基础都是用户在背后对项目的支持。

辅助 阅读

大学生创新创业项目推荐

大学生创业项目推荐一：策划创新创意领域

创意创业涉及广告、建筑、艺术、工业设计、时装设计、电影、音乐、出版、软件、电视广播等诸多领域。最近几年，上海创意产业迅速崛起，创意产业约占当地GDP 的 7.5%，并涌现出一批各具特色的创意产业基地。

创意创业具有点石成金的神奇作用，特别是本身没有太多资源的创业者，可通过独特的创意来获得各种资源，包括资金、人才等。此外，具有一定创新能力的在校生、在职人员也适合选择这种灵活的创业方式。

推荐商机：婚礼策划、营销炒作、广告设计、时装设计等。

大学生创业项目推荐二：开店领域

大学生开店，一方面可充分利用高校的学生顾客资源；另一方面由于熟悉同龄人的消费习惯，因此入门较为容易，可以走"学生路线"靠价廉物美吸引顾客。此外，由于大学生资金有限，不可能选择热闹地段的店铺，因此推广工作尤为重要，可以经常在校园里张贴广告或和社团联办活动，让店铺广为人知。

推荐商机：高校内部或周边地区的餐厅、咖啡屋、美发屋、文具店、书店。

大学生创业项目推荐三：智力服务领域

智力是大学生创业的资本，在智力服务领域创业，大学生游刃有余。例如，家教领域就非常适合大学生创业，一方面，这是大学生勤工俭学的传统渠道，积累了丰富的经验；另一方面，大学生能够充分利用高校教育资源，更容易赚到"第一桶金"。此类智力服务创业项目成本较低，一张桌子、一部电话就可开业。

推荐商机：家教、家教中介、设计工作室、翻译事务所等。

大学生创业项目推荐四：连锁加盟领域

统计数据显示，在相同的经营领域，个人创业的成功率低于20%，而加盟创业的高达80%。对创业资源十分有限的大学生来说，借助连锁加盟的品牌、技术、营销、设备优势，可以以较少的投资、较低的门槛实现自主创业。但连锁加盟并非"零风险"，在市场鱼龙混杂的现状下，大学生涉世不深，在选择加盟项目时应注意规避风险。一般来说，大学生创业者创业资金实力较弱，适合选择启动资金不多、人手配备要求不高的加盟项目，从小本经营开始为宜。此外，最好选择运营时间在5年以上、拥有10家以上加盟店的成熟品牌。

推荐商机：快餐业、家政服务、校园小型超市、数码速印站等。

大学生创业项目推荐五：高科技领域

身处高新科技前沿阵地的大学生，在这一领域创业有着近水楼台先得月的优势，大学生创业企业的成功，就是得益于创业者的技术优势。但并非所有的大学生都适合在高科技领域创业。一般来说，技术功底深厚，学科成绩优秀的大学生才有成功的把握。有意在这一领域创业的大学生可积极参加各类创业大赛，从而获得脱颖而出的机会，同时吸引风险投资。

推荐商机：软件开发、网页制作、网络服务、手机游戏开发等。

大学生选择创业项目的优势：

虽然说刚刚毕业的大学生们由于对社会的了解较少，还没有积攒起足够的人脉和创业资金，但他们选择创业项目时仍然有一些优势是其他创业者所不具备的。

第一，大学生们本身就是个相当大的消费群体，而刚刚毕业的大学生又对大学生活及大学生们的消费特点和习惯比较了解，因此他们可以就地取材，对这一群体再进行细致的了解，那么就非常有可能找到意想不到的商机。

第二，借助学校品牌及专业的项目。大学生们可以利用自己的专业特长寻找创业项目，比如你所在的学校有医学、心理学、教育学等专业，便可借助大学这块牌子，开展"婴儿早期教育"等；理、工、农、医类院校，都有一些技术课题和成熟的技术项目，这类院校的大学生们可以把这些项目做起来，为技术寻找市场，实现转化；如果你是经济管理学院的学生，可以成立企业咨询组织，更多地参与到社会及企业的决策之中。

第三，利用优势的服务创业项目。比如，成立家教服务中心，大学生们可以在同学中挑选能够胜任的人组成团队，每人只专门辅导一科；还有会议礼仪服务，成立一家由大学生组成的礼仪服务队，既可以与专业的礼仪公司合作，也要直接面向各类大型会议；再比如，组成发明家俱乐部，可以组织学生中对发明感兴趣的人，进行头脑风暴，建个网站，也可以参加各类社会上的发明成果交易活动等。

思考与训练

在对自身做出个人资源评估的基础上，结合市场调查，为自己确定一个合适的创业项目。

第七章 整合创业资源

创业需要进行资源整合，资源整合就是一种交换、共享，目的就是创造与合作者的共同利益，产生 1＋1＞2 的结果，也就是共赢。创业初期依靠个人能力在市场上站稳脚跟，力量是有限的，只有通过资源交换和合作，才能创造新的竞争优势，弥补各自企业的短板，相互放大各自的价值，做到共生与共赢。

本章主要介绍团队组建、项目规划、创业融资、商业模式分析相关的内容。

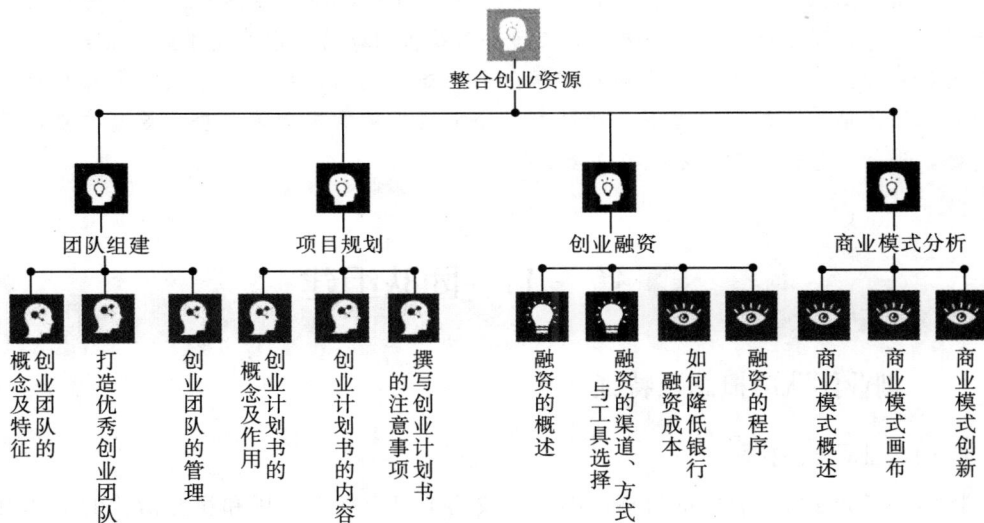

图 7-1 第七章知识要点

学习目标

1. 了解团队组建的方法。
2. 掌握创业融资的方式。
3. 掌握创业计划书的撰写方法。
4. 能够进行商业分析。

团队组建

索尼董事长盛田昭夫多年来一直保持着与职工一起就餐、聊天的习惯，以培养员工的合作意识和与他们的良好关系。这天，盛田昭夫忽然发现一位年轻职工满腹心事，闷头吃饭。于是，盛田昭夫就主动与他攀谈。几杯酒下肚之后，这个员工说他放弃了一份优越的工作，选择进入索尼，但是他发现他不是在为索尼工作，而是为科长干活，更可悲的是，他所有的行动与建议都得科长批准。对他的一些小发明与改进，科长不仅不支持、不解释，还挖苦他。一番话令盛田昭夫十分震惊，他想，类似的问题在公司内部员工中恐怕不少，管理者应该关心他们的苦恼，了解他们的处境，不能堵塞他们的上进之路，于是产生了改革人事管理制度的想法。之后，索尼公司开始每周出版一次内部小报，刊登公司各部门的"求人广告"，员工可以自由而秘密地前去应聘，他们的上司无权阻止。另外，索尼原则上每隔两年就让员工调换一次工作岗位，特别是对于那些精力旺盛、干劲十足的人才，不是让他们被动地等待工作，而是主动地给他们施展才能的机会。

分析： 小成功靠个人，大成功靠团队。企业要想成功，单靠领导人的力量是远远不够的，手下的每一个部门、每一个团队都是企业成功的重要因素。企业要想发展，不断地变好，进行一些团队建设是很有必要的。

▶ 第一节　团队组建

一、创业团队的概念及特征

(一)创业团队的含义

团队是指为了实现特定的目标，由两个或两个以上相互作用和相互信赖的个体组合而成的工作集合体，它通过成员的共同努力能够产生积极的协同作用。创业团队是一种特殊的团队，是由少数具有技能互补的创业者组成，共担风险、共享收益，为了实现共同的创业目标而形成的利益共同体。创业团队一般包括四个方面的含义。

1. 创业团队成员要有共同的目标和价值观

创业团队需形成合力且具有战斗力，必须要有一个统一的奋斗目标和一致的价值观，这是组建创业团队的前提。

2. 创业团队成员要有共同的责任

当有了统一的目标和价值观后，创业团队成员还必须共同负起责任来实现目标，这是组成创业团队的要求。

3. 创业团队成员要有互补的才能

只有当组建的创业团队成员的知识、才能可以互补时，团队才可以发挥出 $1+1>2$ 的作用，这是组建创业团队的必要条件。

4. 创业团队成员要有奉献精神

创业团队成员除了要有责任心以外，还要有甘于奉献的精神和行动。只有在大家的共同努力下，企业才能不断前进，这是创业团队能否取得成功的关键。

(二)创业团队的类型

一般说来，创业团队可分为星状创业团队、网状创业团队和虚拟星状创业团队。

1. 星状创业团队

一人为核心主导，其他团队成员充当支持者的创业团队称为星状创业团队，其特点包括：

(1)组织结构紧密，向心力强，主导人物对团队影响巨大。

(2)决策程序简单，组织效率高。

(3)权力过分集中，决策失误风险大。

2. 网状创业团队

团队中没有明确的核心人物，大家根据各自擅长之处自发地组织角色定位，彼此间基本是协作者或伙伴角色，这样的创业团队称为网状创业团队，其特点包括：

(1)团队没有明显的核心，整体结构较为松散。

(2)以集体决策为主，组织决策效率相对较低。

(3)团队成员地位相似，易形成多头领导。

(4)团队成员冲突多采取平等协商、积极解决的态度进行化解。

3. 虚拟星状创业团队

虚拟星状创业团队由网状创业团队演化而来，是介于星状创业团队与网状创业团队的中间形态。团队中的核心成员由团队成员协商确定，其行为必须充分考虑其他团队成员的意见，是团队的代言人，代表整个团队的利益。

(三)创业团队应具备的特征

1. 富有魅力的领导者

对于创业企业而言，创业团队的实力、团队精神直接影响到创业的成败。一个合格创业团队应该相互协作、共同承担风险，但绝不能出现太多的领导者，否则在执行的过程中，很有可能会出现决策上的冲突，甚至出现各种各样的问题，只会让实际效果与美好的初衷背道而驰，更有甚者，还会导致公司的破裂。所以这就要求公司的领导者不宜过多，并且要求领导者要有魅力。

2. 具有凝聚力

所谓的团队也就是一个整体，既然是整体，成败就并非个人的事情，团队中的每一个成员都必须要同甘共苦，经营成果能够公开且合理地分享，这样团队就会形成坚强的凝聚力与一体感。团队中的每一个成员都应该将团队利益放在首位，而且充分认识到个人利益是建立在团队利益基础上的，愿意牺牲短期利益来换取长期的成功果实，将利益分享放在成功后。

3. 拥有打败恶意竞争者的经验

不可否认，任何一个行业都存在竞争，在激烈的市场角逐中，作为创业者必须要勇敢地面对那些希望彻底打败你的人，不仅要检测到这些信息，还要推动员工闯过这些充满竞争的战场，让员工得到一定的锻炼。

4. 重视大局

创业团队必须要重视大局、服务大局，因为团队中所有长远的目标都是一致的，大家都希望创业能够成功，都希望公司能够发展得越来越好。因此，若发现公司有不合适的人，一定要让其离开。

5. 相互信任

团队成员之间最重要的就是信任，团队能力大小受团队内部成员信任程度的影响。任何一个团队，由于团队中每个人的性格、教育背景、生活环境的不同，在工作中会有不同的意见，但是即便如此，创业者依然还是要学着鼓励团队成员将意见自由地表达出来，大胆提出一些可能产生争议或冲突的问题，在团队成立之初就应当让成员彼此之间相互信任。

(四)创业者的素质

创业是一项非常富有实践性、专业化的复杂活动，对创业者的素质有着极为苛刻的要求。我们必须强调的客观事实是：并非所有人都适合创业。但凡创业的人无不希望自己成功。但真正能够成功创业的人毕竟是少数。有资料显示，我国当前创业的失败率大致在 70%，这就意味着大多数创业者在一番轰轰烈烈的经历之后，都要品尝创业失败的痛苦。成功源于专业。要想创业成功，自己必须是"创业的材料"。经验表明，创业成功的概率大小与创业者的综合素质优秀程度成正比。事实上，创业者的素质往往决定着创业的方向、路径和过程，决定着创业的效率、结果与最终成败。创业者应具有的素质如下。

1. 雄伟的战略

市场的变化受经济、政治、自然等诸多因素的影响。一个企业要想在开放的国际市场上求生存、求发展，其领头人必须要有长远的战略眼光，根据外部环境的变化或将来的变化做出战略决策，它影响着企业发展中带有全局性、长远性和根本性的问题。

决策活动最能体现战略家的特质。在决策活动中，经营管理人员通过"谋"和"断"来决定组织中的重大问题。企业领导人关心和参与智囊机构的整个谋划过程，从而对最终备选方案的"背景"了如指掌。只有这样，企业领导人最后才会充满信心、胸有成竹地做出决断。

2. 有鼓动力

创业者要高瞻远瞩、明晰动静，运用思想家、演说家、评论家的天才，阐述观念、扭转看法、鼓舞士气，引导众人形成明确的价值观，从而使企业内部全体员工产生持久的凝聚力，并在组织外部群众的心里塑造一个亲切友好的形象，使企业有一个轻松的外部环境和社会环境，从而更广泛地传播自己的企业文化，提高企业的知名度，增加无形资产。

3. 敢于创新的胆略

创业本身就是有计划地创新、冒险，只有敢闯敢干、不怕失败的人，才有可能走出一条属于自己的新路、好路。艰苦创业精神对于开拓者而言，也是非常重要的。因为在创业期间，必然会面对资金、经验、人事等的阻碍，创业者千万不可半途而废，一定要坚持下去，要相信成功就在不远处。

4. 敢于展现自我

创业者最重要的素质主要表现在其个性上。个性能使人的才干增添无比的光彩。作为创业开拓型人才通常有以下个性特征。

(1)旺盛的斗志、强烈的求知欲和好奇心。

(2)敏锐的洞察力、富于直觉,可以觉察到别人未注意到的情况和细节。

(3)善于变通、思想灵活,能从有限的资料中举一反三、设想出见解独到的可行方案。

(4)善于提问,不盲目跟随别人。

(5)富于独创力,有别出心裁的见解,勇于弃旧图新、别开生面。

(6)自信,相信自己所做事情的价值,即使受到阻挠和诽谤也不改变信念。

(7)有百折不挠、坚持不懈的毅力和意志。

(8)有想象力,以合理的联想、幻想产生出思想中新的观点、形象。

(9)思想严密,既善于抓住刹那的灵感火花,又能深思熟虑、精敲细推,直到完美、可行。

(10)开朗、胸怀宽广,不被外界的冷嘲热讽影响自己的斗志。

(11)有韧力、有勇气,可以忍受常人无法忍受的挫折和困难。

(12)有野性、有狂劲,对外表现为试图突破常人以为难以突破的主客观障碍,达到自己想要达到的光辉顶点。对内,既是一种对自己实力的信任,又是一种对较高目标的大胆追求。

5. 规避创业风险

创业并不是条条大路通罗马。企业要盈利,就必须事先考虑好由谁来投资。以什么方式运作,怎样才能吸引顾客等,因此,需要创业者对每一个商业模式进行深思熟虑地设计和系统、审慎地思考。

在创业过程中,创业者一定要懂得规避创业风险。首先不能在政府不允许的领域违规创业;其次,要在市场中保持高度的警觉性,避免上当受骗;最后,创业人员自身要能够灵活变通,如果发现自己创业的方法不对,就要及时调整策略,完善方法。

有风险亦有商机,要在各种需求当中寻找适合自己的创业机会。比如在中国,现在整个社会面临几个大的发展趋势,一是农村的城市化进程加快,每年都有两三千万名农村人到城市安家落户,这势必带动很多行业的发展,其中蕴藏着很大的市场需求。二是经济全球化使得生产要素在全球进行重组分配,重组的过程中蕴藏着巨大的商机。三是旧产业的没落和新产业的出现,也会带来很多机会。

创业者要做到胆大心细,要懂得观察和思考,在大环境、大气候中找到合适的机会去创业。

二、打造优秀创业团队

优秀团队能够带动初创企业走向成功,这一点,投资者和其他重要的利益相关者都非常清楚。不仅如此,这也是他们对某一产品创意及其背后的团队进行全面评估,决定是否投资的原因所在。一支高效的初创企业团队,对企业未来的发展充满激情,一旦决定就会全身心投入,并且会尽最大努力保证工作的精准程度。但问题来了,如何才能够组建起一支经验丰富、健康全面、相互支持、相互提高的初创企业团队呢?

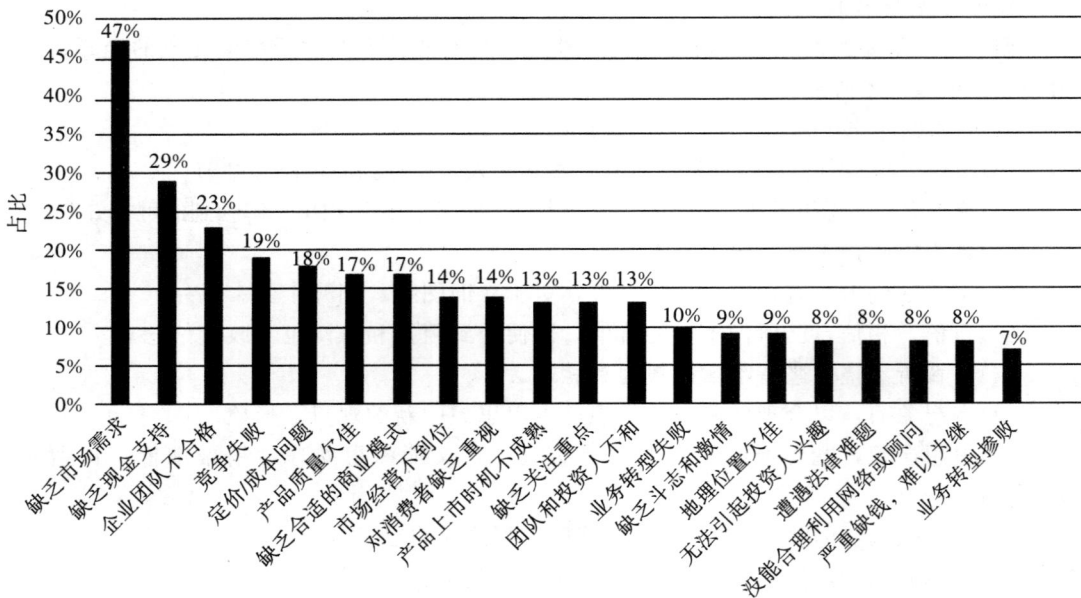

图 7 - 2　初创企业最终遭遇失败的前 20 个原因

从图 7 - 2 中我们可以看到，超过 70% 的初创企业最终遭遇失败的两个主要原因是：第一，所推出的产品没有能够满足市场和消费者的需求；第二，经营不善以至于陷入资金短缺的困境。

以上两点是常见的原因。令人惊讶的是，大约有 23% 的初创企业由于缺乏优秀强劲的团队而惨遭失败。扎克伯格说过："对于一位想要闯出属于自己的一片天地的创业者来说，组建一支优秀的团队是非常重要的事情，这也是我个人一直以来致力去做的事情。"

"独立创业是一件难度非常大的事情。就算你自己能够胜任所有的事情，也还是需要与同事共同讨论，听取别人的正确想法，改变自己的愚蠢想法，并且在遇到困难时收获他们的支持和鼓励。不管怎么说，几乎没有人是能够独自承受并且成功度过低谷时期的。但是在现实生活中，联合创始人之间出现分歧甚至是争吵，却是十分正常的事情。在我们所投资的那些初创企业当中，大约有 20% 都遇到过创始人出走的问题。但其实，如果他们能够在最开始创业的时候找到合适的同伴，那么不少激烈争论的问题，自然而然就能够避免了。总而言之，对于一家初创企业来说，人是最为核心的组成部分。所以说，千万不能在这个问题上有所妥协或者马虎。"

简单言之，团队成员会对企业未来的成功和失败产生决定性的影响。因此，能否组建一支实力强劲、彼此扶持的创业团队尤为重要。

(一)创业团队组建的基本原则

1. 目标明确合理原则

目标必须明确，这样才能使团队成员清楚地认识到共同的奋斗方向是什么。与此同时，目标也必须是合理的、切实可行的，这样才能真正达到激励团队成员的目的。

2. 互补原则

创业者之所以寻求团队合作，其目的在于弥补创业目标与自身能力间的差距。只有当团队成员相互间在知识、技能、经验等方面实现互补时，才有可能通过相互协作发挥出"1+1>2"的协同效应。

3. 精简高效原则

为了减少创业期的运作成本、最大比例地分享成果，创业团队人员构成应在保证企业高效运作的前提下尽量精简。

4. 动态开放原则

创业过程是一个充满不确定性的过程，团队中可能因为能力、观念等多种原因不断有成员离开，同时也有团队要求纳新。因此，在组建创业团队时，应注意保持团队的动态性和开放性，使真正完美匹配的人能被吸纳到创业团队中。

(二)选择合理的团队成员

建立优势互补的创业团队既是保持创业团队稳定性的关键，也是规避和降低团队组建模式风险的有效手段。在团队创建初期，人数不宜过多，能满足基本的需求即可。在成员选择上，要综合考虑成员在能力和技术上的互补性，基本保证具备理想团队所需的角色。并且，成员的能力和技术应该处于同一等级，不宜差异过大。如果团队成员在对项目的理解能力、表达能力、执行能力、思维创新能力等方面存在较大的差异，就会产生严重的沟通和执行障碍。

此外，在选择成员时还要考虑创业激情的影响。在企业初创期，几乎所有成员每天都需要超负荷工作。如果缺乏创业激情和对事业的信心，不管其专业水平多高，都可能成为团队中的消极因素，对其他成员产生致命的负面影响。

(三)确定清晰的创业目标

创业团队在实践中要不断总结和吸取教训，形成一致的创业思路，勾画出共同的目标，以此作为团队努力的目标方向，鼓励团队成员积极掌握工作内容和职责，竭诚与他人合作交流，贡献个人能力。

创业团队的目标必须清晰明确，能够集中体现团队成员的利益，与团队成员的价值取向一致，并保证所有团队成员都能正确理解，这样才能发挥鼓励和激励团队成员的作用。此外，创业团队的目标还必须切实可行，既不应太高，又不应太低，并且能够随着环境和组织变化及时更新和调整。

(四)制定有效的激励机制

正确判断团队成员的"利益需求"是有效激励的前提。不同类型的人员对利益的需求并不完全一样，有些成员将物质追求放在第一位，而有些成员希望能够获得荣誉、发展机会、能力提高等其他利益。因此，创业团队的领导者必须加强与团队成员的交流，针对各成员的情况采取合理的激励措施。

创业团队的利润分配体系必须体现出个人贡献价值的差异，并且要以团队成员在整个创业过程中的表现为依据，而不仅是成员在某一阶段的业绩。具体分配方式要具有灵活性，既包括诸如股权、工资、奖金等物质利益，又包括个人成长机会和相关技能培训等内容，并且能够根据团队成员的期望进行适时调整。

(五)创业团队建立战略

1. 以身作则，率先示范

作为一位创业者，以及一家初创企业的首席执行官，你不能够想当然地让别人相信你的想法，并且心甘情愿地帮你实现创业理想。尤其是当你表现出的性格和能力无法达到他们的预期要求时，更不能继续奢求团队成员的无条件信任。

下面利用贝塔里盒子(Betari Box)圆形循环图(图 7-3)，来解释这样一个非常重要的观点——一个人的态度和行为，必然会对其他人的态度和行为产生影响。

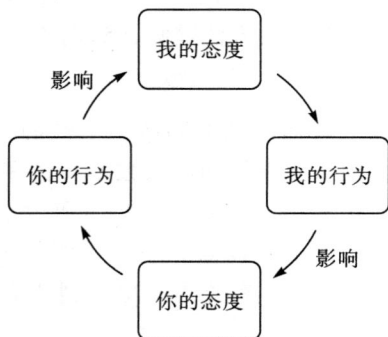

图 7-3 贝塔里盒子圆形循环图

作为公司创始人所抱有的态度，会影响各种外在表现行为，从而进一步影响身边同事的态度和行为。贝塔里盒子比较准确地揭示了这一反馈回路所具有的循环和周期性质。因为糟糕的态度会导致糟糕的行为，而糟糕的行为又会进一步导致糟糕的态度，如此循环往复，持续不断。因此，想要打破这样一个恶性循环，是一件非常困难的事情。同时，创始人要注意自己平时的说话方式、思维方式以及行为方式。因为这些表现会对同伴的热情程度、专注程度和信心水平产生不小的影响。

2. 合理利用与团队建设有关的活动和练习

1950 年到 2007 年的 103 份研究报告指出，团队建设活动对团队成员的行为和业绩表现会产生积极影响。这些影响在信任、协调和沟通这三个方面的表现尤为突出。

设计和落实高效的团队建设活动，关键要点之一是尽量避免不自然或者是带有强迫性质的情况出现。例如，志愿工作(通常与公司的发展目标、价值观念和活动实践有关)、体育比赛、趣味出游以及团体聚餐，这些就属于正常的、自然的团队建设活动。在这些活动中，所有成员之间会进行友好互动，感受彼此流露出的真实情感，真正达到建设团队的目的。

3. 无休止的会议会大幅降低产出效率

一项调查研究表明，科技工作者每个月要花超过 30 个小时的时间参加各种各样的会议，导致工作和产出效率出现大幅降低，其中至少有一半的开会时间都纯属浪费。不仅如此，参与调查研究的大部分科技工作者都承认，他们会在一些比较无聊的会议上思绪乱飞或者做其他事情。上述案例表明无休止的会议会大幅降低产出效率。因此，作为初创企业的创始人，可以参考图 7-4 来决定某一会议是否应该召开，是否存在召开的价值和必要。

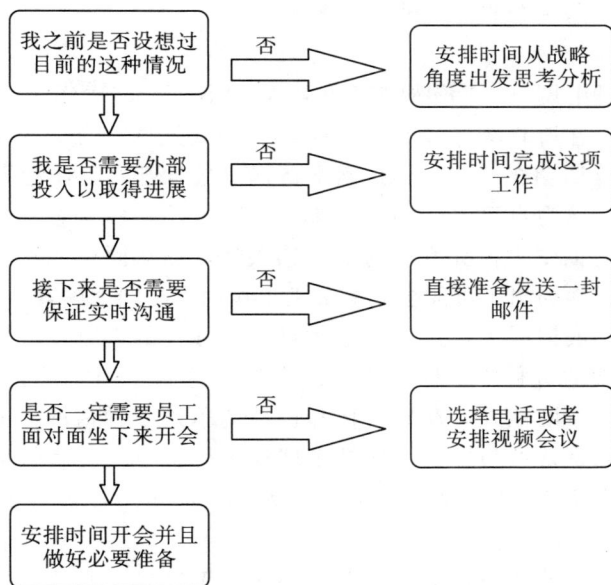

图 7-4　判断是否需要召开会议的流程

提高会议效率的方法之一便是取消传统冗长的商务会议，召开每日例会（站立式会议）。每日例会的主要目的是针对团队工作进行讨论，从整体上保证正确的运作方向，在一种轻快的氛围中传达会议内容。

4. 尽量选择自治而非微观管理

传统意义上的商业智慧和实践提倡微观管理。具体说来，通过对员工进行不同层级的分类，让层级较高的员工对层级较低的员工进行日常事务和工作习惯的管理。虽然微观管理方式能够提高工作效率、防止产出损失，并且完善任务分工和工作问责制度，但它并不适用于初创企业。由于初创企业与正常的企业属于两个不同的类别，因此它需要按照一整套完全不同的机制进行管理和运营。相关调查研究表明，与严格控制和密切监管相比，自主选择和自治管理能够给身处初创企业的员工带来更多积极影响。比如说提高他们在工作过程中的幸福指数，激发他们的工作热情和动力等，从而保证较高的产出效率。为了提高成员之间的共事效率和对彼此工作的满意程度，可以通过以下四方面来提供一种自治程度较高的工作环境。

第一，关于工作时间。可以采用 ROWE（result-only work environment）的工作模式，为成员提供一种只问结果的工作环境，允许员工灵活安排自己的工作和休息时间。

第二，关于工作方式。可以给予成员足够的自由，让他们自己决定在工作过程中应该采用哪些技巧和方法，以最快的速度和最高的效率完成上级所交代的任务。

第三。关于工作伙伴。允许员工自行挑选愿意共事的伙伴，以便组建一支气氛活跃、效率较高的小型团队。这点难度较高，并不适用所有初创企业，有条件的可以采用。

第四，关于工作内容。尽最大努力去利用"创新时间"，让员工按照自己的兴趣挑选项目和问题。典型案例如搜索巨头谷歌的 20％ 政策。根据公司的规定，每位员工可以从每个星期的工作时间中抽出 20％ 来研究自己感兴趣的项目。这是一种鼓励创新的绝佳方式，Gmail 和 AdSense 功能就是这样产生的。因此，在初创企业的发展过程中，适度自由、合理自治是一个非常关键的要素。

5. 更加注重内在激励

数年前，知名理财网站 BNET（现已更名为 CBS MoneyWatch）进行过一项调查研究。研究结果表明，在所有参与者当中，有 29％ 的人把做有意义的事情当成自己最为主要的工作动力；有 25％ 的人把单纯的薪酬待遇当成自己的工作动力；还有 17％ 的人将别人的认可和赞赏作为自己工作的动力来源。除了津贴和奖金，如果员工是发自肺腑地对自己所从事的工作或者所追求的事物感兴趣，那么同样能够在最大程度上发挥自己的工作潜能。下面列出了可能会影响员工工作动力的四大因素。

第一是挑战。一般情况下，人们都会对具有挑战性的事物比较感兴趣。第二是好奇心。在学习和探索的过程中，好奇心和内在激励这两个因素一直都是相互影响的。第三是合作与竞争。帮助他人、友好合作和良性竞争这三种情况，都能够促进员工更加努力地工作。第四是认可与赞赏。根据全球知名咨询公司麦肯锡的调查研究，与单纯给予员工物质奖励相比，以团队为整体给予奖励，给员工提供诸多积极正面的反馈，更能够激发他们的工作斗志。

因此，内在激励十分必要且重要。它能够让员工发自内心地产生奋斗的热情和动力，而不是在上级领导的命令威胁下机械地工作。

6. 引入目标与关键成果体系

OKR（objective and key results，目标与关键成果法）是一种为公司、团队，甚至是个体创建工作结构体系的高效方法。该方法最初由芯片巨头英特尔提出，随后由谷歌普及。首先设定一个目标，比如说将网站的加载速度提高 30％，或者是将用户的互动程度提高 15％ 等；其次，设定几个关键成果；最后，完成相关任务，并且对产出结果进行计算分析。

三、创业团队的管理

在创业过程中，创业团队分裂是导致创业失败的重要原因，也是创业者普遍会遇到的问题。导致创业团队分裂的原因既有观念上的差异，也有现实利益的冲突；既有理念的不同，也有制度上的不完善；既有内部的冲突，也有外部的诱惑。因此，创业者需要从创业文化、信任管理、换位思考、沟通效果、制度建设等各个方面提升创业团队的凝聚力。

创业团队是指为了实现创业目标由两个或两个以上的个体形成的，一起从事创业活动的共同体。从成员构成上看，创业团队成员是参与创业和拥有战略决策权的人；从所有权角度看，创业团队成员是拥有一定的股权或有一定话语权的人；从时间上来看，创业团队成员是在创业阶段加入的人。

(一) 创业团队分裂的表现

创业团队分裂包括个别团队成员退出与团队彻底解散。前者表现为个别成员离开原来的创业团队，或者开始新的创业，或者选择就业。在这种情况下，原来的创业团队仍然存在，但团队实力发生了变化。后者意味着创业项目的阶段性失败，创业团队成员各奔东西，开始新的生活和事业。在创业团队分裂前夕，会出现许多征兆。比如，创业团队成员相互之间的沟通减少，而相互抱怨增加，原本两个人通过电话或电子邮件就可以直接沟通，却通过第三人来传达和协调；创业团队聚在一起开会的次数越来越少，即使开会，也有人"出工不出力"，不再愿意为团队贡献自己的智慧与才能；有的团队成员总是感觉自己做得多，抱怨别人做得少，并以此批评其他人，等等。以上征兆也是团队分裂的重要原因。

（二）创业团队分裂的原因

1. 信任缺失

在创业过程中，创业团队成员之间容易出现不信任的情况，这种不信任既包括人格的不信任，即不再信任他人的人品，例如，认为他人"吃里爬外""干私活"等，也包括能力的不信任，即认为他人不能很好地完成任务，结果可能是干涉他人的分内之事。特别是创业团队的领导者，如果对其他人不信任，轻则会导致团队成员积极性的下降，重则会导致团队分裂。这种信任危机遇到利益分配、认知相左等情况时，便会使矛盾激化，很可能导致团队分裂的破坏性后果。

2. 分配不公

在整个创业过程中，团队成员都希望自己的贡献与得到的回报相匹配，希望在利益分配方面体现公平性。但是，创业团队成员所做的贡献和得到的回报总是处于动态变化之中，在创业的不同阶段，创业急需的资源可能会有很大的不同，每个创业团队成员所拥有的资源也会发生动态变化。这种变化将直接影响创业团队成员所做贡献的最佳组合方式，也影响着每个人对贡献大小的判断和对回报的期待。创业之初，创业团队成员通常能够为了共同的理想和目标一起奋斗，很少计较获得什么样的回报。但是，随着事业的发展，他们越来越关心个人所获得的回报。许多创业团队散伙就是因为在创业初期没有制定明确的利润分配方案，从而导致日后在利润分配时出现争议。

3. 个性冲突

个性是一个人区别于他人的、在不同环境中显现出来的、相对稳定的、影响人的心理特征的总和，包括需要、动机、兴趣、理想、信念、能力、气质和性格等。个性如果缺乏互补，往往会导致团队内部的矛盾，例如，在气质方面，如果创业团队中两个人都是"胆汁质"，就会容易引起冲突。

4. 认知差异

创业通常是在摸索中前进的，充满着未知和不确定性。在创业过程中，团队成员经常会在经营理念、发展方向、管理方式、营销手段、商业模式等方面出现分歧。因为很多创业团队成员不能做到求同存异继续共同打拼，所以整个创业团队就以解散收场。这种情况是非常普遍的，一个典型的例子就是联想的倪光南和柳传志。柳传志是一位有科技背景的企业管理者，而倪光南是一名科学家，造成他们分歧的主要原因是经营理念不一致。柳传志是市场导向，而倪光南是技术导向，这一根本分歧导致了曾被誉为"中关村最佳拍档"的创业组合分裂。

5. 缺乏沟通

创业团队成员间的沟通非常重要，成员之间的人际关系融洽有利于做出能被广泛理解和接受的决定，并形成合力来完成共同的任务，最终有利于提高团队绩效。相反，创业团队成员之间缺乏真诚沟通，则会导致情感冲突和人际关系冲突。在创业过程中，若缺乏完善的沟通渠道，特别是在创业领导者存在"家长制作风"和团队成员缺乏沟通技能的情况下，便会为团队分裂埋下隐患。

6. 失去信心

当创业团队成员遭遇重大挫折、对未来失去信心时，创业项目可能因此而终止。当找不到新项目和出路时，创业团队便会因此解散，团队成员各奔东西。同时，在创业过程中，创业团队成员还会产生更高层次的需要，如果他们认为未来无法满足这些需要，他们也会选择离开。特别是竞争激烈的情况下，如果团队成员的心理抗风险能力弱，过多地考虑自身的劣势，对外部可能带来的风险估计过高，对创业团队的"未来"没有信心，缺乏必胜的信念，而且没有提供及时、有效的激励，那么必然会威胁团队未来的发展。

7. 自我膨胀

自我膨胀是指一个人表现出来的自信心超出了本人实际的情况，演变成盲目自大和自负。当团队成员感到离开团队自己照样能够创业成功，不再需要其他人的配合时，就会产生甩开其他团队成员，独自创业的想法，最终可能导致创业团队分裂。特别是核心团队成员，更容易因自我膨胀而"自立门户"。

8. 外部诱惑

在激烈的市场竞争中，人才的竞争更是激烈。若创业团队出现上文提到的问题，那么当团队成员遇到更好的待遇或发展机会时，团队成员的流失现象就可能发生。掌握了核心技术和重要资源的成员的流失，将给团队带来致命的损失。

(三)避免创业团队分裂的对策

1. 提炼创业文化

在创业期，创业团队要形成一种优秀的创业文化。例如，在沟通时，能够畅所欲言；在决策时，充分吸收每个成员的聪明才智；在执行时，积极向上，发扬顽强拼搏的精神；在分配利润时，体现公平原则。优秀的创业文化有利于培养同甘共苦的团队精神和消除外部诱惑的负面影响，既有利于留住团队成员和挖掘团队成员的潜能，也有利于团队成员的长远发展，从而提升团队成员的忠诚度。

2. 进行信任管理

信任对双方都有益。一方面，信任对方就会表现出好感和信任；另一方面，创业团队成员在感受到对方的信任后，一旦有机会就可能回馈信任。在信任交换的过程中，信任关系会得到巩固和强化，最终有利于培养良好的团队精神。作为信任者，不仅需要尽量表现出信任感，更关键的是要让对方感受到被信任感，只有让团队成员感知到更多的信任，他们才更愿意回馈信任。作为被信任者，需要从产生信任感的条件加强自身的可信任度，例如，强化自身能力，坚守诚信底线，表现出与人为善、助人为乐的优良品质等，让其他成员感觉值得信任。

3. 学会换位思考

换位思考是一种心理体验过程，是在人际交往过程中，能够体会他人的情绪和想法，理解他人的立场和感受，并站在他人的角度思考和处理问题的能力。简单地说，换位思考就是站在对方立场进行思考。创业团队要想精诚合作，就必须学会从他人的角度考虑问题，更多地为他人着想。

4. 提高沟通效果

为了达到沟通的目标，一方面要保证团队成员间沟通的及时性，进行持续不断的沟通。团队一起工作时要沟通，遇到问题和解决问题时还要沟通，有矛盾时更要沟通。另一方面，在沟通时要有效互动。作为创业团队成员，要及时回复团队中其他成员的短信、邮件等，如果经常不回复，那么其他团队成员可能也不愿与你积极发送短信和邮件进行沟通，这样就堵塞了沟通渠道。另外，还要完善沟通机制、提高沟通技巧，多考虑团队的愿景和目标，牢记团队合作的大局。

5. 加强制度建设

通过完善制度，有助于避免团队分裂。一是需要以制度的形式确定一个清晰的利润分配方案，把最基本的责任、权利和利益界定清楚，尤其是股权、期权、表决权和分红权，此外还包括增资、扩股、融资、撤资、分工、解散等与团队成员利益密切相关的事宜，在制度设计上注重利益共享、风险共担。二是需要在薪酬制度的设计上尽量明确具体，避免成员之间的利益冲突。三是需要加强沟通制度，包括股东会议制度、例会制度和冲突协调制度等。

(四)如何管理创业团队

1. 核心创新创业者的领导才能

在大学生创新创业的过程中，核心创新创业者的领导才能对创新创业项目的成功将发挥决定作用。在创新创业团队建设中，必须选择核心创新创业者。一般来说，创新创业团队的核心领导者必须具备凝聚力、合作精神，并且拥有长远目标、追求价值创造、具有公正性、能够共享收获等。

2. 核心成员所有权分配机制

确定好创新创业团队成员之后，创新创业者面临的一个关键问题就是决策成员之间的工作分工与所有权分配方案。

工作分工是对成员之间所承担的任务及协调方式的规划，而所有权分配是对利益分配方式的约定，是维系创业团队凝聚力的基础。工作分工有助于在短期内维持创业过程以及新企业早期运营的有序性，而所有权分配则有助于长期维持团队和新企业的稳定成长。

所有权分配遵循的基本原则是：重视契约精神原则，遵循贡献决定权力原则，分配所有权、比例控制权与决策权统一原则。

3. 团队内部的冲突管理

在冲突管理中，核心创新创业者首先要注意利用激励手段来鼓励正面冲突，让团队成员感受到自己通过知识分享取得功后，就能获得相应的收益和价值制定激励方案。创业者需要注意差异化、灵活性，并关注团队成员的业绩。

辅助阅读

一般团队有五种角色，每种角色需要有不同的能力。

1. 领导者

领导者视野开阔、洞察力强、决策能力强，一旦做了决定就不会轻易改变。领导者有大局感、有责任感，组织协调能力强，处事冷静稳健，胸怀宽广，处事公平客观，听取不同意见没有个人偏见。除了权威之外，领导者更有号召力，能激发团队成员的优势，团结大家一起实现目标。

2．策划人

策划人知识面广、思路新、思维开阔、思维活跃、创造力高，喜欢打破传统，推动变革。

3．外交官

外交官的优势在于与人交流，并在对外交流过程中获取信息。他们对外界信息敏感，能够感受到最初的变化。

4．实施者

实施者是将计划转化为行动的人。他们遇到困难时总能找到解决办法。他们有很高的执行力。他们崇尚现实，有很强的计划性，有很高的自制力和纪律性，对团队有很高的忠诚度。他们更重视团队的利益，不太关注自己的利益。

5．主管

主管监督工作计划。他们喜欢一遍又一遍地审视事物。他们作决定时很体贴，很挑剔。他们不容易情绪化，有很强的思维逻辑。

创业团队中的五个角色在创业初期是不可能相遇的。这时候就要有一人担任多个角色，根据具体场景变换角色。对于初创公司来说，创始人应该善于发现合作伙伴的优势，扩大他们在团队中的作用。创业者在创业过程中，要不断发现和挖掘团队成员的优势，让团队更强大。只有了解团队的构成，才能根据自己的实际情况为自己打造一个团队。

▶ 第二节　项目规划

一、创业计划书的概念和作用

（一）创业计划书的概念

创业计划，也称创业计划书，是创业者在创业初期为企业勾画的蓝图。包括产品开发生产、市场营销、财务、人力资源等职业计划的综合。通过撰写创业计划书可以对创业进行全面、系统的内外环境及必要条件的客观分析，帮助创业者理清思路，引导创业者顺利度过企业阶段。

（二）创业计划书的作用

1．知己知彼，百战不殆

创业计划书是创业者为自己开拓事业而量身定制的一面镜子，在撰写创业计划书的过程中，创业者必须冷静而谨慎地对自己和即将开始的创业活动进行全面审视，包括政治、经济、文化环境，产品或服务是否符合市场需求，企业可持续发展的战略等等。只有对创业前景拥有清晰认识，才能帮助创业者更好开展创业活动。

2. 抛砖引玉，获得风投

一份好的创业计划书是创业者打开大门的垫脚石。对于尚在雏形中或尚待创办的新企业，风险投资者无从获得该企业的商业数据，一般只能通过创业计划书来了解企业前景，判断该企业是否具有投潜力和利益回报。因此，创业计划书的质量和水平很大程度决定了企业是否能够获得投资者的青睐。

3. 群英会聚，百舸争流

创业计划书是创业者展示产品和服务的载体，同时也是展现创业者思想和才华的工具。一份优秀的计划书，不仅能使投资者看到创业者的潜力和决心，也能让有识之士看到希望和未来，将志同道合的人们吸引到创业的团队中，打造属于这一群人的梦想舞台，实现人生理想。

同时，创业计划书也是一个书面的承诺工具，创业者在撰写计划书时必须慎重部署企业发展战略，确定创业可行性，为企业发展初期定下比较具体的方向和重点，从而使员工清晰了解企业的经营目标，给予他们信心和承诺，激励他们为达成目标而努力。

一份具有前瞻性的创业计划书意味着创业战略能够顺利展开，企业可以稳步发展，投资者和员工的利益能够得到有效保障。而缺乏战略思考能力和良好部署的创业者可能会在创业过程中因遭遇环境、经济、技术、人员等变化导致应对无措，无法适应激烈的市场竞争，最终被淘汰。因此只有具有长远目光和战略思考能力的创业者，才能获得投资者和创业团队内部成员的支持。

4. 整合资源，运筹帷幄

撰写创业计划书前必定要对创业过程进行全面思考，完成自我评估、市场调研、产品研发、市场定位。制定营销策略、人事安排、财务规划等。创业计划书的书写实际上是对这些创业过程中各种凌乱、分散的信息和要素进行充分研究，找出其中的内在联系，对其进行调整和重组，从而实现有机承接，形成完整流畅的商业运作计划。并且在这个过程中，创业者要对社会资源进行分析和运用，充分利用优惠政策、行业人脉等获得创业平台和资金，真正做到整合各方面资源，胸有成竹地开创事业。

二、创业计划书的内容

(一)创业计划书的关键信息

由于创业者提供的产品和服务千差万别，因此创业计划书不可能一成不变。但出色的计划书必然有相似的核心内容，以便投资者和其他创业者能够快速获得有效信息。为了加深记忆和理解，以下逐一进行阐述。

1. 顾客分析

想要撰写一份出色的企业计划书，创业者应分析企业的产品或服务所适合的客户群体类型，了解客户的需要、购买力，并对潜在的客户群体特征做出判断、预测市场销售情况，通过详细的市场调查，了解企业产品或服务的市场需求，为改良和开发产品以及市场销售带来可靠依据。

2. 竞争者

竞争者一般是指与本企业提供相似产品或服务，并且所服务的目标顾客也相似的其他企业。作为创业者，需要了解竞争者的类型，他们来自何方，他们的实力如何，与本企业是直接还是间接竞争关系。他们出售的产品或服务与本企业的相似度，他们的优势或弱点以及销售区域和业绩状况。同时，分析本企业的竞争优势及劣势，预测所能占到的市场份额。才能帮助创业初期的企业趋利避害，扬长避短，进一步制定竞争策略和经营方案，为企业发展奠定良好基础。

3. 能力

创业者本人的能力从根本上决定了企业的发展态势。因此，在创业初期，创业者必须进行深入客观的自我分析，了解自己的长处和短处，以便构建互补型的团队弥补个人能力的欠缺，与此同时也为自己设立能力成长的目标，通过自身的不断进步带动企业的良好发展。

4. 资本

按照西方经济学理论，资本属于投入（生产资料）的一部分，包括劳务、土地、资本。而从企业会计学理论来讲，资本是指所有者投入生产经营能产生效益的资金，既可以是现金，也可以是资产、货币、机器、厂房、原料、商品等。作为创业者，要清楚在事业初期需要投入多少资本，自己可以承担的部分有多少，不足部分是通过借贷、融资还是其他方法获得。当拥有充足的启动资金时，应该如何使用这些宝贵的资源，才能让企业赢在起跑线上。

5. 公司

根据投资主体和所成立机构法律形式，企业的设立条件、投资者承担的责任、税收征缴、财务核算等都不相同，因此创业者需要根据自己的实际情况成立相应的机构，如个体工商户、一人独资企业、一人有限责任公司或是股份有限公司等，选择相应的法律形式对创业进行保障，同时也为企业的发展提供基础。

6. 持续经营

"持续经营"定律源于会计学的假设。当企业还没有到达破产、关闭等清算环节时，必须按照持续经营原则进行会计处理。因此，创业者在对自己的企业进行战略部署和规划时，要仔细分析会对企业产生关键性影响的风险因素，并通过调查、研究、协调等初步制定有效的应急预案，将风险因素降低到最少，同时也要避免将过多的经历耗散在非关键性风险上。只有积极主动地维护企业，才能实现创业初期持续经营的目标。

创业计划书的内容可以根据项目变化而不同，但万变不离其宗，只要按照上述方法抓住关键信息，提供的数据和分析翔实准确，就能撰写一份合格的计划书。

（二）创业计划书的基本内容

创业计划书的基本内容包括创业的动机、创业的种类、资金来源及规划、资金总额的分比例、阶段目标、财务预测、营销策略、风险评估、股东名册、预定员工人数等。一份标准的创业计划书可以从以下几个方面着手。

1. 封面

封面是读者对创业计划书的第一印象，因此，封面设计要符合审美观，简明大方、具有艺术感，并且与创业计划的内容相呼应，但不可哗众取宠，过分追求时髦。

2. 计划执行摘要

计划执行摘要是读者对创业计划书的重点阅读部分。良好的摘要浓缩了创业计划的精华、涵盖了计划的要点，使读者一目了然，既能节约读者的阅读时间，又能使读者在最短的时内评审计划并做出判断。

计划执行摘要一般包括以下内容：公司简要介绍、管理者及其组织机构、主要产品或服务、市场调研、营销策略、销售计划、生产管理计划、财务计划、资金需求状况等。

在计划摘要中，企业还必须要呈现以下要点。

(1)企业所属行业、经营性质和范围。

(2)企业主要产品或服务的内容。

(3)企业的市场、客户群体、客户端的需求。

(4)企业的合伙人、投资人。

(5)企业的竞争对手，竞争对手对企业发展可能产生的影响。

除此之外，摘要需着重说明自身企业不同于竞争对手之处，以及企业获得成功的市场因素。在介绍企业时，首先，要说明创办新企业的思路、新思想的形成过程以及企业的目标和发展战略。其次，要交代企业的现状、背景和经营范围，要对企业以往的情况做客观的评述。很多创业者选择回避失误，但事实上中肯的分析往往更能赢得信任，更容易使人认同企业的创业计划书。最后，还要介绍一下创业者自己的背景、经历、经验和特长等，因为企业家的素质对企业的生存和发展往往起关键作用。一份好的计划执行摘要应尽量突出创业者的优势和强烈的进取精神。摘要的篇幅可以反映创业者对其企业的熟悉程度。一般而言，如果创业者对即将创办的企业有足够的思考和了解，摘要仅需两页纸就足够了。如果创业者不了解自己要做什么，就无法把握重点，无法对摘要进行有效提炼和浓缩。

3. 行业分析

在行业分析中，应该正确评价所选行业的基本特点、竞争状况以及未来的发展趋势等内容。要分析的典型问题包括：

(1)企业所属行业目前的发展程度以及发展动态。

(2)创新和技术在行业中所起的作用。

(3)行业的发展趋势。

(4)行业价格趋向及回报率。

(5)经济发展对行业的影响大小，政府导向对行业的影响。

(6)决定行业发展的因素。

(7)行业的竞争本质，本企业采取的战略。

(8)如何克服进入该行业的障碍。

4. 产品或服务介绍

(1)产品或服务介绍包括以下内容：①产品或服务的概念、性能的特性。②主要产品或服务的介绍。③产品或服务的市场竞争力。④产品或服务的研究和开发过程。⑤发展新产品或服务的计划和成本分析。⑥产品或服务的市场前景预测。⑦产品或服务的品牌和专利等。

在产品或服务的介绍部分，创业者要对其做出详细的说明。说明要准确，也要通俗易懂，使非专业的投资者也能明白。一般地，产品介绍都要附上产品原型、照片或其他介绍。企业的产品、技术或服务能否以及可以在多大程度上解决现实生活中的问题，一般是投资人在进行投资项目评估时最关心的问题之一。因此，创业计划中要点明企业的产品或服务能否帮助客户节省开支，增加收入。

（2）一般来说，产品或服务介绍必须要具备以下几点。①企业的产品或服务能为客户解决什么问题。②企业与竞争对手的产品或服务相比有哪些优缺点，顾客选择本企业的产品或服务的理由。③企业为自己的产品或服务采取了何种保护措施，是否拥有专利、许可证，或与已申请专利的厂家达成协议。④企业的产品或服务定价可以使企业产生足够的利润，客户会大批量地购买、享用企业的产品或服务。⑤企业采用新技术、新方法改良产品和服务的质量、性能，发展新产品新服务的计划。

在撰写产品或服务介绍内容时，可以适当地突出优势，但切忌过犹不及。企业家和投资家建立的是一种长期合作的伙伴关系，一时的空口许诺、盲目夸大只能得意一时，最终会使企业的形象受到破坏。

5. 人员及组织结构

在企业的生产活动中，存在着人力资源管理、技术管理、财务管理、作业管理、产品管理等。而人力资源管理是其中很重要的一个环节。企业管理的好坏，直接决定了企业经营风险的大小。而高素质的管理人员和良好的组织结构则是管理好企业的重要保证。因此，风险投资家会特别注重对管理队伍的评估。

在创业计划书中，必须要对主要管理人员加以阐明，介绍他们所具有的能力，在本企业中的职务和责任，过去的详细经历及背景。此外，在这部分，还应对公司结构做一简要介绍，包括以下几点。

（1）企业的组织机构图。

（2）各部门的功能与责任。

（3）各部门的负责人及主要成员。

（4）企业的报酬体系。

（5）企业的股东名单，包括认股权、比例和特权。

（6）企业的董事会成员。

（7）各位董事的背景资料。

在撰写人员和组织结构部分时，创业者往往容易犯两个错误。一是过分强调个人的学历学位及社会地位，二是保守的寥寥数笔，简单了事。一般而言，在描述人员背景时可以重点突出曾经取得的经验和实践的案例，这往往比学历学位更有说服力。企业的管理人员结构描述还要体现团队优势互补的特点。完整的企业组织机构必须要具备负责产品设计与开发、市场营销、生产作业管理、企业理财等方面的专门人才。

7. 市场预测

当企业要开发新产品或向新的市场扩展时，要进行市场预测。如果预测的结果并不乐观，或者预测的可信度让人怀疑，那么投资者就要承担更大的风险，这对多数风险投资者来说都是不可接受的。一份计划书中的市场预测部分至少应包括以下几方面内容。

（1）需求预测：市场是否存在对这种产品的需求？需求程度是否可以给企业带来所期望的利益？影响需求都有哪些因素？

(2)市场预测综述：新的市场规模有多大？需求发展的未来趋向及其状态如何？

(3)竞争者概览：对企业所面对的竞争格局进行分析，市场中主要的竞争者有哪些？是否存在有利于本企业产品的市场空当？

(4)目标顾客和目标市场：本企业预计市场的占有率是多少？

(5)本企业产品的市场地位：本企业进入市场会引起竞争者怎样的反应？这些反应会对企业会有什么影响？

创业者应牢记的是，市场预测不是凭空想象出来的，需经过充分的市场调研，对市场错误的认识和预测是企业经营失败的最主要原因之一。

8. 营销策略

营销过程是一个循环过程，营销计划总在修改之中，直到所有部分均在目的性上达到内部连贯且互为补充为止。一个计划只有在其各个部分相互衔接时才有意义。要做好其中的一部分非常容易，但要做出一个各部分内部连贯且互为补充的营销策略却不简单。营销策略应包括以下内容。

(1)市场机构和营销渠道的选择。

(2)营销队伍和管理。

(3)促销计划和广告策略。

(4)价格决策。

营销是企业经营中最富挑战性的环节，影响营销策略的主要因素有消费者的特点、产品的特性、企业自身的状况、市场环境。最终影响营销策略的因素则是营销成本和营销效益。

对新创型企业来说，由于市场对产品和企业的知名度尚不认可，因此，企业只能暂时采取传统的高成本低效益的营销战略，如上门推销，大打商品广告，向批发商和零售商让利，或交给任何愿意经销的企业销售。除此之外，还有一些新的营销方式如网络营销、会议营销等。对发展型企业来说、可以利用原来的销售渠道，或开发新的销售渠道以适应企业的发展。

9. 生产计划

生产计划是一个全面的计划和模拟系统，它把灵活的预测技术、不同时间阶段的供需计划与基于计划人员的执行环境结合起来，帮助企业迅速响应客户需求和经营要求上的变化。

(1)创业计划中的生产计划应包括以下内容：①产品制造和技术设备现状。②新产品投产计划。③技术提升和设备更新的要求。④质量控制和质量改进计划。

为了增大企业在投资前的评估价值，在寻求投资商的过程中，创业者应尽量使生产计划更加详细、可靠。

(2)一般而言，一份好的创业计划书在生产计划中应回答以下问题：①企业生产所需的厂房、设备情况。②怎样保证新产品在进入规模生产时的稳定性和可靠性。③设备的引进和安装情况。④生产线的设计与产品组装情况。⑤供货者的前置期和资源的需求量。⑥生产周期标准的制定以及生产作业计划的编制。⑦物料需求计划及其保证措施。⑧质量控制的方法。⑨相关的其他问题。

10. 财务规划

一份创业计划书概括地提出了在筹资过程中创业者需做的事情。财务规划则是对创业计划书的支持和说明。因此，一份好的财务规划对评估风险企业所需的资金数量，提高风险企业取得资金的可能性是十分关键的。

(1)财务规划一般要包括以下内容：①现金流量表：流动资金是企业的生命线，企业在初创或扩张时，对流动资金需要有周详的计划且严格控制。②损益表(成利润表)：是用以反映在一定期间利润实现(或发生亏损)的财务报表。它是一张动态报表。损益表可以为报表的阅读者提供做出合理的经济决策所需要的有关资料，可用来分析利润增减变化的原因，公司的经营成本，做出投资价值评价等。③资产负债表：亦称财务状况表，表示企业在一定日期(通常为各会计期末)的财务状况(即资产、负债和业主的状况)的主要会计报表。其报表功用除了企业内部除错、经营方向、防止弊端外，还可让阅读者于最短时间内了解企业的经营状况。

如果财务规划准备得不好，会给投资者以企业管理人员缺乏经验的印象，降低风险企业的评估价值。

(2)企业的财务规划应保证和创业计划书的假设相一致。要完成财务规划，就必须要明确下列问题：①产品在每一个期间的发出量有多少？②什么时候开始扩张产品线？③每件产品的生产费用是多少？④每件产品的定价是多少？⑤使用什么分销渠道，预期的成本和利润是多少？⑥需要雇用哪几种类型的人？⑦雇用何时开始，工资预算是多少？

值得一提的是，着眼于一项新技术或创新产品的创业企业不可能全盘参考现有市场的数据、价格和营销方式。因此，创业企业要自己预测进入市场的成长速度和可能获得的纯利，并把企业的设想、管理队伍和财务模型推销给投资者。

11. 风险与风险管理

创业是一个风险活动，良好的风险管理是创业初期能否成功和创业能否成熟的重要内容。风险管理包括对风险的量度、评估和应变策略。理想的风险管理，是一连串排好优先次序的过程，可能引致最大损失及最可能发生的事情优先处理，相对风险较低的事情则押后处理。风险管理主要包含以下内容。

(1)公司在市场、竞争和技术方面存在的基本风险。

(2)应对风险的方法。

(3)公司有哪些附加机会？

(4)在现有资本基础上如何进行扩展？

(5)在最好和最坏的情形下，五年计划表现如何？

即使估计不那么准确，也应该可以估计出误差范围。如果可能的话，对关键性参数做最好和最坏的设定。

三、撰写创业计划书的注意事项

(一)制作创业计划书的步骤

1. 创业构思

创业者的一些新奇想法需要经过可行性分析，只有通过市场需求评价以及商机评估，才能真正成为创业商机。因此，创业者需要对所谓的"金点子"进行甄别，确定创业目标，初步形成创业构思。

（1）环境分析：创业环境包括宏观环境、中观环境和微观环境。宏观环境是指能对企业活动产生强制性、不定性和不可控性影响的因素，如自然环境、政治与法律环境、科技环境以及人文环境。一般来说，对宏观环境企业只能适应，因而，企业可以通过关注宏观环境以及人文环境的变化把握社会的大趋势，从中获取商机。中观环境是指企业所属行业状态，主要包括行业环境、地域环境、业务环境。大部分创业者根据中观环境状态变化获知机遇和挑战，对创业进行战略部署。而微观环境实际上就是直接制约和影响企业活动的力量和因素，包括供应商、企业内部门、顾客、竞争者、社会公众等。

创业者必须时刻关注不断变化的环境，把握因变化产生的机遇和挑战，规避风险，充分利用其中蕴含的巨大商机，获得创业先机。

（2）产品/服务定位：好的企业建立在好的创业构思上，而好的创业构思则建立在市场需求和产品（或服务项目）开发上。创业者需在开创自己的事业前明确定位产品或服务的目标，清楚分析市场的需求，如需求的类型、需求的客户行业态势、市场特征等，再根据实际情况设计开发出具有价值的新产品（或服务），这样才能牢牢把握住市场的发展趋势。如果一个创业构思能有所创新，那就锦上添花了。创新可以是引入一种新的产品或提供一种产品的新用途，可以是采用一种新的生产方法，可以是开辟一个新的市场，可以是获得一种原料或半成品的新的供给来源，也可以是实行一种新的企业组织形式。

2. 市场调研

市场调研是运用科学的方法，有目的、有计划地收集、整理和分析创业信息和资料。没有深入透彻的市场调查就不能准确把握市场的脉搏，无法了解适宜环境并满足客户的需求。市场调研的具体执行是一项繁杂的工作，需要创业者亲身体验，站在消费者角度思考和分析客户的需求、偏好，将获得的信息融入未来的产品或服务方案设计，满足市场和消费者的需求。创业者可以通过问卷调查、企业网站的在线调查、随访或者团队中一线销售人员直接面对市场和消费者获得市场信息。如果企业的产品或服务满足社会需求，那无疑会为创业者带来利润，但如果产品或服务并非市场所需，无法达到预期的销售目标，那对刚刚起步的创业者来说必然是一个巨大的打击，甚至会导致创业失败。因此，市场调研是创业构思不可或缺的部分。

3. 起草大纲

计划书的大纲相当于建筑物的框架结构，只有坚实、牢固的结构才能支撑起一份优秀的创业计划书。创业者经过环境分析和市场调研，确定创业目标后，就要开始着手起草创业计划书的大纲。大纲框架搭建得越详细，对创业者思考创业的过程越有益，同时，可以让投资者清楚了解创业者的意图。

在完成大纲的起草后，创业者还必须对大纲进行细化和完善。在进一步获得市场信息后，创业者要对大纲做出相应的更改，以适应市场的需要。

一份比较完整的计划大纲应该包括以下 9 个方面的内容。

（1）企业介绍。

（2）产品或服务介绍。

（3）管理团队介绍。

（4）商业模式。

（5）营销策略。

（6）市场分析及风险管理。

（7）发展规划。

（8）财务规划。

（9）融资需求及资金用途。

4. 起草计划

一份出色的计划书就像一张藏宝图，指引人们获得宝贵的信息，帮助创业者获得更多的扶持和帮助，在创业的道路上旗开得胜。

计划书要根据大纲来撰写，它必须让人了解创业者建立的是什么样的企业，获得了什么样的成绩，提供什么样的产品或者服务，为客户带来什么样的便利，而创造这个产品或者提供服务的又是什么样的一些人，他们组建了个什么样的团队，他们面临着什么样的挑战和竞争，如何进一步发展这个企业，还需要多少资金支持，如果顺利获得融资，企业将如何安排资金走向，实现企业的发展规划等。

（二）创业计划书的注意事项

创业计划书的质量往往会影响创业发起人能否找到合作伙伴、获得资金及其他政策的支持。计划书需要给投资者以充分信息，并让投资者预见到成功的可能性。为了确保创业计划书能够顺利地被投资者关注，计划书的撰写者应注意以下事项。

1. 换位思考，重点明确

创业者要依照目标，站在创业计划书阅读对象的角度进行换位思考，确定计划书不同的目标、不同的阅读对象，计划书的重点自然也不尽相同。从潜在投资者的角度构思创业计划，要突出三个非常重要的问题：一是创业行动的方针；二是展示管理团队；三是展现美好的未来。理解创业计划书的内涵可帮助创业者在融资操作方法上适应国际惯例，掌握资本市场的内在规律，合理设计自身的发展战略。事实上，一份重点突出、目标明确的计划书可以帮助投资者发现具有投资价值和发展潜力的创业项目和创业企业，可以在投资者和创业者之间搭建起实现沟通的桥梁。这对于创业企业获得风险投资的支持是非常重要的。

2. 执行摘要，突出特色

创业计划书中的计划执行摘要十分重要。它是投资者首先要看的内容，必须浓缩创业计划的要点和核心内容，要让投资者有兴趣并渴望得到更多的信息，给投资者留下长久印象。计划执行摘要摘录了与筹集资金最相关的细节，如公司的基本情况、组织机构、管理队伍、产品或服务的竞争优势、竞争对手、营销和财务战略等。既要简明生动地勾画出项目的全貌，又要突出项目的重点；既要讲清了项目的先进性和可行性，又要讲清项目的商业价值和高回报性；既要有清晰的逻辑思路，又要有切实的证据链加以印证；既要能看清项目发展的脉络，又要能让人感受到项目实施团队的能力和作业；既要能看到项目已经具备的相关优势，又要能明确需要的帮助和支持的方向、目标和作用。

3. 项目介绍，重中之重

在创业计划书中，应提供所有与企业的产品或服务有关的细节，包括创业实施的所有调查，产品或服务所处的发展阶段，是否具有独特性，目标客户群的定位，产品的生产销售，营销手段，新产品的开发计划，风险预测、财务预测等。创业计划书撰写者要把投资者拉到企业的产品或服务中来，这样投资者就会和创业者一样对产品感兴趣。撰写创业计划书时，企业家应尽量用简单的词语来描述每件事物，以免产生歧义和误解。

4. 分析市场，注重细节

创业计划书要给投资者提供企业对目标市场的深入分析和理解。要细致分析经济、地理、职业以及心理等因素对消费者选择购买本企业产品或服务这一行为的影响，以及各个因素所起的作用。计划书还应特别关注销售中的细节问题，包括主要的营销计划，开展广告、促销以及公共关系活动的地区，明确每一项活动的预算和收益；企业的销售战略；使用销售代表或内部职员，对专卖商、分销商或是特许商销售，企业将提供销售培训等。

5. 不避竞争，充满自信

在创业计划书中，创业者应细致分析竞争对手的情况，包括竞争对手是谁；竞争对手的产品或服务与本企业相比有哪些相同点和不同点；竞争对手的营销策略是什么等问题。要明确每个竞争者的销售额，毛利润、收入以及市场份额，然后再讨论本企业相对于每个竞争者所具有的竞争优势，要向投资者展示，顾客偏爱本企业的原因是什么，企业将采取何种方法和战略战胜竞争对手，也要阐明企业在创业孵化器中的特有优势、创业的支持体系。同时，在计划书中要自保地展示企业的管理队伍：把一个创业设想转化为一个成功创业企业最关键的是要有一支充满激情和力量的团队。因此，在创业计划书中，应明确指出企业团队的人才结构特点、优势，潜能及在特殊条件下战斗的实战能力。只有这样，投资者才能从创业计划书中看到计划的可行性和企业的竞争实力，才敢于投资。

辅助阅读·

创业思路拓展

1. 要有创业的思想和认识。在当今的经济形势条件下，危机和机遇并存。别人的创业收入虽然可观，但效仿其经营模式是否有同样可观收入尚属未知，且经营行业的规则和隐性潜规则也尚不明朗，没有十足把握还需三思而后行。创业不仅需要运气，还需要了解行业背景和前景，择机适当入手。可以在有国家政策向导、地方政府大力支持的情况下快速发展。至于行业或地区经济萧条时，还需要了解从古至今的行业历史背景等信息，这可以帮你找到行业规律和在危机中如何解决问题起到一个向导的作用。

2. 创业前期准备工作。不管你创业要做什么，都应该学学相关的知识，比如市场营销、资金运作，如果以后企业做大了还要学企业管理。如何用最少的钱办最多的事是你创业之前需要考虑的事情。你想一步到位，是不可能的。

3. 创业中最重要的问题就是经营什么和怎么经营。不要看好别人做的项目有收益，幻想自己做同样项目也会有收益。同样的一道菜，不同的人来烹饪，味道也不一样，顾客是不是愿意来品尝这道菜，要看这道菜是不是符合顾客的口味。所以，经营什么和怎么经营需要经营者实地考察后再定。

4. 选址很重要。地理位置的好坏直接影响创业者经营局面。当地理位置选择好或已经看好几个位置时就看人群，比如若是经营食品加工这一行业，可以选择居民区、学校、网吧、商业区、车站、广场、医院等地，以周围人群为主要经营对象，做一些有针对性的食品。

5. 确定产品的市场定位。你可以根据当地环境和其他经营者的商品和特色，去一些小门脸的店内一边看商品一边就像唠家常一样打听这个地方的经济情况和消费层次，最重要的是看周边小区的档次，这样就知道这个地区适合卖一些什么样的产品。产品是否能获得市场占有率，就要看产品的定位。如果能准确确定产品的市场定位，可能会有意想不到的收获。

6. 在开业前，去大型的商场和超市走走看看，要看大型商场和超市的运营模式和经营手段，要能从一些事务里找到它们运营的方法，俗话说，走自己的路让别人说去吧，但你只有先学会别人的路才会有自己的路。

7. 开业当天至一周，甚至一个月或者更长时间，别为了挣钱而损失你的顾客，有了顾客你才会有钱挣，在基本上保本的情况下运行，目的就是要更多的人知道在这个地区新开了一家什么样的店铺。

8. 经营方法和模式要根据大多顾客需求而变化。在经营过程中，不可以仅凭自己的想法去经营，还需要顾客提出他们的想法。在资金不足的情况下需要谨慎，牵一发动全身的经营模式绝对不可以。

9. 对待顾客，不能一面笑脸相迎，转身弃如敝屣，更不能把异样的目光写在脸上。哪怕是竞争对手来探究你的店面也要尊重对方。顾客的眼睛是雪亮的，顾客也很聪明。实际上买商品在哪买都一样，顾客需要的是买得舒心，顾客若是舒心，哪怕比同类商品贵那么一点点也会在你的店里消费。这就需要你有灵活头脑来面对所有类型的顾客。古往今来，很多案例都是在这一个不经意间产生后来的巨大作用。是否能赢得顾客的信赖，就看经营者是不是能从点点滴滴中寻找答案，就看你站在经营者的角度会不会用心去做。

▶ 第三节　创业融资

一、融资的概述

(一)创业融资的概念

融资主要指资金的融入，也就是通常意义上的资金来源，具体指通过一定的渠道、采用一定的方法、以一定的经济利益付出为代价，从资金持有者手中筹集资金，满足资金使用者在经济活动中对资金需要的一种经济行为。

（二）融资需要的环境

企业要进行融资，需要有一个良好的治理结构。企业本身的财务、资产权属要清晰，确保有账可查，没有不良的征信记录。企业还需要具有一定的成立时间，至少要超过一年持续盈利。企业的资产负债率也不能太高，一般不超过百分之六十，不然很难办理贷款融资。

依据《中华人民共和国中小企业促进法》第十九条国家完善担保融资制度，支持金融机构为中小企业提供以应收账款、知识产权、存货、机器设备等为担保品的担保融资。第二十条中小企业以应收账款申请担保融资时，其应收账款的付款方，应当及时确认债权债务关系，支持中小企业融资。国家鼓励中小企业及付款方通过应收账款融资服务平台确认债权债务关系，提高融资效率，降低融资成本。

二、融资的渠道、方式与工具选择策略

融资渠道指企业筹措资金的方向和通道，体现了资金的来源和流量，了解企业的融资类型和融资方式，对企业的生存发展是关键的。按照国外的融资"啄序理论"，出于对融资成本的考虑，企业融资首先选择的应是内源融资；然后是发行可转换债券等进行债权融资；最后才是股权融资。

（一）私人资本融资

据世界银行所属的国际金融公司对北京、成都、顺德和温州四个地区的私营企业的调查，我国私营中小企业在初始创业阶段几乎完全依靠自筹资金。其中，90%以上的初始资金是由主要的创业者、创业团队成员及家庭提供的，银行和其他金融机构贷款所占的比例很小，私人资本在创业融资中具有不可代的作用，这些私人资本包括以下几种。

1. 个人积蓄

尽管有些创业者没有动用过个人资金就办起了新企业，但这种情况非常少见。因为从资金成本或企业控制权的角度来说，个人资金成本最为低廉，而且创业者在试图引入外部资金时，外部投资者一般都要求企业必须有创业者的个人资金投入其中。所以，个人积蓄是创业融资最根本的渠道，几乎所有的创业者都向他们新创办的企业投入了个人积蓄。

创业者可以通过转让部分股权的方式从合伙人那里取得创业资金，创办合伙企业。创业者也可以通过公开或私募股权的方式，从更多的投资者那里获得创业资金，成立公司制企业。将个人合伙人或个人股东纳入自己的创业团队，利用团队成员的个人积蓄是创业者最常用的筹资方式之一。

2. 亲友资金

对于新创企业来说，除了个人积蓄之外，身边亲朋好友的资金是最常见的资金来源。亲朋好友由于与创业者个人的关系而愿意向创业企业投入资金，因此，亲友资金是创业者经常采用的融资方式之一。

在向亲友融资时，创业者必须要用现代市场经济的游戏规则、契约原则和法律形式来规范融资行为，保障各方利益，减少不必要的纠纷。创业者在向亲友融资之前，

要仔细考虑这一行为对亲友关系的影响，尤其是创业失败后的艰难困苦。创业者要将日后可能产生的有利和不利方面告诉亲友，尤其是创业风险。

3. 天使投资

天使投资指个人出资协助具有专门技术或独特概念而缺少自有资金的创业家进行创业，并承担创业中的高风险和享受创业成功后的高收益；或者说是自由投资者或非正式风险投资机构对原创项目构思或小型初创企业进行的前期投资，是一种非组织化的创业投资形式。天使投资分为两类：一类是有行业背景的天使投资；一类是没有行业背景的天使投资。这两类天使投资，从行为及预期，到与创业团队的合作都非常不一样。从资本的角度来说，这两类投资人都是非常好的来源。创业者早期仍需要资金，而来源非常有限，所以才寻求天使投资支持。否则，创业者完全可以自己进行投资，等到成熟一些再寻求早期 VC(venture capital，风险投资)。倘若创业团队早期并非单纯缺乏资金，则寻找具有行业背景的天使投资会更加理性。

(二)机构融资

和私人资金相比，机构拥有的资金数额较大，挑选被投资对象的程序更为正规。获得机构融资一般会提升企业的社会地位，给人以企业正规良好的社会形象。

机构融资的途径有以下几种。

1. 银行贷款

比较适合创业者的银行贷款形式主要有抵押贷款和担保贷款两种。缺乏经营历史从而也缺乏信用积累的创业者，比较难以获得银行的信用贷款。

1)抵押贷款

抵押贷款指借款人以其所拥有的财产作抵押，作为获得银行贷款的担保。在抵押期间，借款人可以继续使用其用于抵押的财产。抵押贷款有以下几种。

(1)不动产抵押贷款：指创业者可以土地、房屋等不动产作抵押，从银行获取贷款。

(2)动产抵押贷款：指创业者可以用机器设备、股票、债券、定期存单等银行承认的有价证券，以及金银珠宝首饰等动产作抵押，从银行获取贷款。

(3)无形资产抵押贷款：是一种创新的抵押贷款形式，适用于拥有专利技术、专利产品的创业者，创业者可以用专利权、著作权等无形资产向银行作抵押或质押获取贷款。

2)担保贷款

担保贷款指借款方向银行提供符合法定条件的第三方保证人作为还款保证的借款方式。当借款方不能履约还款时，银行有权按照约定要求保证人履行或承担清偿贷款连带责任。其中较适合创业者的担保贷款形式有以下两种。

(1)自然人担保贷款：是指经由自然人担保提供的贷款，可采取抵押、权利质押、抵押加保证三种方式。

(2)专业担保公司担保贷款：目前各地有许多由政府或民间组织的专业担保公司可以为包括初创企业在内的中小企业提供融资担保，像北京中关村担保公司、首创担保公司等。其他省、市也有很多此类性质的担保机构可以为中小企业提供融资担保服务，这些担保机构大多属于公共服务性非营利组织，创业者可以通过申请，由这些机构担保向银行借款。

3）信用卡透支贷款

创业者可以采用两种方式取得信用卡透支贷款，一种方式是信用卡取现，另一种方式是透支消费。

信用卡取现是银行为持卡人提供的小额现金贷款，在创业者急需资金时可以帮助其解决临时的融资困难。创业者可以持信用卡通过银行柜台或是 ATM 机提取现金。透支取现的额度根据信用卡情况设定，不同银行的取现标准不同，最低的是不超过信用额度的 30%，最高的是信用额度的 100%。另外，除取现手续费外（各银行取现手续费不一），境内外透支取现还须支付利息，不享受免息待遇。

创业者还可以利用信用卡进行透支消费，购置企业亟须的财产物资。

4）政府无偿贷款担保

根据国家及地方政府的有关规定，很多地方政府都为当地的创业人员提供无偿贷款担保。如上海、青岛、南昌、合肥等地的应届大学毕业生创业可享受无偿贷款担保的优惠政策，自主创业的大学生，向银行申请开业贷款的担保额度最高可达 100 万元，并享受贷款贴息；江苏省镇江市润州区创业农民可通过区农民创业担保基金中心，获取最高 5 万元贷款，并由政府为其无偿担保；湖南省各级财政安排了一定的再就业资金，用于下岗失业人员小额贷款担保基金及贴息等四个方面；浙江省对持《再就业优惠证》的人员和城镇复员转业退役军人，从事个体经营自筹资金不足的，由政府提供小额担保贷款。

5）中小企业间互助机构贷款

中小企业间的互助机构是指中小企业在向银行融通资金的过程中，根据合同约定，由依法设立的担保机构以保证的方式为债务人提供担保。在债务人不能依约履行债务时，由担保机构承担合同约定的偿还责任，从而保障银行债权实现的一种金融支持制度。信用担保可以为中小企业的创业和融资提供便利，分散金融机构的信贷风险，推进银企合作。

6）其他贷款

创业者可以灵活地将个人消费贷款用于创业，如因创业需要购置商用房，可以用拟购置房屋作抵押，向银行申请商用房贷款，若创业需要购置轿车、卡车、客车、微型车等，还可以办理汽车消费贷款。除此之外，可供创业者选择的银行贷款方式还有托管担保贷款、买方贷款、项目开发贷款、出口创汇贷款、票据贴现贷款等。

尽管银行贷款需要创业者提供相关的抵押物、担保或保证，对于白手起家的创业者来说条件有些苛刻，但如果创业者能够提供银行规定的资料，能提供合适的抵押物，获得贷款并不困难。

2. 非银行金融机构贷款

创业者可以从非银行金融机构借款，筹集生产经营所需资金。非银行金融机构指以发行股票和债券、接受信用委托、提供保险等形式筹集资金，并将所筹资金运用于长期性投资的金融机构。根据规定，非银行金融机构，包括经中国银行保险监督委员会批准设立的信托公司、企业集团财务公司、金融租赁公司、汽车金融公司、货币经纪公司、境外非银行金融机构驻华代表处、农村和城市信用合作社、典当行、保险公司、小额贷款公司等机构。

3. 交易信贷和融资租赁

交易信贷指企业在正常的经营活动和商品交易中由于延期付款或预收货款所形成的企业间常见的信贷关系。企业在筹办期以及生产经营过程中，均可以通过商业信用的方式筹集部分资金。如企业在购置设备或原材料、商品过程时，可以通过延期付款的方式，在一定期间内免费使用供应商提供的部分资金；在销售商品或服务时可以采用预收账款的方式，免费使用客户的资金。

创业者也可以通过融资租赁的方式筹集购置设备等长期性资产所急需的资金。融资租赁是指实质上转移与资产所有权有关的全部或绝大部分风险和报酬的租赁。资产的所有权最终既可以转移，也可以不转移。融资租赁是集融资与融物、贸易与技术更新于一体的新型金融业务。由于其融资与融物相结合的特点，出现问题时租赁公司可以回收、处理租赁物，因而在办理融资时对企业资信和担保的要求不高，所以非常适合中小企业融资。此外，融资租赁属于表外融资，不体现在企业财务报表的负债项目中，不影响企业的资信状况，对需要多渠道融资的中小企业非常有利。

4. 其他企业融资

尽管在大多数情况下，企业是资金的需求者而不是提供者，但是对于不同行业的企业，或者在企业发展的不同时期，部分企业还是会有暂时的闲置资金可以对外提供，尤其是一些从事公用事业业务的企业，或者已经发展到成熟期的企业，现金流一般会比较充足，甚至会有大量资金需要通过对外投资的方式实现较高收益。对于有闲置资金的企业，创业者既可以吸收其资金作为股权资本，也可以向这些企业借款，形成债权资本。

(三)风险投资

根据美国风险投资协会的定义风险投资指职业的金融家投入新兴的、迅速发展的、有巨大竞争潜力的企业中的股权资本。在我国，对于风险投资尚未形成统一的看法，比较普遍的观点是：风险投资是由专业机构提供的投资于极具增长潜力的创业企业并参与其管理的权益资本。

1. 创业者寻求风险投资的步骤

创业者寻求风险投资需要掌握风险投资的七个步骤（如图 7-5 所示）。

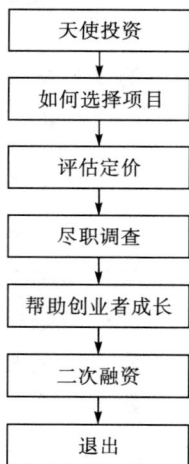

图 7-5　风险投资的步骤

2. 创业者获得风险投资的渠道

创业者获得风险投资的渠道主要有以下几种。

1）给投资人发邮件

想获得风险投资最简单的方法就是给投资人发邮件。一般的风险投资者都有自己的网站，上面公布有自己的邮箱，创业者可以将自己的创业想法或者商业计划书发到公开的邮箱中，期待能够得到投资者的关注，并最终获得投资。采用这种方式的成本最低，但效率也最低，成功融资的概率只有1%。

2）参加相关行业的会议或者创业训练营

在这些会议或训练营上会有很多风险投资人，创业者可以利用茶歇或者休息的时间尽可能接触较多的风险投资者，或者接触自己感兴趣的投资者。这种方式的优点是创业者在短时间内能够见到很多的投资者，但由于时间短，不一定有机会认识或结识他们。此外，这种场合对创业者的说服能力要求较高。

3）请朋友帮忙介绍

如果身边有朋友做过融资，或者已经得到风险投资，可以请他们帮忙介绍，这种方式较前两者成功的概率稍大，毕竟接受过风险投资并且取得经营成功的人的介绍本身就是一种名片，投资者可以借由介绍人的介绍对创业者或创业项目有一定了解，通过介绍人的了解对创业者给予初步的肯定。但是，这种方式接触的面可能较窄，朋友认识的投资者可能并不是创业者需要的类型，而真正适合的投资者未必是朋友认识的人。

4）聘用投行帮助做融资

通过投行或融资中介的帮助寻找风险投资的成功率较高，首先，他们对活跃的投资人很了解，能够帮助创业者和投资者进行沟通。其次，信誉高的投行本身就为创业者的项目成功性增加了砝码。最后，投行会运用自己的经验帮助创业者挑选更合适的投资人。但是采用这种方式的成本也较高。

（四）政府扶持基金

创业者还可以利用政府扶持政策，从政府方面获得融资支持。

政府的资金支持是中小企业资金来源的一个重要组成部分。综合世界各国的情况，政府的资金支持一般能占到中小企业外来资金的10%左右，政府的资金支持方式主要包括：税收优惠、财政补贴、贷款援助、风险投资和开辟直接融资渠道等。

随着我国经济实力的增强，政府对创业的支持力度，无论是从产业的覆盖面还是从政府对创业者的支持额度都有了很大进展，由政府提供的扶持基金也在逐步增加。如专门针对科技型企业的科技型中小企业技术创新基金，专门为中小企业"走出去"准备的中小企业国际市场开拓资金等，还有众多的地方性优惠政策等。创业者应善于利用相关政策的扶持，以达到事半功倍的效果。常见的政府扶持基金有以下几种。

1. 再就业小额担保贷款

目前再就业小额担保贷款的适用范围包括：年龄在指定范围内（一般为60岁以内，地方政策可能有所不同），有创业愿望和劳动能力，诚实守信，有《下岗证》或者《再就业优惠证》的国企、城镇企业下岗职工，退役军人，农民工，外出务工返乡创业人员，吸纳下岗失业人员达到地方规定的小企业、合伙经营实体或劳动密集型企业，大中

(技)专毕业生，残疾人员，失地农民等符合条件的人员。

2. 科技型中小企业技术创新基金

科技型中小企业技术创新基金是于 1999 年经国务院批准设立的，为了扶持、促进科技型中小企业技术创新，用于支持科技型中小企业技术创新项目的政府专项基金，由科技部科技型中小企业技术创新基金管理中心实施。创新基金重点支持产业化初期（种子期和初创期）、技术含量高、市场前景好、风险特大、商业性资金进入尚不具备条件、最需要由政府支持的科技型中小企业项目，并将为其进入产业化扩张和商业性资本的介入起到铺垫和引导作用。根据中小企业和项目的不同特点，创新基金通过无偿拨款、贷款贴息和资本金投入等方式扶持和引导科技型中小企业的技术创新活动，促进科技成果的转化。

3. 中小企业国际市场开拓资金

中小企业国际市场开拓资金是由中央财政和地方财政共同安排的专门用于支持中小企业开拓国际市场的专项资金。市场开拓资金用于支持中小企业和为中小企业服务的企业、社会团体和事业单位组织中小企业开拓国际市场的活动。该资金的主要支持内容包括：举办或参加境外展览会，质量管理体系、环境管理体系、软件出口企业和各类产品的认证，国际市场宣传推介，开拓新兴市场，组织培训与研讨会，境外投（议）标等方面。市场开拓资金支持比例原则上不超过支持项目所需金额的 50%，对西部地区的中小企业，以及符合条件的市场开拓活动，支持比例可提高到 70%。

4. 天使基金

政府有关部门和社会各界有识之士纷纷出资，设立了鼓励和帮助大学生自主创业、灵活就业的一些天使基金。如北京青年科技创业投资基金，是由北京科技风险投资股份有限公司出资设立，与共青团北京市委、北京市青年联合会和北京市工商局共同管理的一项基金。

5. 其他基金

科学技术部的 863 计划、火炬计划等，连同科技型中小企业技术创新基金一起，每年都有数十亿资金用于科技型中小企业的研发、技术创新和成果转化；财政部设有利用高新技术更新改造项目贴息基金，国家重点新产品补助基金；国家发展和改革委员会设有产业技术进步资金资助计划、节能产品贴息项目计划；工业和信息化部有电子信息产业发展基金等。

各地为支持当地创业型经济的发展，也纷纷出台政策、支持创业。主要有人力资源和社会保障部设立的开业贷款担保政策、小企业担保基金专项款、中小企业贷款信用担保、开业贷款担保、大学生科技创业基金等。

创业者应结合自身情况，利用好相关政策，以获得更多的政府基金支持，降低融资成本。

（五）知识产权融资

知识产权融资也是值得创业者关注的融资方式，在国内外已有诸多成功案例。知识产权融资可以采用知识产权作价入股、知识产权抵押贷款、知识产权信托、知识产权证券化等方式。

三、融资的程序

(一)撰写 BP

商业计划书也被称为 BP(business project),是有关创业融资项目的基本详细介绍。撰写商业计划书不仅是一个包装和表达的过程,还是一个厘清产品思路的过程。商业计划书的撰写既要客观性地叙述公司业务进度,也要凸显创业项目发展和闪光点。商业计划书的内容包括团队介绍、市场介绍、商品和业务推广方案、竞争对手分析、公司核心竞争力、财务状况、落地实施情况以及公司股权结构、融资方案等。

(二)找到投资人

除非是有前端技术的项目,顶尖孵化器以及投资机构才会积极主动地找到创业者,协助创业者搭班子团队,并进行资金的投入。一般情况,创业者都要主动去寻找投资人。寻找投资人的渠道有很多,例如,去天使汇 AngelCrunch 等股权众筹平台注册上传自己的项目、委托朋友引荐、自媒体宣传等。其中,通过股权众筹平台接触到投资人的概率最大。

(三)路演

路演指在公共场所进行演说、演示产品、推介理念,以及向他人推广自己的公司、团体、产品、想法的一种方式。创业者应当有选择性地参加路演,选择有自己的潜在投资人及机构的地方。

(四)与投资人单独约谈

路演结束后便可以单独约见意向投资人了。约谈也有许多规则和技巧,需要提前掌握意向投资人的所想所需。投资人比较关注是用户的创业项目的发展潜力、创办团队的资质、能否匹配创业项目的工作内容、搭建的系统能力等方面。只有做好充分的准备,才有和投资人谈判的筹码。

(五)交易价格谈判

约谈是让投资人了解你的项目和团队,至于具体投不投还要看企业发展前景、估值、出让比例、附带权利,比如优先股是否具有投票权、是否配备反稀释条款等。令投资人追捧的好项目具有更强的议价能力,做好产品永远比谈判技巧更有用。

(六)签订投资意向书

投资意向书(letter of interest,也就是风险投资行业常见的 term sheet)是双方当事人就项目的投资问题,通过初步洽商,就各自的意愿达成一致认识表示合作意向的书面文件,是双方进行实质性谈判的依据,是签订协议(合同)的前奏。签订之前一定要仔细检查条款并三思而行,由于创业者一方参与签订的往往仅创始人(CEO)一人,所以 CEO 不仅要考虑自己的利益,也要考虑团队的利益,此环节应当聘请专业律师进行把关。

四、如何降低银行融资成本

企业融资成本高,会影响企业的进步和发展。企业要想继续发展,就必须降低融资成本。降低融资成本的具体措施如下。

（一）控制负债率

企业要想解决融资问题，尽可能降低融资成本，就要控制好自身的负债率，减少企业资本的泡沫。如果负债率过高，企业的抗风险能力就会很差。因此，企业要想健康发展，就必须将负债率降低到一个合适的数额，以促进其健康经营和发展。

（二）健康发展

企业要想尽可能降低融资成本，还必须实现健康发展，有自己的发展规划，不跟风，认真分析市场，按照市场规律推进发展。

（三）合理融资

企业要想尽可能降低融资成本，就必须合理筹措资金，在每年年初制订好融资计划，并按计划逐步筹措资金，这样就不会进行无限融资，也不会背负越来越多的外债。

（四）诚实守信

企业要想尽可能降低融资成本，就必须坚守一条底线，即恪守诚实信用原则。企业诚信经营是企业健康发展的生命。

（五）合理规划

企业要想尽可能降低融资成本，还必须合理规划发展前景。企业每年如何发展，发展到什么规模，都是企业要考虑的问题。只有合理规划发展，企业才能良性发展。

（六）节约成本

企业要想尽可能降低融资成本，还必须想办法节约企业的运营成本。随着市场的发展企业的成本会增加，资金缺口会越来越大，企业的运营成本也会越来越高。

（七）政策支持

为了支持企业的发展，促进社会的经济进步，政府制定了一系列支持企业发展的措施。为了尽快降低融资成本，企业可以利用一些政府政策，依靠政策前进，依靠政府降低企业融资成本。

辅助阅读

典当融资

典当是指当户将其动产、财产权利作为当物质押或者将其房地产作为当物抵押给典当行，交付一定比例费用，取得当金并在约定期限内支付当金利息、偿还当金、赎回典当物的行为。典当行是指依照《中华人民共和国公司法》和《典当行管理办法》设立的专门从事典当活动的企业法人。典当迄今已有1700多年的历史。在中国近代银行业诞生之前，典当是民间主要的融资渠道，在调剂余缺、促进流通、稳定社会等方面占据相当重要的地位。现在典当行是以实物占有权转移形式为非国有中、小企业和个人提供临时性质押贷款的特殊金融企业。

中小企业融资贷款额度比较小、周期短、频率高、需求急的特点与典当行小额性、短期性、安全性、便捷性等本质特点相吻合，作为融资伙伴有着天然的血缘关系。典当的社会功能就是救急解难，能为中小企业提供其需要的融资服务。夏雨峰说，现在中小企业发工资、买原材料、定货，要钱找银行根本来不及，"10 万的贷款和办1000 万的贷款，走的程序都一样，很多小企业等不了。"

不少需要资金流动的小企业都有体会：银行的大门虽然敞开着，但"门槛"高高在上，令创业者望而却步。因此，对大部分有意创业的人来说，"找米下锅"是创业的头等大事。

典当融资作为一种新型的融资方式，更是一种特殊的融资方式，弥补了银行融资的不足。

▶ 第四节　商业模式分析

一、商业模式概述

(一)商业模式定义

商业模式就是公司通过什么途径或方式来赚钱。简言之，饮料公司通过卖饮料来赚钱；快递公司通过送快递来赚钱；网络公司通过点击率来赚钱；通信公司通过收话费赚钱；超市通过平台和仓储来赚钱，等等。只要有赚钱的地方，就有商业模式。

随着市场需求日益清晰以及资源日益得到准确界定，机会将超脱其基本形式，逐渐演变成为创意(商业概念)，包括如何满足市场需求或者如何配置资源等核心计划。

随着创意(商业概念)的自身提升，商业模式变得更加复杂，包括产品/服务概念，市场概念，供应链/营销/运作概念，进而这个准确并差异化的创意(商业概念)逐渐成熟最终演变为完善的商业模式，从而形成一个将市场需求与资源结合起来的系统。

商业模式是一种包含了一系列要素及其关系的概念性工具，用以阐明某个特定实体的商业逻辑。它描述了公司所能为客户提供的价值以及公司的内部结构、合作伙伴网络和关系资本(relationship capital)等用以实现(创造、推销和交付)这一价值并产生可持续盈利收入的要素。

在文献中使用商业模式这一名词的时候，往往模糊了两种不同的含义：一种作者简单地用它来指公司如何从事商业的具体方法和途径，另一种作者则更强调模型方面的意义。这两者实质上是有所不同的：前者泛指一个公司从事商业的方式，而后者指的是这种方式的概念化。后一观点的支持者们提出了一些由要素及其之间关系构成的参考模型(reference model)，用以描述公司的商业模式。

商业模式新解：是一个企业满足消费者需求的系统，这个系统组织管理企业的各种资源(资金、原材料、人力资源、作业方式、销售方式、信息、品牌和知识产权、企业所处的环境、创新力，又称输入变量)，形成能够提供消费者无法自力而必须购买的产品和服务(输出变量)，因而具有自己能复制且别人不能复制，或者自己在复制中占据市场优势地位的特性。

(二)建立商业模式意义

商业模式是一个企业得以运转的底层逻辑和商业基础，如果没有弄清楚一个企业的商业模式，就开始运作一个企业，那就是无本之木、无源之水。完善的商业模式可以让一个企业更加科学合理，有的放矢地去运营。

商业模式是一个企业的基石，一个企业的内在价值，如果一个企业没有清晰自己的商业模式是什么，一直在靠外在的资本注入而运作，那就相当于这个企业还没有断奶，没有获取自己自力更生的生存能力，这在竞争激烈的商业市场上是没有生存空间的，更别提达到持续盈利。

所以商业模式是一个企业健康发展的根本前提，是一个企业最高级别的竞争方式，在任何一个想要长久发展的公司都是不可或缺的。

(三)商业模式构成因素

1. 利润

利润是商业经济组织最重要、最基础的指标之一。在现金流的基础上分析利润的数额固然重要，但准确地分析预期利润和恰当地运用利润周期同样重要。在中国，在众多人口生存与发展的迫切要求下，在法律环境不完善、破坏信誉的成本低等因素影响下，迫使各个行业从高额利润到市场平均利润的时间要比国际市场要短很多。因此，在中国投资预利润高、现期利润低的企业风险较高。特别是几倍于以证券市场为代表的行业变周期(一般市场是半年一小变，两年一大变，四年会有根本的变化)。

2. 市场收益

市场是正常商业组织获取商业收益的来源，分析企业的市场性质、范围、容量、层次、认知程度等是极其重要的。企业通常对市场容量和开发难易程度进行综合考虑，一般从开拓市场的成本来分析市场效益。

3. 决策者的因素

决策者是最重要的生产力因素之一，其做事、说话的真实性、顺畅度和逻辑性对企业有一定的影响。企业的定位是市场现实，是结果而非原因。决策者有相关经验和丰富的人生经历，良好的管理素质、具有商业道德和恰当的商业态度是根本的。在人和物之间，人是有创造性的，人对物具有主观能动性。

(四)商业模式成功特征

长期从事商业模式研究和咨询的公司认为，成功的商业模式具有三个特征。

1. 成功的商业模式要能提供独特价值

有时候这个独特的价值可能是新的思想，而更多的时候，它往往是产品和服务独特性的组合。这种组合要么可以向客户提供额外的价值，要么使得客户能用更低的价格获得同样的利益，或者用同样的价格获得更多的利益。

2. 商业模式是难以模仿的

企业通过确立自己的与众不同，如对客户的悉心照顾、无与伦比的实施能力等，来提高行业的进入门槛，从而保证利润来源不受侵犯。比如，直销模式(仅凭"直销"一点，还不能称其为一个商业模式)，虽然知道其如何运作，也知道戴尔公司是直销的标杆，但很难复制戴尔的模式，原因在于"直销"的背后，是一整套完整的、极难复制的资源和生产流程。

3. 成功的商业模式是脚踏实地的

企业要做到量入为出、收支平衡。这个看似不言而喻的道理，要想年复一年、日复一日地做到，却并不容易。现实当中不管是传统企业还是新型企业，对于自己的钱从何处赚来，为什么客户看中自己企业的产品和服务，乃至有多少客户实际上不能为企业带来利润、反而在侵蚀企业的收入等关键问题，都不甚了解。

（五）商业模式的核心逻辑

商业模式最核心的三个组成部分是创造价值、传递价值、获取价值，是三个环环相扣的闭环（如图7-6所示），三者缺一不可，少了任何一个，都不能形成完整的商业模式。

1. 创造价值

创造价值是基于客户需求，提供解决方案。

2. 传递价值

传递价值是通过资源配置，活动安排来交付价值。

3. 获取价值

传递价值是通过一定的盈利模式来持续获取利润。

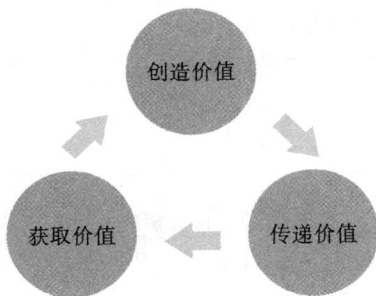

图7-6　商业模式的核心组成部分

一个成熟的商业模式背后潜藏着一定的商业要素，任何人在操作的过程中，都必须匹配这些商业要素才能够确保创业项目成功的可能性，从而形成机制。

这些商业要素不仅是每一个需要用到的人要弄明白的问题，也是决定商业模式是否成立的关键因素，关乎是否能打动投资人。

二、商业模式画布

（一）商业模式画布含义

所谓"商业模式画布"，就是一张能将组织的商业模式展示出来的画布。商业模式画布是一种用于梳理商业模式的思维方式和工具，可以帮助我们描述商业模式、评估商业模式和改变商业模式，并以一种极其简练的、可视化的、一张纸的形式表现出来。商业模式画布能够帮助管理者催生创意、降低风险、精准定位目标用户、合理解决问题、正确审视现有业务和发现新业务机会等。

（二）商业模式画布的九大模块

商业模式画布，就是通过将我们日常商业运营过程中的主要活动划分出九大模块，通过对这九大模块的梳理，帮助管理者更好地描述企业如何创造价值、传递价值和获取价值的基本原理，展示企业创造收入的逻辑，帮助管理者更加清晰地建立和商业模式有关的各种逻辑关系。

商业模式画布包含九大模块：用户细分、价值主张、渠道通路、客户关系、收入来源、核心资源、关键业务、重要伙伴和成本结构（具体如图7-7所示）。这九大模块覆盖了商业的四个视角：客户、产品或服务、基础设施及财务能力。对整个商业模式画布来讲，以"价值主张"模块为分隔线，其左侧的四个模块更重视"效率"，其右侧的四个模块更重视"价值"。

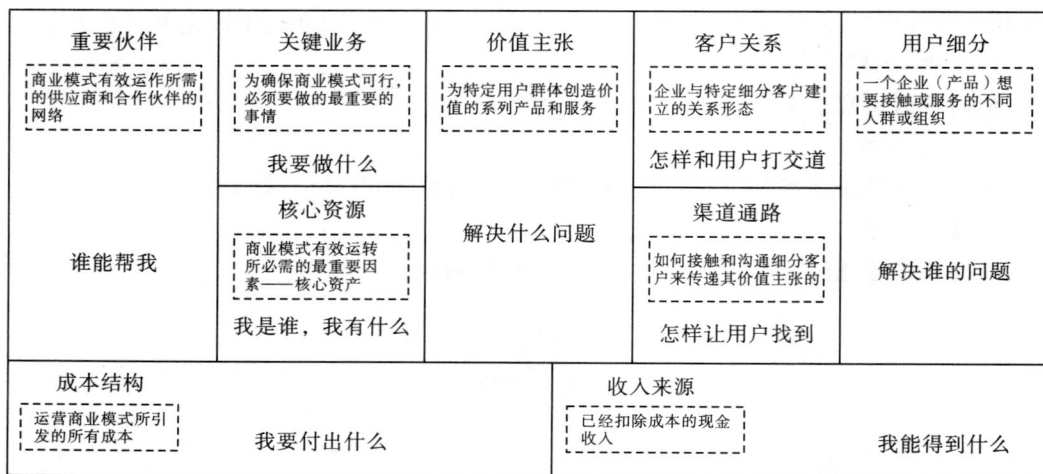

重要伙伴	关键业务	价值主张	客户关系	用户细分
商业模式有效运作所需的供应商和合作伙伴的网络	为确保商业模式可行，必须要做的最重要的事情	为特定用户群体创造价值的系列产品和服务	企业与特定细分客户建立的关系形态	一个企业（产品）想要接触或服务的不同人群或组织
	我要做什么		怎样和用户打交道	
	核心资源	解决什么问题	渠道通路	
谁能帮我	商业模式有效运转所必需的最重要因素——核心资产		如何接触和沟通细分客户来传递其价值主张的	解决谁的问题
	我是谁，我有什么		怎样让用户找到	

成本结构		收入来源	
运营商业模式所引发的所有成本	我要付出什么	已经扣除成本的现金收入	我能得到什么

图7-7　商业模式画布

1. 用户细分（customer segments，CS）

用户细分描述企业的目标用户群体是谁，这些目标用户群体如何进行细分，每个细分目标群体有什么共同特征。企业需要对细分的用户群体进行深入分析，并在此基础上设计相应的商业模式。在此模块，企业应回答两个问题：我在为谁创造价值？谁是我们最重要的客户群体？

2. 价值主张（value propositions，VP）

价值主张描述为细分用户群体创造价值的产品或服务。在这个模块，企业应回答两个问题：这些产品和服务能帮细分用户群体解决什么问题？满足他们的哪些需求？

3. 渠道通路（channels，CH）：

渠道通路描述企业通过什么方式或渠道与细分用户群体进行沟通，并实现产品或服务的售卖。渠道通路应描述以下问题：接触用户的渠道有哪些？哪些渠道最为有效？哪些渠道投入产出比最高？渠道如何进行整合可以达到效率最大化？

4. 客户关系（customer relationships，CR）

客户关系描述企业与细分用户群体之间建立的关系类型。比如通过专属客户代表与用户沟通、通过自助服务与用户沟通、通过社区与用户沟通等。

5. 收入来源（revenue streams，RS）

收入来源描述企业从每个细分用户群体中如何获取收入。收入是企业的动脉，在这个模块企业应回答通过什么方式收取费用、客户如何支付费用、客户付费意愿如何、企业如何定价等问题。

6. 核心资源（key resources，KR）

核心资源描述企业需要哪些资源才能让目前的商业模式有效运转起来，核心资源可以是实体资产、金融资产、知识资产和人力资源等。

7. 关键业务(key activities，KA)

关键业务描述企业在有了核心资源后应该开展什么样的业务活动才能确保目前的商业模式有效运转起来，比如制造更高端的产品、搭建高效的网络服务平台等。

8. 重要伙伴(key partnerships，KP)

重要伙伴描述与企业相关的产业链上下游的合作伙伴有哪些，企业和他们的关系网络如何，合作如何影响企业等。

9. 成本结构(cost structure，CS)

成本结构描述企业有效运转所需要的所有成本。企业应分清固定成本和可变成本，了解成本结构是如何构成的、哪些活动或资源花费最多、如何优化成本等。

(三)如何绘制商业模式画布

绘制商业模式画布首先需了解商业模式画布上每个模块的含义，其次根据自身企业的实际情况来构建商业模式画布。注意商业模式画布上的九大模块的填写是具备一定顺序的。首先要确定目标用户群体(用户细分)，然后确定目标用户的需求(价值主张)，接着制订接触用户的方式和渠道(渠道通路)，之后确定企业与客户保持什么的关系(客户关系)；再确定企业的赚钱方式(收入来源)；再接着确定实现盈利的核心资源(核心资源)，有了核心资源之后就可以制订关键业务行动(关键业务)；再确定和评估企业的合作伙伴(重要伙伴)；最后确定以上各环节发生的成本开支(成本结构)。其绘制顺序如图 7-8 所示。

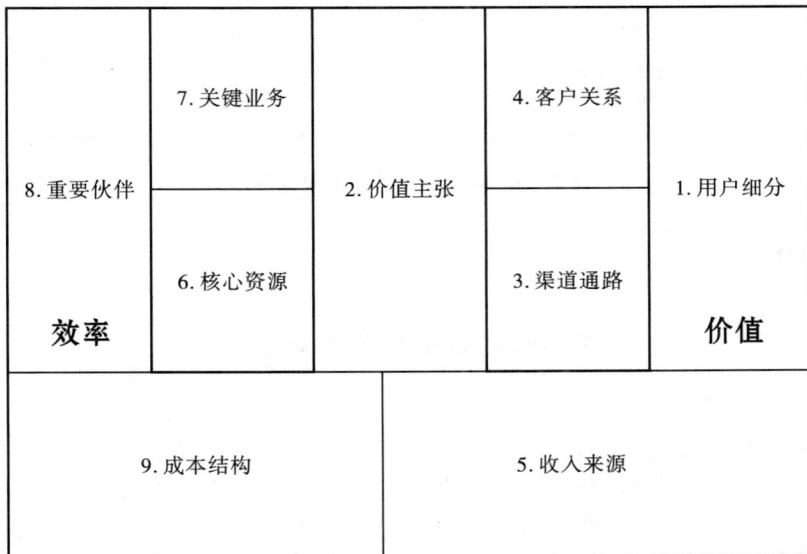

图 7-8　商业模式画布绘制顺序

以摩拜单车为例，对绘制其商业模式画布进行演示说明：

首先，从用户细分出发。摩拜单车的目标客户主要是那些乘用公共交通工具，但最后 1 千米需要步行的人群。摩拜单车的价值主张就是为这些客户提供便宜、方便的短距离交通工具。通过扫码支付，随停随走的自行车租赁业务作为自己的解决方案，在城市人员密集的区域投入服务，实现同客户的渠道通路接触和服务；由于低廉的价格和便捷的使用方式，可以和客户建立无须维护却稳固的客户关系；然后，从客户的单车使用上获取收入，此外，客户的押金也是摩拜单车可以使用的另一笔较大规模的资金；对于创业公司而言，最为核心的资源是拥有的大量的客户，通过同这些大量的客户保持良好和稳定的联系，公司可以将关键业务在中国市场进行扩展，并基于庞大的客户群体，进行新业务的实验和识别，当然这些活动离不开重要合作伙伴，自行车的提供商，投资方等。最后可以看到，在这些活动中，成本结构主要是车辆购置和维护费用及业务拓展和运营费用。

识别出这九大模块后，把它们绘制在画布上即可（如图 7-9 所示）。

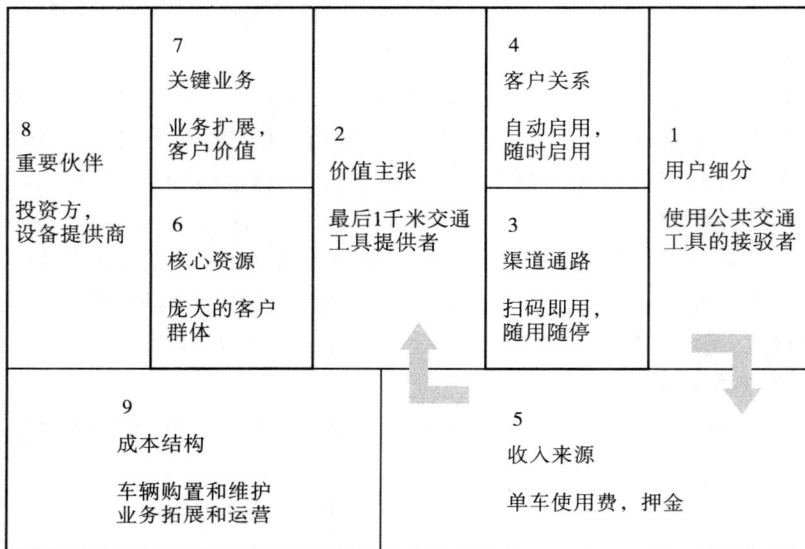

8 重要伙伴 投资方， 设备提供商	7 关键业务 业务扩展， 客户价值	2 价值主张 最后1千米交通 工具提供者	4 客户关系 自动启用， 随时启用	1 用户细分 使用公共交通 工具的接驳者
	6 核心资源 庞大的客户 群体		3 渠道通路 扫码即用， 随用随停	
9 成本结构 车辆购置和维护 业务拓展和运营			5 收入来源 单车使用费，押金	

图 7-9　摩拜单车的商业模式画布

辅助 阅读

商业模式与营销模式的区别

第一个不同：概念不同，本质界定不一样

商业模式是相关利益方的交易结构，是指为实现各方价值最大化，把能使企业运行的内外各要素整合起来，形成一个完整的、高效率的、具有独特核心竞争力的运行系统，并通过最好的实现形式来满足客户需求、实现各方价值同时使系统达成持续盈利目标的整体解决方案。这里说的各方，包括企业内部和外部，内部有股东、员工，外部有客户、合作伙伴等。

所谓行业，就是产品的功能、服务的方式差别不大，许多企业看起来很相似。但为什么企业运营的结果差别很大呢？这是因为商业模式不同。核心是企业相关利益方的交易结构不同。

营销模式是如何把产品卖给客户，指人们在营销过程中采取不同的方式方法。

第二个不同：要素不同，构成的要素不同

商业模式的要素从人的构成看，包括企业内部和外部的股东、员工、客户、合作伙伴等；从业务的构成看，包括定位、业务系统、现金流方式和企业价值等等，涵盖了企业经营的方方面面。

营销模式可以用4P来概括，即产品（product）、价格（price）、渠道（place）、促销（promotion）。

简单理解，可以认为商业模式涵盖了盈利模式和营销模式。

第三个不同：重点不同，突出的关键点也不同

商业模式强调的是提升企业价值。

营销模式强调的是如何获取客户。

第四个不同：对决策的影响不同，产生的结果不同

从以上分析可以看出，公司经营如果只从某一个方面考虑，就会失之偏颇，会给以后的发展带来隐患。

纵观各行业，有一个普遍的现象：有的企业每隔一两年就会换一个产品，但企业就是做不起来，更没有形成一个叫得响的品牌。其原因就是只考虑营销模式和盈利模式，而缺少商业模式的视角。

一个新创业公司或者一个新项目，如果只进行营销模式或者盈利模式的考量，只进行市场行业情况分析从而做出决策，没有或很少和未来可能采取的商业模式相结合，肯定会影响企业未来的健康发展。

三、商业模式创新

(一)商业模式创新含义

互联网的出现改变了基本的商业竞争环境和经济规则，标志着"数字经济"时代的来临。互联网使大量新的商业实践成为可能，一批基于它的新型企业应运而生。新涌现的一些企业，如Yahoo、亚马逊及eBay等，在短短几年时间，就取得巨大发展，并成功上市，许多人也随即成为百万甚至亿万富翁，产生了强力的示范效应。这些新型企业的赚钱方式，明显有别于传统企业，于是，商业模式一词开始流行，它被用于描述这些企业是如何获取收益的。这些基于互联网的新型企业的出现，对许多传统企业也产生了深远冲击与影响。如亚马逊仅用短短几年就发展为世界上最大的图书零售商，给传统书店带来了严峻挑战，新型商业模式显示出了强大的生命力与竞争力。1998年后，美国政府也因此甚至对一些商业模式创新授予专利，以给予积极的鼓励与保护。无论对准备创业的创业者，还是已有企业经营者，这些都激励他们在这个经济变革时期，从根本上重新思考企业赚钱的方式，思考自己企业商业模式，商业模式创新开始受到重视。

到2000年前后，商业模式作为人们最初用来描述数字经济时代新商业现象的一个关键词，这时它的应用已不仅仅局限于互联网产业领域，被扩展到了其他产业领域。不仅企业家、技术人员、律师和风险投资家们等商业界人士经常使用它，学术界研究人员等非商业界人士也开始研究并应用它。随着2001年互联网泡沫的破裂，许多基于互联网的企业虽然拥有良好的技术，但由于缺乏良好的商业模式而破产倒闭。而另一

些企业尽管它们的技术最初可能不是最好的，但由于好的商业模式，依然保持良好的发展。于是，商业模式的重要性得到了更充分的认识。人们认识到，在全球化浪潮冲击、技术变革加快及商业环境变得更加不确定的时代，决定企业成败最重要的因素，不是技术，而是它的商业模式。2003 年前后，创新并设计出好的商业模式，成了商业界关注新的焦点，商业模式创新开始引起人们普遍重视，商业模式创新被认为能带来战略性的竞争优势，是新时期企业应该具备的关键能力。商业模式创新兴起，在全球商业界，更引起前所未有的重视。

商业模式创新是指企业价值创造提供基本逻辑的变化，即把新的商业模式引入社会的生产体系，并为客户和自身创造价值，通俗地说，商业模式创新就是指企业以新的有效方式赚钱。新引入的商业模式，既可能在构成要素方面不同于已有商业模式，也可能在要素间关系或者动力机制方面不同于已有商业模式。

（二）商业模式创新特点

创新概念可追溯到熊彼特，他提出创新是指把一种新的生产要素和生产条件的"新结合"引入生产体系。具体有五种形态：开发出新产品、推出新的生产方法、开辟新市场、获得新原料来源、采用新的产业组织形态。相对于这些传统的创新类型，商业模式创新有几个明显的特点。

第一，商业模式创新更注重从客户的角度，从根本上思考设计企业的行为，视角更为外向和开放，更多注重和涉及企业经济方面的因素。商业模式创新的出发点，是如何从根本上为客户创造增加的价值。因此，它逻辑思考的起点是客户的需求，根据客户需求考虑如何有效满足它，这点明显不同于许多技术创新。用一种技术可能有多种用途，技术创新的视角，常从技术特性与功能出发，看它能用来干什么，去找它潜在的市场用途。商业模式创新即使涉及技术，也多是和技术的经济方面因素，与技术蕴含的经济价值及经济可行性有关，而不是纯粹的技术特性。

第二，商业模式创新表现得更为系统和根本，它不是单一因素的变化。商业模式创新常常涉及商业模式多个要素同时大的变化，需要企业组织的较大战略调整，是一种集成创新。商业模式创新往往伴随产品、工艺或者组织的创新，反之，则未必足以构成商业模式创新。如开发出新产品或者新的生产工艺，就是通常认为的技术创新。技术创新，通常是对有形实物产品的生产来说的。但如今是服务为主导的时代，如2006 年美国服务业比重高达 68.1%，对传统制造企业来说，服务也远比以前重要。因此，商业模式创新也常体现为服务创新，表现为服务内容及方式，及组织形态等多方面的创新变化。

第三，从绩效表现看，商业模式创新如果提供全新的产品或服务，那么它可能开创了一个全新的可盈利产业领域，即便提供已有的产品或服务，也更能给企业带来更持久的盈利能力与更大的竞争优势。传统的创新形态，能带来企业局部内部效率的提高、成本降低，而且它容易被其他企业在较短期时期模仿。商业模式创新，虽然也表现为企业效率提高、成本降低，由于它更为系统和根本，涉及多个要素的同时变化，因此，它也更难以被竞争者模仿，常给企业带来战略性的竞争优势，而且优势常可以持续数年。

（三）商业模式创新类型

商业模式创新的创意可以来自任何地方，商业模式的九个构造块都可以是创新的起点。具有改造作用的商业模式创新可以影响多个商业模式构造块。以上创新可区分为四类不同集中点的商业模式创新：资源驱动型、产品/服务驱动型、客户驱动型和财务驱动型。

1. 资源驱动型

资源驱动型创新起源于一个组织现有的基础设施，抑或合作关系拓展，抑或转变现有商业模式。

例如，亚马逊 Web 服务就是基于亚马逊网站的零售基础设施的，为其他企业提供服务器能力和数据存储空间。

2. 产品/服务驱动型

产品/服务驱动型创新是以建立新的价值主张的方式来影响其他商业模式构造块。

例如，淘宝，通过建立一个服务平台，整合多方用户需求，为多方带来价值。

3. 客户驱动型

客户驱动型创新是基于客户需求、降低获取成本或提高便利性的。就像所有从单一集中点所引发的创新一样，来自客户驱动的创新同样可以影响商业模式的构造块。

例如，一些提供项目外包开发和设计服务的软件、设计公司。

4. 财务驱动型

财务驱动型创新是由收入来源、定价机制或成本结构来驱动的，同样影响商业模式的其他构造块。

1958 年，施乐发明了 Xerox 914 型复印机——世界上第一台普通纸复印机。针对市场定价太高的问题，施乐构建了一种新的商业模式。它们以每月 95 美元的价格出租这种复印机，包括 2000 张免费复印纸，额外购买一张复印纸需要 5 美分。就这样，客户获得了新设备，并开始了每月成千上万份的复印。

（四）商业模式创新发展趋势

1. 政策支持

商业模式创新的实践领先的国家是美国，美国政府甚至对商业模式创新通过授予专利等给予积极的鼓励与保护。传统上，商业模式创新在各国是不能得到专利法保护的，而自 1998 年美国 State Street Bank & Trust Company 对 Signature Financial Group 一案判决后，商业模式被广泛认为在美国是可以申请专利的。

商业模式专利在美国被归入商业方法（business method）专利类（Class 705），以软件工程为基础、和一定的技术有关是这类专利的一个重要特点。1999 年，美国国会在发明者保护法案中增加条款，以保护那些最初不相信其商业方法可以获取专利，而后来这些方法被其他公司申请了专利的公司。如今，虽然还有争议，但不仅是美国公司，如亚马逊、Priceline、IBM 等，越来越多的外国公司，如日本、法国、德国、英国、加拿大、瑞典等国的公司，也已经在美国为他们的商业方法创新申请了专利。

专利授权是公司收入的重要来源，成为每年超过 1 千亿美元的业务。商业模式专利也已经成为公司保护自己利益的有力武器。如 2003 年的 5 月 27 日，在美国弗吉尼亚州诺福克地方法庭关于 eBay 及其所属公司侵犯 Merc Exchange 两项专利的判决中，eBay 及其所属公司被判给 Merc Exchange 的赔偿金高达 3500 万美元。

在我国，一些地方政府也已经行动起来，完善政府服务，积极推动当地的商业模式创新。如在杭州，商业模式创新企业可评为高科技企业或软件企业，享受相应优惠政策。

2. 发展趋势

近些年，商业模式创新在我国也引起前所未有的重视，不仅得到商业界的重视，而且得到了学术机构及一些政府部门的高度关注。如商业模式创新是中国科学院创新发展研究中心的重要研究内容。2007 年 2 月，在国家发展改革委和中国科学院支持下，中国科学院创新发展研究中心成立，将商业模式创新研究纳入中心重点工作内容。中心博士后乔为国承担了商业模式创新理论与实践的研究工作，并在 1 年多时间里系统梳理了国内外商业模式创新的理论研究成果和重要商业模式创新实践，成果《商业模式创新》一书由上海远东出版社于 2009 年 5 月出版。

创新创业是我国未来数十年经济社会发展的主旋律之一，商业模式创新既是其高端形态，也是改变产业竞争格局的重要力量。商业模式创新实践已经超越以营利为主要目的传统企业，拓展到社会企业、非政府组织和政府部门。商业模式创新，不仅仅是传统以盈利为主要目的企业所需，也是社会企业、非政府组织和政府部门所需要的。总之，商业模式创新在我国的地位也将更加重要。

在杭州，商业模式创新企业已可被评为高科技企业，享受相应政府政策。在区域竞争日益加深等背景下，其他一些地方政府也正在推出或酝酿推出相似政策。中国科学院创新发展中心等机构也正在研究探讨国家层面的政府政策。因此，我们有理由相信，商业模式创新企业很快将得到政府的更多更有力的支持与促进。

第八章 开办创业项目

前面的内容涵盖了创新思维的分类、创新方法的特点、创业能力的提升、创业机会的识别、创业条件的评估等。从创业的角度来说，可谓"万事皆备、只欠东风"。本章主要介绍创业的相关知识，包括两部分内容，分别是公司的创办和企业的运营，如图 8-1 所示。企业的创办部分，主要介绍如何选址、如何决定公司的组织形式、如何注册公司；企业的运营部分，主要阐述市场定位、市场细分、营销策略和电子商务等。

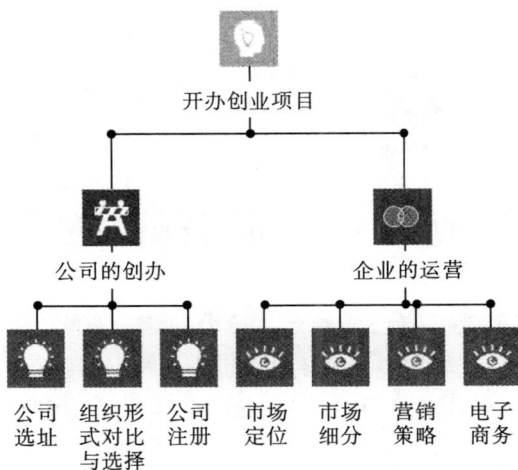

图 8-1 第八章知识要点

学习目标

1. 了解公司注册、创办流程。
2. 了解公司经营、运营的初步知识。

▶ 第一节 公司的创办

创办公司，是一部分同学的梦想，也是创新创业活动的终极目标。

一、公司的注册

公司是适应市场经济社会化大生产的需要而形成的一种企业组织形式。公司的注册是开展正常经营的第一步，主要包括工商、税务、银行三大环节，如图8-2所示。需要经历核名、验资、验点、办证、刻章、税务登记、银行开户等流程，其中核名、验资、验点、刻章等环节属于工商范畴；办理税务登记属于税务范畴；办理银行业务属于银行范畴。

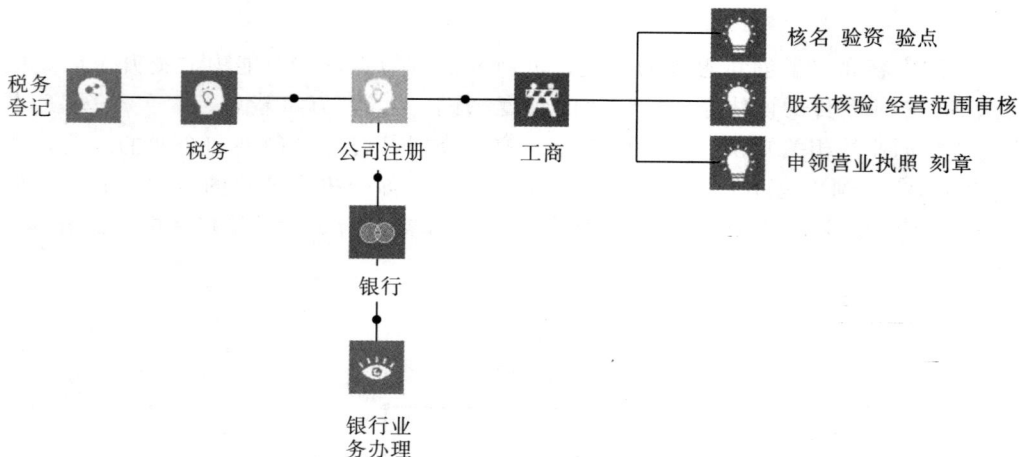

图 8-2　公司注册流程图

1. 核名

像人一样，公司也需要有自己的姓名，给公司起个好名字，是每一位创业者的诉求。核名过程就是核查所起姓名，是否有人(其他公司)使用。核名时，需提交的"公司名称预先核准通知书"，创业者可提供公司名称2～10个，写明经营范围(据工商规定：字数应在60个字内)。

例如：地区名＋公司名＋行业名＋有限公司。

在核名过程中，应注意，当新注册企业与其他公司重名，但经营范围有明显的差别时，允许新公司注册使用该名称。

确定好上述信息后，到所在行政区的工商局或行政审批大厅办理核名。由工商行政管理局进行综合审定后，给予注册核准，并发放盖有市工商行政管理局名称登记专用章的"公司名称预先核准通知书"。

2. 验资

验资是指对注册资本进行核验。按照新修订的《中华人民共和国公司法》及相关条例："注册资本"的登记管理已经从"实缴登记制"调整为"认缴登记制"。创业者可根据实际情况，选择实缴登记制或认缴登记制，两者的区别如下。

1)实缴登记制

实缴登记制指公司营业执照上注册资本是多少，公司的验资账户就必须有相应数额的资金，并出具验资报告。实缴制需要一次性存足，一般会占用公司大量的资金，在一定程度上会影响公司的发展和营运效率，不过一次性缴纳也意味着今后不必承担缴纳资本，发生任何债务纠纷可以及时解决。

2）认缴登记制

认缴登记制是在工商部门登记的公司注册资本总额，无须登记实收资本，不再收取验资证明文件。认缴不是不缴，而是在规定时间之内可以分一次或多次缴足。认缴登记制对初期创业却资金不足的创业者有益，一开始不需要投入大的资金，只需要在期限内缴全。

公司在成立的时候，需要满足一定数额的注册资本，公司股东按照公司章程中的规定按期足额认缴各自的出资额，如果认缴资金不到位要承担相应的责任。《中华人民共和国公司法》第二十八条规定：股东应当按期足额缴纳公司章程中规定的各自所认缴的出资额。股东以货币出资的，应当将货币出资足额存入有限责任公司在银行开设的账户；以非货币财产出资的，应当依法办理其财产权的转移手续。股东不按照前款规定缴纳出资的，除应当向公司足额缴纳外，还应当向已按期足额缴纳出资的股东承担违约责任。《中华人民共和国公司法》第一百九十九条规定：公司的发起人、股东虚假出资，未交付或者未按期交付作为出资的货币或者非货币财产的，由公司登记机关责令改正，处以虚假出资金额百分之五以上百分之十五以下的罚款。

3. 验点

核名提交的申请表中，需要填写经营地点，工商部门根据填写的经营地点，上门核验，即为验点。

一般地，公司经营地点应具有商用属性，如写字间、厂区、临街门面房等。在最新的规定中，为了促进就业创业，促进市场繁荣，可用民宅作为公司注册地点。但此类公司往往在银行汇款金额方面有限制，不同银行对此有不同的实施细则。如果对所注册的企业有环境、卫生方面的要求，则需要实际登门核验。一般商贸类企业，往往不登门验点。如果是租赁住房，需要提供租房协议及证明材料。

4. 股东核验

核名提交的申请表中，还需要填写公司形式和全部股东、监事信息，即股东核验，如个人独资、股份制、合伙制等，主要是为了明确公司形式、股东数量和个人信息。因此，需要携带如下材料：法人和股东的身份证复印件、全体股东（发起人）签署的公司名称预先核准申请书、全体股东指定代表人或共同委托代理人证明、工商局规定的其他材料。

5. 签署法定文件

在确定上述内容之后，所有股东需现场签署相关法定文件。

（1）公司法定代表人签署《公司设立登记申请书》。

（2）全体股东签署公司章程。

（3）《指定代表或者共同委托代理人的证明》，全体股东及指定代表或委托代理人的身份证复印件，应标明指定代表或者共同委托代理人的办理事项、权限、授权期限。

（4）法定代表人任职文件（股东会决议由股东签署，董事会决议由公司董事签字）。

（5）董事、监事和经理的任职文件（股东会决议由股东签署，董事会决议由公司董事签字）。

这里所说的全体股东，分以下几种情况：股东的主体资格证明或者自然人身份证件原件影像（印）件；股东为企业的，提交营业执照原件影像（印）件；股东为事业法人的，提交事业法人登记证书原件影像（印）件；股东为社团法人的，提交社团法人登记证原件影像（印）件；股东为民办非企业单位的，提交民办非企业单位证书原件影像（印）件；股东为自然人的，提交身份证件原件影像（印）件；其他股东提交有关法律法规规定的资格证明。

6. 经营范围审核

核名提交的申请表中，还需要填写公司的经营范围。公司的经营范围对公司未来经营至关重要，规定了公司从事业务的范围。公司不能超范围经营，否则工商部门将予以处罚。所以在确定公司经营范围时，尽量覆盖公司当前及将来的业务范围。

如有特殊经营许可项目，还需获得相关职能部门审核。特种行业许可证的办理，根据行业情况及相应部门规定不同，分别分为前置审批和后置审批。特种许可项目涉及卫防、消防、治安、环保、科委等。

7. 取得营业执照

完成上述过程，即可获得由工商部门出具的营业执照，取得营业执照，标志着公司注册工商部门环节的结束。我国法律规定，取得营业执照即可从事工商业务。营业执照包含以下信息：公司名称、公司类型、公司地址、法定代表人、注册资本、统一社会信用代码、成立日期以及企业经营范围。其中，公司的统一社会信用代码又称组织机构代码，是注册成功后工商部门赋予企业的唯一编号；成立日期为发证日期；经营期限表明营业执照的有效期限。经营范围在众多信息中，特别重要，体现了公司可经营的商品、服务的范围，也是创业者在核名过程确定好的。在实际运营过程中，如果公司超出了之前设定的范围经营业务，工商部门有权予以制止和惩罚。

如果所创办的企业不涉及开发票等活动，如小超市，个人经营者，取得工商执照即可开始经营了。

8. 刻章

公司在办理工商注册登记过程中，需要使用图章，图章需由公安部门或公安部门授权的专业印章公司刻出，如公章、财务章、法人章、全体股东章、公司名称章等。未来公司发展壮大，可能还会需要如人力资源专用章等。

上述印章在企业经营过程中发挥重要作用。在签署合同、提交投标报价、对公信函等方面时，应使用公章；对外开具发票后，应在发票上加盖财务章；在办理银行对公业务时，需要公章和财务章并用；法人章为公司法人公章，具有法律效力，合同等材料上除需公章外，往往需要法人手写签字或加盖法人章。这些印章全部具有法律效力，应妥善保管，切莫遗失。

9. 税务登记证

纳税是每个公民应尽的义务，依法纳税也是每个合法经营公司应尽的义务。办理完工商业务之后，有对外开具发票需求的公司，需要进一步办理税务登记业务。持工商登记材料及营业执照，到税务机关（行政审批大厅）办理。办理税务应提供的材料：经营场所租房协复印件、所租房屋的房产证复印件、固定电话、通信地址。

通常而言，任何企业无论大小，无论是否办理税务相关业务都应纳税，但由于国家税收优惠和促进就业、创业等阶段性政策的存在，个体工商户、小微企业、中小微企业（有年营业额规定）免税。

办理税务登记证后，获得报税软件系统，用于企业日后每月报税；获得发票登记簿，用于购买发票。根据企业经营性质和规模，发票可分为增值税发票和普通发票两类。

10. 银行开户

完成了工商、税务进程之后，公司需要开设银行账户。与私人的银行卡类似，公司作为一个主体，也需要一个银行的账户。不同的是，公司的账户是对公的，处理公司业务相关的资金进出业务。在银行网点内，有专门的对公业务窗口，这些窗口是无法办理个人业务的，仅对公司、企业、单位服务。

公司可以选择任何一个银行开设账户，可以根据就近、方便原则，选择公司附近的银行。携带公司印章、法人及财务人员身份证即可开设账户。开户后，公司将获得一套银行企业版系统，方便办理各类业务。

特别提示，银行账号的进出款项都应有章可循，业务的对外收支应与开具或收到的发票数额一一对应。除支付工资以外，不应从公司账户向非对公账户（个人）转账。

综上，注册一家公司要经历上述流程。办理的过程中涉及工商、税务、银行等体系。对上述体系初步的了解，有利于公司后续的运营。也可以委托专门的公司代理注册公司。

二、公司选址

1. 公司选址的意义

选址的意义非常重大。

首先，选址是一项长期性投资，相对于其他因素来说，具有长期性和固定性。当外部环境发生变化时，其他经营因素都可以随之进行相应调整，以适应外部环境的变化。而选址一经确定就难以变动，选择得好，公司可以长期受益。

其次，选址事关公司成败。公司位置的选择将显著影响实际运营的效益、成本以及日后公司规模的扩充与发展。相对于制造类公司而言，服务型公司的选址更为重要。其位置的好与坏在很大程度上直接影响公司的营业收入，最终决定了公司的存亡。

最后，选址是制定经营目标和经营战略的重要依据。商业公司在制定经营目标和经营战略时，需要考虑很多因素，其中包括对选址进行研究，从而为公司制定经营目标提供依据，并在此基础上按照顾客构成及需求特点，确定促销战略。

2. 公司选址需要考虑的问题

公司选址关系到公司未来的发展，甚至决定着公司的成败。那么怎样才能选好地址呢？根据实践经验，对不同的公司有不同要求，总的来说有以下因素要考虑：

（1）是否具有良好的交通条件，同时要考虑交通运输成本，运输成本在公司总成本中占有一定比例，不可忽视。

（2）是否具备公司生产所需的条件，如水、电以及其他条件。

（3）是否具有优越的人力资源以及成本的计算，人力资源成本是公司的生命线。

（4）公司若是污染型的选址一定要在离城区稍远地方，如选在城区，政府会以公司污染严重影响市民，勒令搬迁，造成损失。

综上，选址是创办公司的第一步。不同性质的公司，有不同的选址原则和技巧。万变不离其宗的是根据公司特点，综合考虑成本、人流、环境、发展等因素。

引入案例

麦当劳的选址

经常吃麦当劳的人都会感叹：几乎每一家麦当劳生意都很兴隆。麦当劳生意兴隆的原因除了品牌因素外，店址的选择是其中至关重要的条件。选到合适的地点，等于生意成功了一半。麦当劳华东地区总裁曾这样表述"麦当劳之所以开一家火一家，第一是地点，第二是地点，第三还是地点"。在选址问题上，麦当劳有一本厚达千页的规范手册作为指导。广泛而详尽的店址决策系统，包括人口统计数据库和以人口统计为基础的专业行销研究机构的决策支持。麦当劳借助此系统能将目标店址方圆五至七里范围内的消费群和竞争态势进行透彻地分析，充分保证了麦当劳选址基本上万无一失。

一是建频密的网络。麦当劳的目标消费群是家庭成员和年轻人，所以在选址上，人潮聚集地是其最主要的考虑因素。例如在闹市区的儿童用品商店或青少年运动连锁店附近，或者在靠近人流量大的地铁站周边设置分店，在为顾客提供便利服务的同时，以频密的网络抢占来自四方八面的顾客。二是对地区做评估。麦当劳在选点初期会对据点所处的地区做为期3～6个月的市场调查和严密考察。考察的内容包括该地区的规划与发展、人口变动、消费和收入水平等。如果发现是老化的城区，则会打退堂鼓。相反，若是兴建中的新型住宅区、学校和商场等，则会纳入考虑的范围。三是位置醒目。麦当劳选点一般都在一楼的临街店堂，要有透明落地玻璃窗，让路上行人能感觉到麦当劳的装修风格和文化氛围，体现其经营宗旨——清洁卫生、方便安全、物有所值。四是不打急进牌。虽然不少品牌都希望抢得黄金铺位，但昂贵的租金往往在营运成本上占了很大的比重。麦当劳在内地的对策是不打急进牌，在打响知名度和凝聚人流后，代理高价店铺的地产商招手，然后进行议价行动，以此获得更优的投资回报。五是优势互动。麦当劳也会在百货公司开店中店，以吸纳喜欢逛百货公司的顾客，尤其喜欢在知名度高的大型商场旁边开店，如家乐福超市等，达到优势互动。

分析： 餐饮公司选址，要注意交通便利、接近人们聚集的场所、选择人口增加较快的地方、要选择较少横街或障碍物的一边、要有"傍大款"意识、位于商业中心街道。

三、公司组织形式

公司组织形式是指公司存在的形态和类型。在市场经济条件下，生产力的发展水平是多层次的，由此形成了三类基本的公司组织形式，即独资公司、合伙制公司和公司制公司(以有限责任公司和股份有限公司为主)，如图8-3所示。这三种公司都属于现代公司的范畴，体现了不同层次的生产力发展水平和行业的特点。

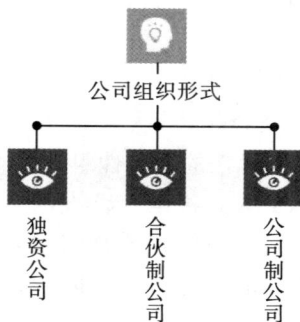

图 8 - 3　公司组织形式

1. 独资公司

个人独资公司是指由一个自然人投资，全部资产为投资人所有的营利性经济组织。个人独资公司不具有法人资格，也无独立承担民事责任的能力。但个人独资公司是独立的民事主体，可以个人的名义从事民事活动。同时，个人独资公司的分支机构的民事责任由设立该分支机构的个人独资公司承担。个人独资公司的设立条件：投资人为一个自然人，且只能是中国公民；投资人只能是自然人，不包括法人。投资人只能是中国大陆公民，不包括香港、澳门、台湾同胞；国家公务员、党政机关领导干部、法官、检察官、警官、商业银行工作人员等，不得投资设立个人独资公司；有合法的公司名称；个人独资公司的名称中不能出现"有限""有限责任"或者"公司"字样；有固定的生产经营场所和必要的生产经营条件；有必要的从业人员；有投资人申报的出资。独资公司既是公司制度序列中最初始和最古典的形态，也是民营公司主要的公司组织形式。

独资公司主要优点如下。

(1)公司资产所有权、控制权、经营权、收益权高度统一，这有利于保守与公司经营和发展有关的秘密，有利于业主个人创业精神的发扬。

(2)公司业主自负盈亏和对公司的债务负无限责任成了强硬的预算约束，公司经营好坏同业主个人的经济利益乃至身家性命紧密相连，因此业主会尽心竭力地把公司经营好。

(3)公司的外部法律法规等对公司的经营管理、决策、进入与退出、设立与破产的制约较小。

独资公司有优点，也有比较明显的缺点。

(1)难以筹集大量资金。因为一个人的资金终归有限，以个人名义借贷款难度也较大，独资公司限制了公司的扩展和大规模经营。

(2)投资者风险巨大，公司业主对公司负无限责任，在强化了公司预算约束的同时，也带来了业主承担风险过大的问题，从而限制了业主向风险较大的部门或领域进行投资的活动，这对新兴产业的形成和发展极为不利。

(3)公司连续性差，公司所有权和经营权高度统一的产权结构，虽然使公司拥有充分的自主权，但这意味着公司是自然人的公司，业主的病、死，他个人及家属知识和能力的缺乏，都可能导致公司破产。

（4）公司内部的基本关系是雇佣劳动关系，劳资双方利益目标的差异构成了公司内部组织效率的潜在危险。

2. 合伙制公司

合伙制公司是由各合伙人订立合伙协议、共同出资、合伙经营、共享收益、共担风险，并对合伙债务承担无限连带责任的营利性组织。

合伙制公司是由几个人或几十人，甚至几百人联合起来共同出资创办的公司。它不同于所有权和管理权分离的公司，通常是依合同或协议凑合组织起来的，结构较不稳定。合伙人对整个合伙公司所欠的债务负有无限的责任。合伙公司不如独资公司自由，决策通常要合伙人集体做出，但它具有一定的公司规模优势。合伙制公司的特点鲜明。

（1）合伙制公司法规定每个合伙人对公司债务须承担无限、连带责任，如果一个合伙人没有能力偿还其应分担的债务，其他合伙人须承担连带责任。

（2）法律还规定合伙人转让其所有权时需要取得其他合伙人的同意，有时甚至还需要修改合伙协议，因此其所有权的转让比较困难。

合伙制公司与个人独资公司属自然人公司，出资者对公司承担无限责任。在选择这两类公司形式时需要谨慎，个人独资是自己经营，自负盈亏，自己对公司情况非常了解，还不至于出太大的问题；合伙制公司则需要特别注意，公司的经营情况如果不能实时了解、掌握，一旦经营不善，产生亏损或欠款，则所有股东都有赔偿义务和责任。

3. 公司制公司

公司制公司是按所有权和管理权分离，出资者按出资额对公司承担有限责任创办的公司，主要包括有限责任公司和股份有限公司。

有限责任公司指不通过发行股票，而由为数不多的股东集资组建的公司（一般由2人以上50人以下股东共同出资设立），其资本无须划分为等额股份，股东在出让股权时受到一定的限制。在有限责任公司中，董事和高层经理人员往往具有股东身份，使得所有权和管理权的分离程度不如股份有限公司那样高。有限责任公司的财务状况不必向社会披露，公司的设立和解散程序比较简单，管理机构也比较简单，比较适合中小型公司。

股份有限公司全部注册资本由等额股份构成并通过发行股票（或股权证）筹集资本，公司以其全部资产对公司债务承担有限责任的公司法人。（应当有2人以上200以下为发起人，注册资本的最低限额为人民币500万元）其主要特征是：公司的平分为金额相等的股份；股东以其所认购股份对公司承担有限责任，公司以其全部资产对公司债务承担责任；每一股有一表决权，股东以其持有的股份享受权利、承担义务（其本质也是一种有限责任公司）。

公司制公司较为普遍，优点如下：容易转让所有权；有限债务责任；公司制公司可以无限存续，一个公司在最初的所有者和经营者退出后仍然可以继续存在；公司制公司融资渠道较多，更容易筹集所需资金。公司制公司的缺点：组建公司的成本高；存在代理问题，所有者成为委托人，经营者成为代理人，代理人可能为了自身利益而伤害委托人利益（矛盾需要协调）；双重课税，公司作为独立的法人，其利润需缴纳公司所得税，公司利润分配给股东后，股东还需缴纳个人所得税。

以上介绍了公司的三种组织形式，创业者在创业初期就应决定采用何种形式的公司。

四、公司各组织形式对比分析

1. 三种组织形式的区别

上面简要介绍了公司的三种组织形式和各自特点，对投资者而言，不同组织形式的区别主要表现在以下方面。

（1）法律地位不同。个人独资公司、合伙制公司没有法人资格，依附于投资人而存在，公司与公司的所有者、经营者往往是重合的；公司制公司具有法人资格，独立于所有者和经营者而存在，拥有独立财产，享有民事权利，独立对外承担民事责任。这是不同公司组织形式间最基本的区别，带来了公司在责任承担及所得税处理等方面的差异。

（2）投资人偿债义务不同。个人独资公司投资人、合伙制公司普通合伙人对公司债务承担无限责任，即当公司资不抵债时，投资人需要以其个人财产偿还债务；有限责任公司、股份公司投资人一般仅以其认缴/认购的出资额/股份为限对债权人承担偿债责任。

（3）所得税征收不同。个人独资公司不缴纳公司所得税，按经营所得缴纳个人所得税，税后利润归投资者个人所有。合伙人从合伙制公司取得的利润分配缴纳所得税（先分后税），基于对收入的定性按经营所得或股息、红利所得征税。判断的依据在于合伙人是否参与公司经营。

（4）公司决策机制不同。个人独资公司由投资人决定公司的大小经营事项；合伙人可就合伙制公司的决策机制在合伙协议中进行约定，在没有约定的情况下，公司重大事项一般需要全体合伙人一致同意；公司制公司由股东会决定公司的重大事项，一般不需要股东一致同意，股东投票达到一定比例即可。

不同公司组织形式的其他差异还包括如在投资人数上，个人独资公司、一人有限责任公司均为一个投资人，其他公司形式为两个及以上投资人；个人独资公司、合伙制公司登记注册流程相对简便，注册名称中不能包含"公司"字样，一般注册为"工作室""中心""事务所"等；一人有限责任公司在年终必须聘请会计师事务所进行审计。

2. 组织形式选择

在创业之初，创业者在选择公司形态的时候，主要考虑以下因素。

（1）税收。独资公司、合伙制公司与公司制公司相比，少一个纳税环节，少缴了一个公司所得税。一般情况下独资公司和合伙制公司的税负比公司制公司要轻。

（2）利润和亏损的承担方式。独资公司的利润和亏损都归属于业主（投资人）个人所有。合伙公司的利润和亏损承担原则是共享利润、共担风险。各合伙人在合伙协议中约定清楚利润分配和亏损负担的比例，如果约定不明确的话，首先由各合伙人协商补充，协商不成的，按合伙份额分享利润、承担亏损，合伙份额不清的，平均分担。公司制公司的利润一般按股权比例或股份数额分配；亏损也仅以投资人的股权或股份对应的金额为限。独资公司和合伙制公司的投资者对公司外债承担的是无限责任，公司制公司投资者对公司外债承担的是有限责任。

（3）存续期限。理论上讲，存续期限由短到长分别是独资公司、合伙制公司、公司制公司。公司制公司理论上可以无限存续。

（4）投资人权力的转让。独资公司的投资者对外转让独资公司的，只需要投资者和受让人达成合意即可，书面或口头的合意都行；合伙制公司投资份额的转让，分为对内和对外，对内转让合伙份额，需要通知其他合伙人；对外转让，需要其他合伙人一致同意；公司制公司投资者（股东）对内转让股权（股份），通知其他投资者即可，对外转让，需其他股东过半数同意。

（5）投资人的权力范围。

（6）资本和信用的需求程度。资本和信用的需求程度与行业和公司规模有关。独资和合伙制公司所属行业基本是服务业，且公司规模较小。我国公司制公司的投资者的追求基本是将公司做大做强，最后上市。为了公司制公司的快速发展，不可避免地要贷款融资，公司制公司组织结构稳定，治理机构健全，具有融资优势。

（7）经营权和所有权的紧密程度。独资公司经营权和所有权完全统一在投资者手中。合伙公司的各合伙人一般情况下都是共同经营的，当然也可以共同指定一名合伙人为执行事务合伙人或外聘专业管理人员。公司制公司以所有权和经营权分离为原则，公司所有者通常会聘请专业人员管理和经营。

（8）行业。独资公司主要集中在人数少、投入少、经营管理简单的服务行业。合伙公司主要集中在劳务、智力投入较多的服务行业。公司制公司各行各业都有，但与独资公司和合伙公司相比，资金投入和人员数量都较多。

五、公司的注销

任何事物都是不断变化着、向前演化的，公司有创始的一天，就注定存在注销的时刻。公司由于经营不善等原因需要关停的，就涉及公司的注销。创业初期，对公司的注销流程加强了解，对创业者是有益处的。

1. 个人独资公司的注销

个人独资公司的注销，申请注销前公司应开展公司清算，公司清算完成后便可进入公司注销申请程序，清算后、注销前公司需要出具和准备如下资料。

（1）公司清算组负责人或公司法定代表人签署的《公司注销登记申请书》。

（2）清算组成员《备案确认申请书》。

（3）法院破产裁定、行政机关责令关闭的文件或公司依照《公司法》作出的决议。

完成上述材料的准备后，按如下流程推动注销事宜，如图 8-4 所示。

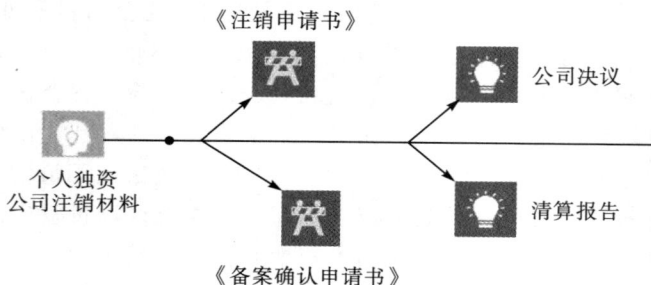

图 8-4 个人独资公司注销流程

2. 公司制公司的注销

有限责任公司注销需提交股东会决议，股份有限公司注销需提交股东大会决议。有限责任公司由代表三分之二以上表决权的股东签署，股东为自然人的由本人签字，自然人以外的股东加盖公章；股份有限公司由代表三分之二以上表决权的发起人加盖公章或者股东大会会议主持人及出席会议的董事签字确认。国有独资有限责任公司提交出资人或出资人授权部门的文件。因违反《公司登记管理条例》有关规定被公司登记机关依法撤销公司设立登记的，提交公司登记机关撤销公司设立登记的决定。

（1）股东会或者有关机关确认的清算报告。

（2）刊登注销公告的报纸报样。

（3）法律、行政法规规定应当提交的其他文件。

准备上述材料后，作为法定代表人前往当地的主管税务机关申请办理注销税务登记，填写《纳税清算申请表》《纳税清算登记表》各一式两份、《注销税务登记申请审批表》一式三份。提供持清税报告、《纳税清算申请表》《纳税清算登记表》《注销税务登记申请审批表》及注销公司提供的税务登记（正、副本）、代码章、发票卡、IC卡、加密盒、空白发票（带齐退票及最后一张已开发票记账联）、公章到地税注销部门办理注销手续。最后，按照税务机关的通知领取注销地税登记通知单。

3. 合伙制公司的注销

申请合伙制公司注销需要以下材料。

（1）清算人签署的《合伙企业注销登记申请书》。

（2）人民法院的破产裁定，合伙企业依照合伙企业法做出的决定，行政机关责令关闭、合伙企业依法被吊销营业执照或者被注销的文件。

（3）国家市场监督管理总局规定提交的其他文件。

（4）全体合伙人签署的清算报告。

（5）营业执照正本和副本。

（6）在异地设有分支机构的合伙企业，应当提交分支机构所在地企业登记机关核发的分支机构注销登记决定书。

第二节　企业的运营

对创业者而言，企业注册是第一步，经营就是第二步。经营是门学问，包含了很多的知识和技巧，同时需要经验、天赋等元素。本节对企业的运营做简介，包括市场定位、市场细分、营销与电子商务等内容。

一、市场定位

1. 市场定位的概念

市场定位，也称作营销定位，是指根据竞争者现有产品在市场上所处的位置，针对消费者或用户对该种产品的某种特征、属性和核心利益的重视程度，强有力地塑造出此公司产品与众不同的、给人印象深刻、鲜明的个性或形象，并通过一套特定的市场营销组合把这种形象迅速、准确而又生动地传递给顾客，从而影响顾客对该产品的总体感觉，确定该产品在市场上的位置。

2. 市场定位的依据

市场定位的依据包括产品特色定位、顾客利益定位、使用者定位、使用场合定位、竞争定位等，如图 8-5 所示。

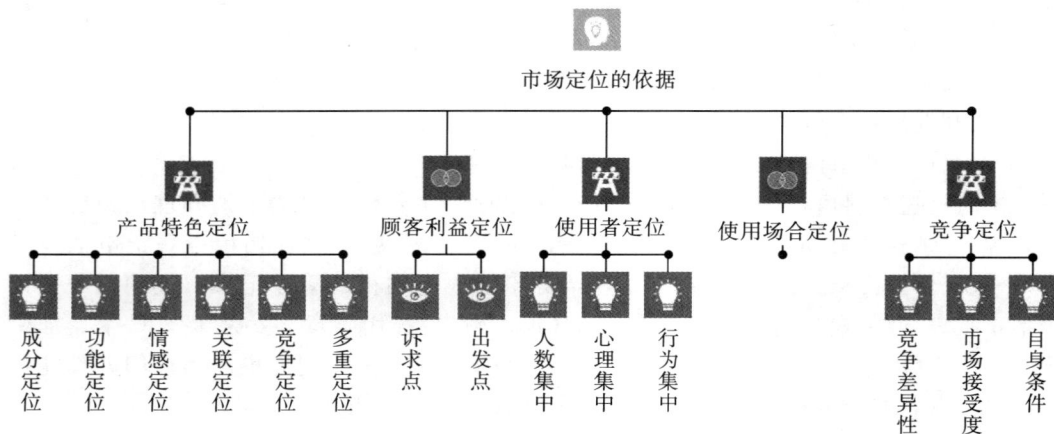

图 8-5 市场定位的依据

1）产品特色定位

产品特色定位，可以细分为成分定位、功能定位、情感定位、关联定位、竞争定位和多重定位。成分定位，突出产品具有某种特殊效用的成分，如双氟牙膏突出"双氟"这种能治牙病的成分，以赢得部分牙病患者的青睐。功能定位，突出产品的独特功能，以区别于同类产品，从而获取差异优势，如洁齿牙膏强调清洁牙齿的功能。情感定位，强调产品某种情感色彩，迎合目标市场对产品品位的需求，如"一见喜""福临门"等品牌传递喜悦、温馨、喜庆、祝福的情感。关联定位，将本产品与市场上的名牌联系起来，以争取竞争优势，如柴油机生产强调本厂是为一汽、东风等著名汽车生产厂家生产配套产品的厂家。竞争定位，强调本公司产品与著名品牌的相异之处来争取竞争优势，如"七喜"饮料，强调"七喜"为非可乐型——柠檬型。多重定位，强调产品不仅具有消费者预期的某种用途，而且兼具常人未曾预期的某种用途，如"两面针"中草药药物牙膏，不仅可以满足顾客洁齿的需求，还可以满足顾客杀菌的需求，药物牙膏兼具洁齿和治病的多重功效。

2）顾客利益定位

顾客利益定位指的是一些突出的产品能给顾客带来更多方面的需求和利益。利益定位也称为功能定位，是指根据品牌向消费者提供的服务功能，而这一利益点是其他品牌无法提供或者没有诉求过的，是独一无二的。运用利益定位，在同类产品品牌众多、竞争激烈的情形下，可以突出品牌的特点和优势，让消费者按自身偏好和对某一品牌利益的重视程度，更迅捷地选择商品。

利用利益定位也应注意以下情况：第一，利益定位诉求的利益点是消费者感兴趣或关心的，而非公司自身一厢情愿的售卖点；第二，利益定位是其他品牌不具备或者没有指明的独特之处，利益点位置还没有被其他品牌占据。

3）使用者定位

使用者定位，是指公司通过明确指出其产品的使用者并借助使用者代表进行劝说，达到吸引目标消费者从而实现定位。例如，一家网络化妆品专卖店，可以将目标市场集中在某一女性群体，并明确她们的年龄、职业、兴趣爱好、社会地位、地理区域等。采用产品使用者定位法进行定位时应具备三个条件：使用者的人数、心理和行为特征应十分集中。如果存在两个或两个以上的使用者类型，这种定位方法将难以达到预定目标。

（4）使用场合定位

使用场合定位指的是对于一些产品可以通过不同的用法进行推送。

（5）竞争定位

竞争定位是指突出本公司产品与竞争者同档产品的不同特点，通过评估选择，确定对本公司最有利的竞争优势并加以开发。在消费者脑海中，为某个品牌建立有别于竞争者的形象的过程，这个过程的结果即消费者所感受到相对于竞争者的形象，称为竞争定位。竞争定位最重要的前提为差异化，结果是以消费者的主观认知来判断，且定位并非一成不变，当环境改变时，品牌可能需要重新定位。竞争定位所带来的结果：①竞争差异性，定位应该要清楚表达与竞争者的差异所在，差异性越大越能吸引目标市场的注意，并建立鲜明与深刻的印象；②市场接受度，前面提到的竞争差异性是否被目标市场认可，或认为是有必要的或重要的，也是定位优劣的判断标准之一；③本身条件的配合，一个定位除了需要具备竞争差异性与市场接受度，还需要符合厂商的目标与策略，并有恰当与足够的资源配合，以维持长久的竞争力。

2. 市场定位的策略

市场定位应遵循避强定位、迎头定位、重新定位策略，如图8-6所示。

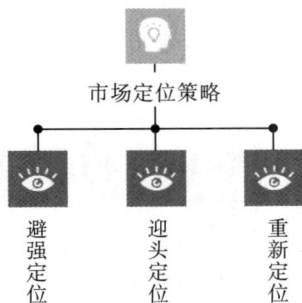

图8-6 市场定位策略

1）避强定位

避强定位策略，是指公司力图避免与实力最强的或较强的其他公司直接发生竞争，而将自己的产品定位于另一市场区域内，使自己的产品在某些特征或属性方面与最强或较强的对手有比较显著的区别。其优点主要是：能够使公司较快速地在市场上站稳脚跟，并能在消费者或用户心目中树立起一种形象；市场风险较小，成功率较高。其缺点主要是：避强往往意味着公司必须放弃某个最佳的市场位置，很可能使公司处于最差的市场位置。

2）迎头定位

迎头定位是指公司根据自身实力，在市场上占据较佳位置，与较强的竞争对手发生正面竞争，并让公司产品进入与对手相同的市场位置。公司需要了解市场容量，才能在市场上比竞争者做得更好。竞争性定位又称"迎强定位""对峙性定位""针对式定位"，是指公司选择靠近于市场现有强者公司产品的附近或与其重合的市场位置，与强者公司采用大体相同的营销策略，与其争夺同一个市场。其优点主要是：由于竞争对手是最强大的，因此竞争过程往往相当惹人注目，甚至产生所谓轰动效应，公司及其产品可以较快地为消费者或用户所了解，达到树立市场形象的目的。其缺点主要是迎头定位可能引发激烈的市场竞争，因此具有较大的风险性。

3）重新定位

重新定位是指公司为已在某市场销售的产品重新确定某种形象，以改变消费者原有的认识，争取有利的市场地位的方式。重新定位对于公司适应市场环境，调整市场营销战略是必不可少的。即使公司产品在市场上的定位很恰当，但在出现下列情况时也需考虑重新定位：一是竞争者推出的市场定位在本公司产品的附近，侵占了本公司品牌的部分市场，使本公司品牌的市场占有率有所下降；二是消费者偏好发生变化，从喜爱本公司某品牌转移到喜爱竞争对手的某品牌。

公司在重新定位前，需考虑两个主要因素：一是公司将自己的品牌定位从子市场转移到另一个子市场时的全部费用；二是公司将自己的品牌定在新位置上的收入，而收入多少又取决于该子市场上的购买者和竞争者情况以及在该子市场上销售价格能定多高等。

二、市场细分

市场细分是指营销者通过市场调研，依据消费者的需要和欲望、购买行为和购买习惯等方面的差异，把某一产品的市场整体划分为若干消费者群的市场分类过程。每一个消费者群就是一个细分市场，每一个细分市场都是具有类似需求倾向的消费者构成的群体。

1. 市场细分的作用

细分市场不是根据产品品种、产品系列来进行的，而是从消费者的角度进行划分的，是根据市场细分的理论基础，即消费者的需求、动机、购买行为的多元性和差异性来划分的。市场细分对公司的生产、营销起着极其重要的作用。

1）有利于选择目标市场和制定市场营销策略

市场细分后的子市场比较具体，比较容易了解消费者的需求，公司可以根据自己经营思想、方针及生产技术和营销力量，确定自己的服务对象，即目标市场。针对较小的目标市场，便于制定特殊的营销策略。同时，在细分的市场上，信息容易了解和反馈，一旦消费者的需求发生变化，公司可迅速改变营销策略，制定相应的对策，以适应市场需求的变化，提高公司的应变能力和竞争力。

2）有利于发掘市场机会，开拓新市场

通过市场细分，公司可以对每一个细分市场的购买潜力、满足程度、竞争情况等进行分析对比，探索出有利于本公司的市场机会，使公司及时做出投产、异地销售决策或根据本公司的生产技术条件编制新产品开拓计划，进行必要的产品技术储备，掌握产品更新换代的主动权，开拓新市场，以更好适应市场的需要。

3）有利于集中人力、物力、资金投入目标市场

任何一个公司的人力、物力、资金都是有限的。公司通过细分市场，选择了适合自己的目标市场后，可以集中人力、物力及资金，去争取局部市场上的优势，然后再占领自己的目标市场。

4）有利于提高公司经济效益

前面三个方面的作用都能提高公司的经济效益。除此之外，公司通过市场细分后，可以面对自己的目标市场，生产出适销对路的产品，既能满足市场需要，又能增加公司的收入；产品适销对路可以加速商品流转，加大生产批量，降低公司的生产销售成本，提高生产工人的劳动熟练程度，提高产品质量，全面提高公司的经济效益。

除此以外，市场细分还有利于提高公司竞争力、有利于提升顾客忠诚度。

2．有效市场细分的条件

公司进行市场细分的目的是通过对顾客需求差异予以定位，来取得较大的经济效益。众所周知，产品的差异化必然导致生产成本和推销费用的相应增长，所以，公司必须在市场细分所得收益与市场细分新增成本之间做一个权衡。因此，得出有效的细分市场必须具备以下特征。

1）可衡量性

可衡量性是指用来细分市场的标准和变数及细分后的市场是可以识别和衡量的，既有明显的区别，又有合理的范围。如果某些细分变数或购买者的需求和特点很难衡量，细分市场后无法界定，难以描述，那么市场细分就失去了意义。一般来说，一些带有客观性的变数，如年龄、性别、收入、地理位置等，都易于确定，并且有关的信息和统计数据，也比较容易获得。而一些带有主观性的变数，如心理和性格方面的变数，就比较难以确定。

2）可进入性

可进入性是指公司能够进入所选定的市场部分，能进行有效的促销和分销，实际上就是考虑营销活动的可行性。一是公司能够通过一定的广告媒体把产品的信息传递到该市场众多的消费者中，二是产品能通过一定的销售渠道抵达该市场。

3）可盈利性

可盈利性是指细分市场的规模要大到能够使公司足够获利的程度，使公司值得为它设计一套营销规划方案，以便顺利实现其营销目标，并且有可拓展的潜力，以保证按计划获得理想的经济效益和社会服务效益。如一个普通大学的餐馆，如果专门开设一个西餐馆满足少数师生酷爱西餐的要求，可能由于这个细分市场太小而得不偿失；但如果开设一个清真食品供应部，虽然其市场仍然很窄，但从细微处体现了民族政策，有较大的社会效益，值得去做。

4）差异性

差异性指细分市场在观念上能被区别并对不同的营销组合因素和方案有不同的反应。

5）相对稳定性

相对稳定性指细分后的市场有相对应的时间稳定。细分后的市场能否在一定时间内保持相对稳定，直接关系到公司生产营销的稳定性。特别是大中型公司以及投资周期长、转产慢的公司，更容易面临经营困难，严重影响公司的经营效益。

3. 市场的细分标准

市场细分的基础是顾客需求的差异性，所以凡是使顾客需求产生差异的因素都可以作为市场细分的标准。由于各类市场的特点不同，市场细分的条件也有所不同。市场细分标准体现在消费品方面，消费品市场的细分标准可以概括为地理因素、人口统计因素、心理因素和行为因素四个方面，每个方面又包括一系列的细分变量。

1）按地理因素细分

按地理因素细分，就是按消费者所在的地理位置、地理环境等变数来细分市场。因为处在不同地理环境下的消费者，对于同一类产品往往会有不同的需要与偏好，例如，对于自行车的选购，城市居民喜欢式样新颖的轻便车，而农村居民注重坚固耐用的加重车等。因此，对消费品市场进行地理细分是非常必要的。从地理位置角度考虑，可以按照地理区域来进行细分，可以划分为东北、华北、西北、西南、华东和华南几个地区；也可以按照行政区划来进行细分，如划分为省、自治区、市、县等。在不同地区，消费者的需求显然存在较大差异。按城镇大小划分，可划分为大城市、中等城市、小城市和乡镇。处在不同规模城镇的消费者，在消费结构方面存在较大差异。从地形和气候角度考虑，按地形可划分为平原、丘陵、山区、沙漠地带等；按气候可分为热带、亚热带、温带、寒带等。防暑降温、御寒保暖之类的消费品就可按不同的气候带来划分。如在我国北方，冬天气候寒冷干燥，加湿器很有市场；但在江南，由于空气中湿度大，基本上不存在对加湿器的需求。

2）按人口统计因素细分

按人口统计因素细分，就是按年龄、性别、职业、收入、家庭人口、家庭生命周期、民族、宗教、国籍等变数，将市场划分为不同的群体。由于人口变数比其他变数更容易测量，且适用范围比较广，因而人口变数一直是细分消费者市场的重要依据。从年龄角度，不同年龄段的消费者，由于生理、性格、爱好、经济状况的不同，对消费品的需求往往存在很大的差异。因此，可按年龄将市场划分为许多各具特色的消费者群，如儿童市场、青年市场、中年市场、老年市场等。从事服装、食品、保健品、药品、健身器材、书刊等商品生产经营业务的公司，经常采用年龄变数来细分市场。从性别角度，按性别可将市场划分为男性市场和女性市场。不少商品在用途上有明显的性别特征，如男装和女装、男表与女表。在购买行为、购买动机等方面，男女之间也有很大的差异，如女性是服装、化妆品、节省劳动力的家庭用具、小包装食品等市场的主要购买者，男士则是香烟、饮料、体育用品等市场的主要购买者。美容美发、化妆品、珠宝首饰、服装等许多行业，长期以来按性别来细分市场。从收入角度，收入的变化将直接影响消费者的需求欲望和支出模式。根据平均收入水平的高低，可将消费者划分为高收入、次高收入、中等收入、次低收入、低收入五个群体。收入高的消费者会比收入低的消费者购买更高价的产品，如钢琴、汽车、空调、豪华家具、珠宝首饰等；收入高的消费者一般喜欢到大百货公司或品牌专卖店购物，收入低的消费者则通常在住地附近的商店、仓储超市购物。因此，汽车、旅游、房地产等行业一般按收入变数细分市场。从民族情况考虑，每个民族都有自己的传统习俗、生活方式，从而呈现出各种不同的商品需求。只有按民族这一细分变数将市场进一步细分，才能满足各族人民的不同需求，并进一步扩大公司的产品市场。从职业角度看，不同职业的消费者，由于知识水平、工作条件和生活方式等不同，其消费需求存在很大的差异，如教师比较注重书籍、报刊方面的需求，文艺工作者则比较注重美容、服装等方面的需求。从教育状况考虑，受教育程度不同的消费者，在志趣、生活方式、文化素养、价值观念等方面都会有所不同，因而会影响他们的购买种类、购买行为、购买习惯。从家庭人口角度分析，据此可分为单身家庭（1人）、单亲家庭（2人）、小家庭（2~3人）、大家庭（4~6人，或6人以上）。由于家庭人口数量不同，在住宅大小、家具、家用电器乃至日常消费品的包装大小等方面都会出现需求差异。

3）按心理因素细分

按心理因素细分，就是将消费者按其生活方式、性格、购买动机、态度等变数细分成不同的群体。从生活方式考虑，越来越多的公司，如服装、化妆品、家具、娱乐等行业，重视按人们的生活方式来细分市场。生活方式是人们对工作、消费、娱乐的特定习惯和模式，不同的生活方式会产生不同的需求偏好，如"传统型""新潮型""节俭型""奢侈型"等。从性格角度来看，消费者的性格对其消费习惯有很大影响。性格可以用外向与内向、乐观与悲观、自信、顺从、保守、激进、热情、老成等词句来描述。性格外向、容易感情冲动的消费者往往好表现自己，因而他们喜欢购买能表现自己个性的产品；性格内向的消费者则喜欢大众化，往往购买比较平常的产品；富于创造性和冒险心理的消费者，则对新奇、刺激性强的商品特别感兴趣。购买动机，即按消费者追求的利益来进行细分。消费者对所购产品追求的利益主要有求实、求廉、求新、求美、求名、求安等，这些都可作为细分的变量。例如，有人购买服装是为了遮体保暖，有人是为了美的追求，有人则是为了体现自身的经济实力等。因此，公司可对市场按利益变数进行细分，确定目标市场。

4）按行为因素细分

按行为因素细分，就是按照消费者购买或使用某种商品的时间、购买数量、购买频率、对品牌的忠诚度等变数来细分市场。许多产品的消费具有时间性，烟花爆竹的消费主要在春节期间，月饼的消费主要在中秋节以前，旅游点在旅游旺季生意最兴隆。因此，公司可以根据消费者产生需要、购买或使用产品的时间进行市场细分，如航空公司、旅行社在寒暑假期间大做广告，实行优惠票价，以吸引师生乘坐飞机外出旅游；商家在酷热的夏季大做空调广告，以有效增加空调销量；双休日商店的营业额大增，而在元旦、春节期间，销售额则更大等。因此，公司可根据购买时间进行细分，在适当的时候加大促销力度，采取优惠价格，以促进产品的销售。据此可分为大量用户、中大量用户和少量用户。大量用户人数不一定多，但消费量大，许多公司以此为目标，反其道而行之也可取得成功。如文化用品大量使用者是知识分子和学生，化妆品大量使用者是女性等。据此可分为经常购买、一般购买、不常购买（潜在购买者）。如铅笔、小学生经常购买，高年级学生按正常方式购买，而工人、农民则不常买。据此可将消费者划分为坚定品牌忠诚者、多品牌忠诚者、转移的忠诚者、无品牌忠诚者等。例如，有的消费者忠诚于某些产品，如柯达胶卷、海尔电器、中华牙膏等；有的消费者忠诚于某些服务，如东方航空公司、某某酒店或饭店等，或忠诚于某一个机构、某一项事业等等。为此，公司必须辨别他的忠诚顾客及特征，以便更好地满足他们的需求，必要时给忠诚顾客以某种形式的回报或鼓励。如给一定的折扣。

三、营销策略

现代公司营销战略一般包括战略思想、战略目标、战略行动、战略重点、战略阶段等。营销战略思想是指导公司制定与实施战略的观念和思维方式，是指导公司进行战略决策的行动准则。它应符合社会主义制度与市场经济对公司经营思想的要求，树立系统优化观念、资源的有限性观念、改革观念和着眼于未来观念。公司战略目标是公司营销战略和经营策略的基础，是关系公司发展方向的问题。战略行动则以战略目标为准则，选择适当的战略重点、战略阶段和战略模式。而战略重点是指事关战略目标能否实现的重大而又薄弱的项目和部门，是决定战略目标能否实现的关键因素。由于战略具有长期的相对稳定性，战略目标的实现需要经过若干个阶段，而每一个阶段又有其特定的战略任务，通过完成各个阶段的战略任务才能最终实现其总目标。

1. 市场营销战略的迫切性和必要性

市场营销战略作为一种重要战略，其主旨是提高公司营销资源的利用效率，使公司资源的利用效率最大化。由于营销在公司经营中的突出战略地位，使其连同产品战略组合在一起，被称为公司的基本经营战略，对于保证公司总体战略的实施起着关键作用，尤其是对处于竞争激烈的公司而言，制订营销战略更显得非常迫切和必要。市场营销战略，包括两个主要内容：一是选定目标市场；二是制订市场营销组合策略，以满足目标市场的需要。根据购买对象的不同，将顾客划分为若干种类，以某一类或几类顾客为目标，集中力量满足其需要，这种做法叫确定目标市场，这是市场营销首先应当确定的战略决策。目标市场确定以后，就应当针对这一目标市场，制订出各项市场经营策略，以争取这些顾客。

2. 市场营销战略的特征

市场营销的第一目的是创造顾客，获取和维持顾客；要从长远的发展来考虑如何有效地战胜竞争对手，立于不败之地；注重市场调研，收集并分析大量的信息，只有这样才能在环境和市场的变化有很大不确定性的情况下做出正确的决策；积极推行革新，其程度与效果成正比；在变化中进行决策，要求其决策者要有很强的能力，要有像企业家一样的洞察力、识别力和决断力。

3. 市场营销策略

市场营销策略计划的制订是一个相互作用的过程，是一个创造和反复的过程，营销策略包括：产品策略、价格策略、渠道策略、促销策略等，如图 8-7 所示。这里主要介绍产品策略和价格策略。

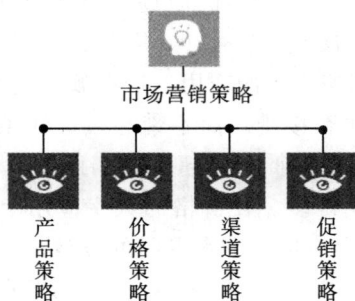

图 8-7 市场营销策略

1）产品策略

公司的产品策略是其市场营销组合策略中的重要组成部分。产品策略是公司为了在激烈的市场竞争中获得优势，在生产、销售产品时所运用的一系列措施和手段，包括产品定位、产品组合策略、产品差异化策略、新产品开发策略、品牌策略以及产品的生命周期运用策略。

2）价格策略

价格策略，又称定价策略，是市场营销学里面最重要的组成部分之一，主要研究商品和服务的价格制定和变更的策略，以求得营销效果和收益的最佳，如图 8-8 所示。常见的六种定价策略有：价格讯号、渗透定价、地区定价、形象定价、组合定价、互补定价。

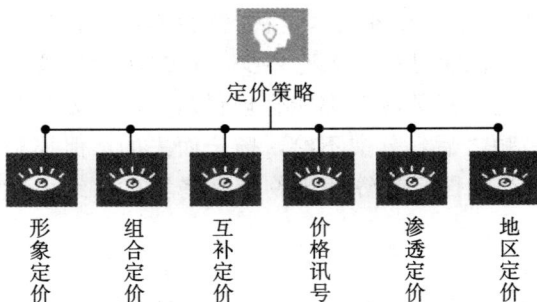

图 8-8 定价策略

定价需要技巧，主要有非整数法、弧形数字法、应时调整法、顾客定价法、特高价法、价格分割法、明码一口价法、高标低走法。

（1）非整数法。

把商品零售价格定成带有零头结尾的非整数的做法称作非整数法，该价格称为"非整数价格"。这是一种极能激发消费者购买欲望的价格。这种策略的出发点是认为消费者在心理上总是存在零头价格比整数价格低的感觉。产品计划定价 6 元，可以定 5.9 元，价格低了一角钱，却会给顾客一个良好的反应。对于高档商品、耐用商品等宜采用整数定价策略，给顾客一种"一分钱一分货"的感觉，以树立商品的形象。

（2）弧形数字法。

"8"与"发"虽毫不相干但宁可信其是，不可信其无。满足消费者的心理需求总是对的。据国外市场调查发现，在生意兴隆的商场、超级市场中商品定价时所用的数字，按其使用的频率排序，先后依次是 5、8、0、3、6、9、2、4、7、1。这种现象不是偶然出现的，究其根源是顾客消费心理的作用。带有弧形线条的数字，如 5、8、0、3、6 等似乎不带有刺激感，易为顾客接受。而不带有弧形线条的数字，如 1、7、4 等，相比较而言就不大受欢迎。所以，在商场、超级市场商品销售价格中，8、5 等数字最常出现，而 1、4、7 出现次数少得多。在价格的数字应用上，应结合中国国情。很多人喜欢"8"这个数字，并认为它会给自己带来发财的好运；"4"字因与死同音，被人忌讳；"7"字，人们一般感觉不舒心；"6"字、"9"字，因中国老百姓有"六六大顺、九九长远"的说法，所以比较受欢迎。

（3）应时调整法。

公司在市场竞争中，应时预测供求的变化。德国韦德蒙德城的奥斯登零售公司，经销任何商品都很成功。例如，奥斯登刚推出 1 万套内衣外穿的时装时，定价超过普通内衣价格的 4.5～6.2 倍，但照样销售很旺。这是因为这种时装一反过去内外有别的穿着特色，顾客感到新鲜，有极强的吸引力。当德国各大城市相继大批推出这种内衣外穿时装时，奥斯登却将价格一下骤降到只略高于普通内衣的价格，同样一销而光。这样，又过了 8 个月，当内衣外穿时装已经不那么吸引人时，奥斯登又以"成本价"出售，每套时装的价格还不到普通内衣的 60%，这种过时衣服在奥斯登却是十分畅销。

（4）顾客定价法。

自古以来，总是卖主开价，买主还价。能否倒过来，先由买主开价呢？例如，餐馆的饭菜价格，从来都是由店主决定的，顾客只能按菜谱点菜，按价计款。但在美国的匹兹堡市却有一家"米利奥家庭餐馆"，在餐馆的菜单上，只有菜名，没有菜价。顾客根据自己对饭菜的满意程度付款，无论多少，餐馆都无异议，如顾客不满意，可以分文不付。但事实上，绝大多数顾客都能合理付款，甚至多付款。当然，也有付款少的，甚至在狼吞虎咽一顿之后，分文不给，扬长而去的。但那毕竟只是极少数。目前来讲，让顾客自行定价在我国已不算新事物。有些城市已经出现了这样的餐馆，但经营后发觉并不成功。

（5）特高价法。

独一无二的产品才能卖出独一无二的价格。特高价法即在新商品开始投放市场时，把价格定得大大高于成本，使公司在短期内获得大量盈利，以后再根据市场形势的变化来调整价格。某地有一商店进了少量中高档女外套，进价 580 元一件。该商店的经营者发现这种外套用料、做工都很好，色彩、款式也很新颖，在本地市场上还没有出现过，于是定出 1280 元一件的高价，居然很快就销售完了。如果推出的产品很受欢迎，而市场上只你一家，就可卖出较高的价。不过这种形势一般不会持续太久。畅销的东西，别人也可群起而仿之，因此，要想保持较高售价，就必须不断推出独特的产品。

（6）价格分割法。

价格分割是一种心理策略。卖方定价时，采用这种技巧，能造成买方心理上的价格便宜感。价格分割包括下面两种形式：一是用较小的单位报价，例如，茶叶每公斤10 元报成每 50 克 0.5 元，大米每吨 1000 元报成每公斤 1 元等等。二是用较小单位商品的价格进行比较，例如，"每天少抽一支烟，每日就可订一份××报纸""使用这种电冰箱平均每天 0.5 元电费，0.5 元只够吃一根最便宜的冰棍"等。

（7）明码一口价法。

讨价还价是一件挺烦人的事，于是很多公司商店，就采用一口价，绝不讲价，干脆简单。这样的定价方法，虽然简单，但是很容易造成客户流失。

（8）高标低走法。

有的公司制定了统一的销售价格、批发价格，然后通过返利的方式，给予经销商返利，通过这样的方式，稳定和激励经销商。商店里则采用高标价，然后通过与消费者讨价还价，最后在底价以上任何价位成交。

四、电子商务

1. 电子商务的定义

电子商务是指利用计算机技术、网络技术和远程通信技术，实现整个商务（买卖）过程的电子化、数字化和网络化。

人们不再是面对面的、看着实实在在的货物、靠纸介质单据（包括现金）进行买卖交易。而是通过网络，通过网上琳琅满目的商品信息、完善的物流配送系统和方便安全的资金结算系统进行交易（买卖）。上述概念包含如下含义：电子商务是一种采用先进信息技术的买卖方式；电子商务造就了一个虚拟的市场交换场所；电子商务是"现代信息技术"和"商务"的集合；电子商务是一种理念，而非简单地采用电子设施完成商务活动。

2. 电子商务的发展

一般来说，电子商务经历了三个发展阶段：基于电子数据交换的电子商务、基于国际互联网的电子商务以及基于手机移动互联网的电子商务。

1）基于电子数据交换的电子商务

电子数据交换在 20 世纪 60 年代末期产生于美国，当时的贸易商们在使用计算机处理各类商务文件的时候发现，由人工输入到一台计算机中的数据，有 70% 来源于另一台计算机的输出文件，由于过多的人为因素，影响了数据的准确性和工作效率的提高，人们开始尝试在贸易伙伴之间的计算机上使数据能够自动转换，电子数据交换应运而生。

2）基于国际互联网的电子商务

20 世纪 90 年代中期后，国际互联网迅速普及化，逐步从大学、科研机构走向公司和家庭，其功能也从信息共享演变为大众化信息传播。从 1991 年起，一直排斥在互联网之外的商业贸易活动正式进入这个王国，因而使电子商务成为互联网应用的最大热点。以直接面对消费者的网络直销模式而闻名的美国 Dell 公司 1998 年 5 月的在线销售额高达 500 万美元；另一个网络新秀——亚马逊网上书店的营业收入从 1996 年的 1580 万美元猛增到 1998 年的 4 亿美元。

3）基于手机移动互联网的电子商务

随着手机、PAD 等移动互联网终端的普及，电子商务出现了新的发展趋势。各种 App 软件极大地丰富了人们的信息传递渠道。短视频、直播带货、网红经济等陆续出现，为商家销售产品、顾客浏览商品、购买服务等提供了新的、直观的方式。物流、电商、快递的大规模健全和完善，也提高了商品的交货速度、服务的到达时间。这个时期，也催生了一批以电商、自媒体为代表的新职业、新工种、新岗位，同时，深刻地影响着产品生产、加工的第二产业体系。

3. 电子商务的优越性

电子商务为公司提供了虚拟的全球性贸易环境，大大提高了商务活动的水平和服务质量。新型的商务通信通道其优越性是显而易见的。其优点是：大大提高了通信速度，尤其是国际范围内的通信速度。节省了潜在开支，如电子邮件节省了通信邮费，而电子数据交换（EDI）则大大节省了管理和人员环节的开销。增加了客户和供货方的联系，如电子商务系统网络站点使得客户和供货方均能及时了解对方的最新数据，而电子数据交换则意味着公司间的合作得到了加强。提高了服务质量，能以一种快捷方便的方式提供公司及其产品的信息及客户所需的服务。提供了交互式的销售渠道，使商家能及时得到市场反馈，改进本身的工作。最重要的是，电子商务增强了公司的竞争力。

4. 电子商务的分类

电子商务可分为：公司内部、公司间、公司与消费者之间以及消费者之间四种类型。

1) 公司内部电子商务

通过防火墙，公司可以将自己的内部网与 Internet 隔离。公司内部网是一种有效的商务工具，它可以用来自动处理商务操作及工作流程，增加对重要系统和关键数据的存取，共享经验，共同解决客户问题，并保持组织间的联系。一个行之有效的公司内部网可以带来好处：增加商务活动处理的敏捷性，能更快地对市场状况做出反应，能更好地为客户提供服务。

2) 公司间电子商务（B2B）

在电子商务中，公司可以用电子形式将关键的商务处理过程连接起来，以形成虚拟公司。在这种环境中，很难区分哪家公司正在进行商务活动。一家公司在一台式 PC 机、网络 PC 机或移动式电脑上按下一个键就有可能影响一家处于地球另一端的供货公司的业务活动。

3) 公司与消费者间电子商务（B2C）

这是人们最熟悉的一种商务类型，以至于许多人错误地认为电子商务只有这样一种模式。事实上，这缩小了电子商务的范围，错误地将电子商务与网上购物等同起来。近年来，随着万维网技术的兴起，出现了大量的网上商店。由于 Internet 提供了双向的交互通信，网上购物不仅成为可能，而且成为了热门。由于这种模式节省了客户和公司双方的时间、空间，大大提高了交易效率，节省了各类不必要的开支。因而，这类模式得到了人们的认同，获得了迅速的发展。

4) 消费者之间电子商务（C2C）

C2C 的电子商务模式为买卖双方提供一个在线的交易平台，让卖方在这个平台上发布商品信息或者提供网上商品进行拍卖，让买方自行选择和购买商品或参加竞价拍卖。C2C 电子商务的优异者和典型有 eBay、淘宝网等。

上述的电子商务模式发展得比较早也相对成熟的，不过也应注意到一些已经形成并正在快速发展中的新的电子商务模式，B2G 如（公司与政府机构间的电子商务）、C2G（消费者与政府机构间的电子商务）、B2M（公司与相应产品的销售者或经理人之间的电子商务），B2M 实质是一种代理模式。

5. 电子商务的特点

1）电子商务以现代信息技术服务作为支撑体系

现代社会对信息技术的依赖程度越来越高，现代信息技术服务业已经成为电子商务的技术支撑体系。电子商务的进行需要依靠技术服务，即电子商务的实施要依靠国际互联网、公司内部网络等计算机网络技术来完成信息的交流和传输，这就需要计算机硬件与软件技术的支持。电子商务的完善也要依靠技术服务。公司只有对电子商务所对应的软件和信息处理程序进行不断优化，才能更加适应市场的需要。在这个动态的发展过程中，信息技术服务成为电子商务发展完善的强有力支撑。

2）以电子虚拟市场为运作空间

电子虚拟市场是指商务活动中的生产者、中间商和消费者在某种程度上以数字方式进行交互式商业活动的市场。电子虚拟市场从广义上来讲就是电子商务的运作空间。近年来，西方学者给电子商务运作空间赋予了一个新的名词"marketspace"（市场空间，或虚拟市场）。在这种空间中，生产者、中间商与消费者用数字方式进行交互式的商业活动，创造数字化经济。电子虚拟市场将市场经营主体、市场经营客体和市场经营活动的实现形式，全部或一部分地进行电子化、数字化或虚拟化。

3）以全球市场为市场范围

电子商务的市场范围超越了传统意义上的市场范围，不再具有国内市场与国际市场之间的明显标志。其重要的技术基础——国际互联网，就是遍布全球的，因此世界正在形成虚拟的电子社区和电子社会，需求将在这样的虚拟的电子社会中形成。同时，个人将可以跨越国界进行交易，使得国际贸易进一步多样化。从公司的经营管理角度看，国际互联网为公司提供了全球范围的商务空间。跨越时空，组织世界各地不同的人员参与同一项目的运作，或者向全世界消费者展示并销售刚刚诞生的产品已经成为公司现实的选择。

4）以全球消费者为服务范围

电子商务的渗透范围包括全社会的参与，其参与者已不仅仅限于提供高科技产品的公司，如软件公司、娱乐和信息产业的工商公司等。当今信息时代，电子商务数字化的革命将影响每一个人，并改变人们的消费习惯与工作方式。它提出的"高新与传统相结合"的运作方式，生产消费管理结构的虚拟化的深入，世界经济的发展进入"创新中心、营运中心、加工中心、配送中心、结算中心"的分工，随之而来的发展是人们的数字化生存，因此电子商务实际是一种新的生产与生活方式。今天，网络消费者已经实现了跨越时空界限在更大的范围内购物，不用离开家或办公室，人们就可以通过进入网络电子杂志、报纸获取新闻与信息，了解天下大事，并且可以购买到从日常用品到书籍、保险等一切商品或劳务。

5）以迅速、互动的信息反馈方式为高效运营的保证

通过电子信箱、FTP、网站等媒介，电子商务中的信息传递告别了以往迟缓、单

向的特点，迈出了通向信息时代、网络时代的重要步伐。在这样的情形下，原有的商业销售与消费模式正在发生变化。由于任何国家的机构或个人都可以浏览到上网公司的网址，并随时可以进行信息反馈与沟通，因此国际互联网为工商公司从事电子商务的高效运营提供了国际舞台。

6）以新的商务规则为安全保证

由于结算中的信用瓶颈始终是电子商务发展进程中的障碍性问题，参与交易的双方、金融机构都应当维护电子商务的安全、通畅与便利，制订合适的"游戏规则"就成了十分重要的考虑。这涉及各方之间的协议与基础设施的配合，才能保证资金与商品的转移。

6. 电子商务的发展层次

虽然电子商务的范围很广，但是公司仍是电子商务运作的主体。根据公司电子商务的运作程度可以将其划分为三个层次，这三个层次也可以反映公司实施电子商务的不同发展阶段。

1）初级层次——建立易于实施的可操作系统

初级层次是指公司开始在传统商务活动中的一部分引入计算机网络信息处理与交换，代替公司内部或对外部分传统的信息储存和传递方式。例如，公司建立内部电脑网络进行信息共享和一般商务资料的储存和处理；通过国际互联网传输电子邮件；在国际互联网上建立网页，宣传公司形象等。在初级层次，公司虽然利用电脑网络进行了信息处理和信息交换，但所做的一切并未构成交易成立的有效条件，或者并未构成商务合同履行的一部分。公司实施初级层次的电子商务投资成本低，易于操作，这一层次的电子商务并未涉及复杂的技术问题和法律问题。

2）中级层次——维系牢固的商业链

中级层次是指公司利用电脑网络的信息传递部分地代替了某些合同成立的有效条件，或者构成履行商务合同的部分义务。例如，公司实施网上在线交易系统、网上有偿信息的提供、贸易伙伴之间约定文件或单据的传输等。在某种程度上，中级层次的电子商务是使公司走上建立外联网的道路。在中级层次，公司实施电子商务的程度有所加深，特别是电子商务已涉及交易成立的实质条件，或已构成商务合同履行的一部分。因此，这一层次的电子商务就要涉及一些复杂的技术问题和法律问题等。这一层次电子商务的实施需要社会各界相互配合，特别是政府机构和商业团体应该为电子商务创造良好的发展环境。

3）高级层次——实现全方位的数字自动化

高级层次是电子商务发展的理想阶段。它是将公司商务活动的全部程序用电脑网络的信息处理和信息传输所代替，最大程度消除了人工干预。在公司内部和公司之间，从交易的达成到产品的生产、原材料供应、贸易伙伴之间单据的传输、货款的清算、产品和服务的提供等，均实现了一体化的电脑网络信息传输和信息处理。

高级层次是将商业机构对消费者（B2C）、对商业机构（B2B），甚至对行政机构（B2A）的电子商务有机地结合起来，实现公司最大程度的内部办公自动化和外部交易的电子化连接。这一层次电子商务的实现将有赖于全社会对电子商务的认同，以及电子商务运作环境的改善。

7. 电子商务的功能

电子商务可提供网上交易和管理等全过程的服务，因此它具有广告宣传、咨询洽谈、网上订购、网上支付、电子账户、服务传递、意见征询、交易管理等各项功能。

1）广告宣传

电子商务可凭借公司的 Web 服务器和客户的浏览，在 Internet 上发播各类商业信息。客户可借助网上的检索工具迅速地找到所需商品信息，而商家可利用网上主页和电子邮件在全球范围内作广告宣传。与以往的各类广告相比，网上的广告成本最为低廉，而给顾客的信息量却最为丰富。

2）咨询洽谈

电子商务可借助非实时的电子邮件、新闻组和实时的讨论组来了解市场和商品信息、洽谈交易事务，如有进一步的需求，还可用网上的白板会议来交流即时的图形信息。网上的咨询和洽谈能超越人们面对面洽谈的限制、提供多种方便的异地交谈形式。

3）网上订购

电子商务可借助 Web 中的邮件交互传送实现网上订购。网上订购通常是在产品介绍的页面上提供十分友好的订购提示信息和订购交互格式框。当客户填完订购单后，通常系统会回复确认信息单来保证订购信息的收悉。订购信息也可采用加密的方式使客户和商家的商业信息不会泄漏。

4）网上支付

电子商务要成为一个完整的过程，网上支付是重要的环节。客户和商家之间可采用信用卡账号进行支付。在网上直接采用电子支付手段将可省略交易中很多人员的开销。网上支付将需要更为可靠的信息传输安全性控制以防止欺骗、窃听、冒用等非法行为。

5）电子账户

网上的支付需要电子金融支持，即银行或信用卡公司及保险公司等金融单位要为金融服务提供网上操作的服务。而电子账户管理是其基本的组成部分。

信用卡号或银行账号都是电子账户的一种标志，而其可信度需配以必要技术措施来保证，如数字证书、数字签名、加密等手段的应用提高了电子账户操作的安全性。

6）服务传递

对于已付款的客户应将其订购的货物尽快传递到他们的手中。而有些货物在本地，有些货物在异地，电子邮件将能在网络中进行物流的调配。最适合在网上直接传递的货物是信息产品，如软件、电子读物、信息服务等，通过网络能直接从电子仓库中将货物发到用户端。

7）意见征询

电子商务能十分方便地采用网页上的"选择""填空"等格式文件来收集用户对销售服务的反馈意见。这样使公司的市场运营能形成一个封闭的回路。客户的反馈意见不仅能提高售后服务的水平，更能使公司获得改进产品、发现市场的商业机会。

8）交易管理

整个交易的管理将涉及人、财、物多个方面，公司和公司、公司和客户及公司内部等各方面的协调和管理。因此，交易管理是涉及商务活动全过程的管理。

电子商务的发展，将会提供一个良好的交易管理的网络环境及多种多样的应用服务系统，能保障电子商务获得更广泛的应用。

8. 电子商务的"三流"及关系

1）信息流

信息流是指电子商务交易各主体之间信息的传递过程，是电子商务的核心要素，是双向的。在公司中，信息流分为两种：一种是纵向信息流，发生在公司内部；另一种是横向信息流，发生在公司与其上下游的相关公司、政府管理机构之间。

2）资金流

资金流是指资金的转移过程，包括支付、转账、结算等。资金流始于消费者，止于商家账户，中间可能会经过银行等金融部门。

3）物流

物流是因人们的商品交易行为而形成的物质实体的物理性移动过程，它由一系列具有时间和空间效用的经济活动组成，包括包装、装卸、存储、运输、配送等多项基本活动。

以信息流为依据，通过资金流实现商品的价值，通过物流实现商品的使用价值。物流应是资金流的前提与条件，资金流是物流的依托及价值担保，并为适应物流的变化而不断进行调整。信息流对资金流和物流的活动起着指导和控制作用，并为资金流和物流活动提供决策的依据，直接影响、控制着商品流通中各个环节的运作效率。

9. 电子商务的应用特性

电子商务的特性可归结为以下几点：商务性、服务性、集成性、可扩展性、安全性和协调性。

1）商务性

电子商务最基本的特性为商务性，即提供买与卖交易的服务、手段和机会。

网上购物提供一种客户所需要的方便途径，因而电子商务对任何规模的公司而言都是一种机遇。

就商务性而言，电子商务可以扩展市场、增加客户数量；通过将万维网信息连至数据库，公司能记录每次访问、销售、购买形式和购货动态，以及客户对产品的偏爱。这样公司方面就可以通过统计这些数据来获知客户最想购买的产品是什么。

2）服务性

在电子商务环境中，客户不再受地域限制，忠实地只做某家邻近商店的老主顾，他们也不再仅仅将目光集中在最低价格上。因此，服务质量在某种意义上成为商务活动的关键。技术创新带来新的结果，万维网的应用使得公司能自动处理商务过程，不再像以往那样强调公司内部的分工。Internet上许多公司都能为客户提供完整服务，而万维网在这种服务的提高中充当了催化剂的角色。

公司通过将客户服务过程移至万维网上，使客户能以一种比过去简洁的方式完成过去他们较为费时才能获得的服务。如将资金从一个存款户头移至一张支票户头，查看一张信用卡的收支，记录发货请求，乃至搜寻购买稀有产品，这些都可以足不出户而实时完成。

显而易见，电子商务提供的客户服务具有一个明显的特性：方便。这不仅对客户来说如此，对于公司而言，同样也能受益。不妨来看这样一个例子。比利时的塞拉银行，通过电子商务，使得客户能全天候地存取资金账户，快速地阅览诸如押金利率、贷款过程等信息，这使得服务质量大为提高。

3）集成性

电子商务是一种新兴产物，其中运用了大量新技术，但并不是说新技术的出现就必然导致老设备的死亡。万维网的真实商业价值在于协调新老技术，使用户能更加行之有效地利用他们已有的资源和技术，更加有效地完成他们的任务。

电子商务的集成性，还在于事务处理的整体性和统一性。电子商务能规范事务处理的工作流程，将人工操作和信息处理集成为一个不可分割的整体，这样不仅能提高对人力和物力的利用，还提高了系统运行的严密性。

4）可扩展性

要使电子商务正常运作，就必须确保其可扩展性。万维网上有数以百万计的用户，而传输过程中，时不时地出现高峰状况。倘若一家公司原来设计每天可受理40万人次访问，而事实上却有80万，就必须尽快配有一台扩展的服务器，否则客户访问速度将急剧下降，甚至还会拒绝数千次可能带来丰厚利润的客户的来访。

对于电子商务来说，可扩展的系统才是稳定的系统。如果在出现高峰状况时能及时扩展，就会使系统阻塞的可能性大为下降。电子商务中，耗时仅两分钟的重新启动也可能导致大量客户流失，因此可扩展性可谓极其重要。

5）安全性

对于客户而言，无论网上的物品如何具有吸引力，如果他们对交易安全性缺乏把握，他们根本就不敢在网上进行买卖。公司和公司间的交易更是如此。

在电子商务中，安全性是必须考虑的核心问题。欺骗、窃听、病毒和非法入侵都在威胁着电子商务，因此要求网络能提供一种端到端的安全解决方案，包括加密机制、签名机制、分布式安全管理、存取控制、防火墙、安全万维网服务器、防病毒保护等。为了帮助公司创建和实现这些方案，国际上多家公司联合开展了安全电子交易的技术标准和方案研究，并发表了SET（安全电子交易）和SSL（安全套接层）等协议标准，帮助公司建立一种安全的电子商务环境。

随着技术的发展，电子商务的安全性也会相应地得以增强，作为电子商务的核心技术。

6）协调性

商务活动是一种协调过程，需要雇员和客户，生产方、供货方以及商务伙伴间的协调。为提高效率，许多组织都提供了交互式的协议，电子商务活动可以在这些协议的基础上进行。

传统的电子商务解决方案能加强公司内部的相互作用，电子邮件就是其中一种，但那只是协调员工合作的部分功能。利用万维网将供货方连接到客户订单处理，并通过一个供货渠道加以处理，这样公司就节省了时间，消除了纸张文件带来的麻烦，并提高了效率。

电子商务是迅捷简便的、具有友好界面的用户信息反馈工具，决策者们能够通过它获得高价值的商业情报、辨别隐藏的商业关系和把握未来的趋势。因而，决策者们可以做出更有创造性、更具战略性的决策。

10. 电子商务对公司管理的影响

电子商务对公司管理的影响主要表现在以下五个方面。

1) 电子商务对公司管理思想的影响

电子商务超越了产品、技术的范畴，成为新的管理模式的载体，推动着管理思想的创新。首先，电子商务打破了地域、时间限制，使公司直接面对全球配置资源，公司需要树立全球化观念。其次，电子商务使得公司直接面向全球，这就要求公司必须树立标准化观念。再次，电子商务改变了信息传递方式，使公司在获得信息与发布信息方面实现了"零时滞"，公司需要树立快速创新的观念。最后，电子商务改变了公司经营要素观念，公司要树立注重知识的观念。

2) 电子商务对公司管理方式、方法的影响

随着电子商务的兴起与发展，公司在管理方式、方法方面实现了新的突破，许多传统的管理方式、方法得到了升级。

在生产管理方面，出现了现代化的生产过程、低库存生产、数字化定制生产等先进的管理方法。电子商务在公司生产过程中得到应用，可在管理信息系统的基础上采用计算机辅助设计与制造，建立计算机集成制造系统；可在开发决策支持系统的基础上，通过人机对话实施计划与控制，从物料需求计划发展到制造资源计划和公司资源计划。这些新的生产方式把信息技术和生产技术紧密地融为一体，使传统的生产方式升级换代。

在市场营销方面，电子商务最大的影响莫过于促使电子营销的出现。电子营销是借助于互联网技术产生的一种新的营销方式，主要包括网络互动式营销、网络整合营销、网络定制营销等。电子营销可以帮助公司同时考虑客户需求和公司利润，寻找能实现公司利益最大化和满足客户需求最大化的营销决策。新的国际市场经营环境要求公司必须把客户整合到整个营销过程中，并在整个营销过程中不断地与客户交流。

3) 电子商务对公司管理手段的影响

电子商务对公司管理手段的最大影响莫过于计算机及网络的应用。计算机是电子商务的基础，也是公司实现管理手段现代化的基础。计算机的应用大大提高了公司的效率，实现了真正的"自动化"。网络使得电子商务真正成为现实，从而成为公司最先进的管理手段。公司不仅在内部形成网络，做到信息共享，而且还与外部网络沟通，形成互联网络。公司通过建立自己的网站，可以使自己的经营理念、公司状况、产品信息等处于任何人都可以随时查看的状态，从而提高了公司与顾客的"接触率"。各种管理软件的应用，不仅极大地节约了公司的人力、物力，还提高了公司的运行效率。

4) 电子商务对公司组织管理的影响

传统的组织是基于信息流通和控制以及分工细化产生的，无论是直线式、直线职能式，还是事业部制，都是一种自上而下的垂直结构。传统组织强调专业分工、顺序传递等，这在电子商务迅速发展的信息时代显得臃肿且运行效率低下。传统分工细化的公司组织已经不能适应电子商务发展的需要了，在竞争日益激烈的信息时代，电子商务正以深刻的方式改变着传统组织结构，促进公司管理组织现代化，这也是公司为了提高运行效率，以便具有较强的竞争力参与激烈的市场竞争的必然结果。电子商务正在使公司组织趋向结构扁平化、决策分散化、运作虚拟化。

5)电子商务对公司人才管理的影响

人才是公司管理的核心，公司处于不同的经营环境中，需要不同的人才。在电子商务迅速崛起的时代，需要与之相适应的现代化管理人才。具体来讲，这种人才至少需要在以下三方面具备现代化水平。一是观念方面，公司观念的基础是公司管理人才的观念，所以改变公司观念归根到底是改变公司管理人才的观念。现代化管理人才需要具有全球化观念、快速创新观念，这是电子商务信息量大、传递速度快的必然要求。二是能力方面，在电子商务的影响下，公司管理在组织、方法、手段等方面都产生了与之相适应的变革与创新，所以这就要求人们既要具备相应的专业知识，还要具备理解、使用电子网络的知识，使其能够迅速理解、适应和进入电子商务环境，能够熟练操作和运作电子商务活动，并要具有从中学习和进步的能力。三是职业道德方面，除了要遵守基本的职业道德以外，还要特别注重信誉。

案例分析

刘畊宏的《本草纲目》电子商务生意经

2022年，在上海暴发疫情期间，2500万上海人居家隔离。在上海居家隔离的刘畊宏，成了直播界的"现象级"博主。刘畊宏之所以火遍全网，正是因为他和妻子一周五天的网络直播燃脂健身操。其使用好友周杰伦的名曲《本草纲目》为配乐的健身运动也成为当时风靡一时的模仿对象。

在社交网络上，有一大群被称为"刘畊宏男孩""刘畊宏女孩"的跟随者，他们不仅跟着50岁的刘畊宏一起跳操，而且还期待着刘畊宏为他们"在线批作业"。刘畊宏能够带火"健身直播"的原因有很多，其中最重要的还是他对于健身的热爱和专业。超过30年的健身经历，让他在直播中分享健身心得的同时，还能帮助男孩、女孩们有效燃脂。"首先要能让自己觉得健身是有帮助的，然后养成运动的习惯，看到效果，才会有成就感。"过去两年多的时间里，疫情确实催生了"直播＋健身"的一种新业态。但在这个方兴未艾的行业之中，似乎此前还没有一个健身博主可以制造出像刘畊宏在这段时间这么多的话题，以及如此高的关注度。

从他开始进行健身直播后，他的每一条视频就从数千个"点赞"直接蹿升到了十万，甚至是数十万的"点赞"。

分析： 在收获直播带来的巨额财富的同时，刘畊宏开始逐步尝试带货，从健康食品到运动服等，拥有巨量粉丝的他，任何商品都可以很快销售一空。可见，电子商务也需要不拘一格，需要创新形式，更需要把握机会。

参考文献

[1]增田宗昭. 茑屋经营哲学[M]. 袁小雅，译. 北京：中信出版社，2018.

[2]叶茂中. 冲突[M]. 北京：机械工业出版社，2017.

[3]李海东，吴昊. 如何教创业：双创教师成长画布[M]. 北京：中国财政经济出版社，2019.

[4]吉姆·兰德尔. 创造力：跳出盒子思考[M]. 张潇予，译. 上海：上海交通大学出版社，2014.

[5]王中强，陈工孟. 创新思维与创业教育[M]. 北京：清华大学出版社，2017.

[6]罗赣权. 创新与创业[M]. 北京：中国人民大学出版社，2017.

[7]魏署光，吴柯豫. 渐进决策理论视角下我国创新创业教育政策的发展与嬗变[J]. 现代教育管理，2021(12)：19-28.

[8]葛莉，刘则渊. 基于CIPP的高校创业教育能力评价指标体系研究[J]. 东北大学学报(社会科学版)，2014，16(04)：377-382.

[9]朱斌，陈呈频，何兴. 构建大学生创新教育长效机制的思考[J]. 中国大学教学，2006(01)：16-18.

[10]睢平. 基于应用创新性人才培养的创新教育实践[J]. 中国高教研究，2013(08)：89-92.

[11]孙卫红，赵春鱼，宋明顺，等. 基于学生创新周期的高校创新教育探索与实践：以中国计量大学为例[J]. 高等工程教育研究，2020(04)：168-173.

[12]袁奕峰. 工科研究生创新教育研究[D]. 西安：西安工业大学，2014.

[13]郭薇. 河南省大学生创新创业政策实施效果分析[D]. 郑州：郑州大学，2019.

[14]叶佳. 江西省高校创新创业教育政策及其实施效果研究[D]. 南昌：江西财经大学，2020.

[15]吴伟灿. 大学生创新创业政策执行研究[D]. 广州：华南理工大学，2019.

[16]汪英晖. 我国大学生创业胜任力研究[D]. 北京：北京科技大学，2018.

[17]梁俊刚，王伶俐，张璠. 创新与创业教育[M]. 2版. 长春：东北师范大学出版社，2019.

[18]何雪利，王晓燕，王永祥. 从零到卓越：创新与创业导论[M]. 上海：上海交通大学出版社，2019：11-16.

[19]杨文超，王超，雷刚跃. 驾驭未来：创新创业基础与实践教程[M]. 镇江：江苏大学出版社，2019：15-17.

[20]裴琦. 互联网＋创业基础[M]. 西安：西安电子科技大学出版社，2019：54-58.

[21]储克森，姚晓峰. 创新创业教育[M]. 北京：机械工业出版社，2020：53-60.

[22]居长志，周峰. 市场调研[M]. 南京：东南大学出版社，2019：12-14.

[23]大卫·奥格威. 奥格威谈广告[M]. 高志宏，译. 北京：中信出版社，2021.